KNAUR

Jens Corssen
Christiane Tramitz

Ich und die anderen

Als Selbst-Entwickler®
zu gelingenden Beziehungen

KNAUR

Besuchen Sie uns im Internet:
www.knaur.de

Ein Unternehmen der Droemerschen Verlagsanstalt
Th. Knaur Nachf. GmbH & Co. KG, München

Umschlaggestaltung: ZERO Werbeagentur, München
Umschlagabbildung: Gettyimages / li jingwang
Satz: Adobe InDesign im Verlag
Druck und Bindung: CPI books GmbH, Leck
ISBN 978-3-426-65541-2

4 5 3

INHALT

MITEINANDER

GEGENEINANDER

AUSEINANDER

ANHANG

VORWORT

Wann haben Sie sich das letzte Mal über sich gewundert?
Wann hatten Sie das letzte Mal Herzklopfen, als Sie einen anderen Menschen trafen?
Wann waren Sie das letzte Mal in Gegenwart eines anderen Menschen unsicher?
Wann waren Sie das letzte Mal wütend auf jemanden?
Wann haben Sie das letzte Mal etwas getan, was Ihnen selbst oder einem anderen Menschen guttat?
Wann haben Sie das letzte Mal Ihren Partner oder Ihre Partnerin angebrüllt, obwohl Sie doch wissen, dass das überhaupt nichts bringt?
Wann wollten Sie das letzte Mal vor Scham in den Boden versinken, weil Ihr Verhalten komplett daneben war?
Wann haben Sie das letzte Mal über Ihren Arbeitskollegen getratscht – obwohl Sie wissen, dass Klatsch- und Tratschgeschichten einen schalen Beigeschmack haben?

Eigentlich wissen wir Menschen, wie wir miteinander umgehen sollten. Eigentlich brauchen wir dazu keine Anleitungen, keine Benimmregeln und eigentlich auch keine Zehn Gebote.

Wir Menschen sind soziale Wesen. Zusammen mit unseren biologischen Mechanismen erarbeiten wir uns vom ersten Moment unserer Menschwerdung an Handlungsmuster für das Zusammenleben mit anderen Menschen. Wir fühlen, wir ahnen nicht nur, was man tut – nein, wir wissen es sogar. Wir alle sind von Geburt an mit einer Art sozialen Grammatik ausgestattet. Wir wissen, was uns guttut, wir wissen, was anderen guttut. Sich in andere Menschen einzufühlen, ihnen zu helfen, wenn sie uns brauchen, ist uns in die Wiege gelegt. Ebenso wie unser Gerechtigkeitsempfinden und unsere grundsätzliche Fähigkeit, auf andere zuzugehen, ihnen zu vertrauen, sie zu lieben.

Dennoch: Betrachten wir unsere Beziehungen zu anderen Menschen, so liegt da trotz dieser großartigen Voraussetzungen, dieses biologischen Fundus so manches im Argen: Wir verspüren Scheu gegenüber anderen, fühlen uns missverstanden, warten sehnsüchtig darauf, dass unsere Gefühle erwidert und unsere Erwartungen erfüllt werden, leiden unter Misstrauen, Kontrolle, Neid und fühlen uns schutzlos den Machtspielen anderer ausgeliefert. Warum ist das so? Warum fällt es uns in unserem Miteinander mitunter so schwer, uns an diesen wertvollen Fundus zu erinnern und daraus zu schöpfen? Warum machen wir in unseren Beziehungen immer wieder die gleichen, groben Fehler?

Viele, sehr viele Wissenschaftler suchen nach Antworten auf diese Fragen: Psychologen, Biologen, Pädagogen, Soziologen. Dazu gehören auch wir, die beiden Autoren dieses Buches, Christiane Tramitz und Jens Corssen. Wir suchen aus unterschiedlichen Perspektiven. Christiane Tramitz stützt sich auf ihre eigenen wissenschaftlichen Studien auf dem Gebiet der Verhaltensforschung sowie auf Erkenntnisse aus dem Bereich der Biologie, der Neurobiologie und der Psychologie. Jens Corssen trägt sein Wissen über die kognitive Verhaltenstherapie bei, seine vierzig Jahre therapeutische Erfahrung aus unzähligen Gesprächen mit Klienten, vor allem aber auch die Philosophie und Praxis des Selbst-Entwicklers, die er in den vergangenen Jahrzehnten entwickelt und in seiner Arbeit angewendet hat. Sie besagt: Veränderungen beginnen stets bei uns selbst. Und das gilt auch für unsere Beziehung zu anderen Menschen. Wir Einzelwesen müssen unser eigenes Verhalten beobachten, einschätzen und verändern – und werden so zum Ausgangspunkt gelingender Beziehungen.

Der Einfachheit halber haben wir das Buch aus der Ich-Perspektive von Jens Corssen geschrieben.
Weil es die Handschrift zweier Autoren trägt, die aus unterschiedlichen Disziplinen kommen, birgt es Interessantes und auch Neues. Oder haben Sie etwa schon mal von *Elmodisten, Amodisten* oder *Kamodisten* gehört? Oder wussten Sie, dass Sie *heimliche Begleiter* in sich tragen, die als automatische Mechanismen in Ihnen wirken?
Wir betrachten in diesem Buch alle Stadien einer Beziehung, angefangen beim ersten Blick, dem ersten Eindruck und dem ersten Wort, und enden nicht beim Scheitern in einer Krise, sondern beim Neuanfang.
Unterwegs werden wir Sie immer wieder ermutigen, Ihre Erfahrungen aus dem Beziehungsgeschehen mit anderen Menschen zu überprüfen. Weil nur immer wiederkehrende Erfahrungen zu Verhaltensänderungen führen, durchziehen Übungsangebote das Buch wie ein roter Faden und laden Sie ein, auf dem Weg zu einem gelingenden Miteinander emotionalisierende Erfahrungen zu sammeln.

München, im Januar 2014
Christiane Tramitz und Jens Corssen

ICH UND DIE ANDEREN – EIN KOMPLEXES GEFÜGE

Die heimlichen Begleiter

In uns und zwischen uns sozialen Wesen wirken Mechanismen, die sich im Lauf unserer Menschheitsgeschichte als arterhaltend erwiesen haben. Sie haben sich über Jahrtausende hinweg entwickelt und prägen, unseren soziokulturellen Errungenschaften zum Trotz, seit über 200 000 Jahren nahezu unverändert unser Verhalten. Wir wollen sie als ein Wunder verstehen, das uns überleben ließ, von Generation zu Generation, bis in unsere Gegenwart, bis zu Ihnen und all den Menschen um Sie herum.

Ich bezeichne diese Mechanismen als *heimliche Begleiter*, personifiziere sie sogar, indem ich ihnen Namen gebe, damit Sie als Selbst-Entwickler eine emotionale Beziehung zu ihnen aufbauen und sie auf diese Weise erkennen und mit ihnen umgehen können.

Die Bewusstheit über diese *heimlichen Begleiter*, über ihre Herkunft und Wirkungsweise lässt uns viele Prozesse verstehen, die unsere Beziehung zu anderen Menschen ermöglichen, erleichtern, verbessern, aber auch hemmen, stören oder gar zerstören.

Heimlich sind diese Begleiter, weil wir sie meist nicht wahrnehmen. Und *Begleiter* sind es, weil sie stets in und zwischen uns wirken: in unseren Sinnen – wenn wir sehen, hören, fühlen und schmecken; in unseren Köpfen als Intuitionen, als Gefühle, als Gedanken und als neuronale Gitterbettchen; in unseren Körpern als Hormone, Endorphine, Serotonin, Dopamin, Adrenalin und vieles andere mehr.
Zwischen uns wirken die *heimlichen Begleiter,* wenn wir Menschen uns gegenseitig wahrnehmen, uns einander nähern, uns achten und lieben. Sie agieren aber auch, wenn es zu Konflikten, zu Streit und Kampf zwischen uns kommt.
Bewusstheit über die *heimlichen Begleiter* zu erlangen ist der erste Schritt, den wir gemeinsam gehen. Im zweiten Schritt lernen wir, unsere positiven Seiten für ein gelingendes Miteinander zu nutzen. Der dritte Schritt gibt Antworten auf die Frage, wie wir die negativen Seiten überlisten können.
Und das sind die *heimlichen Begleiter:*
Der *Bewerter* bewertet automatisch all das, was unsere Sinne wahrnehmen. Er unterstützt damit die Ordnungsleistung unseres Gehirns, damit wir die Übersicht über all die Informationen behalten, die auf uns einströmen. Im negativen Fall ist dieser heimliche Begleiter für unsere Vorurteile verantwortlich.
Der *Warner* schürt in uns die Angst vor einem Gesichtsverlust und einem möglichen Ausschluss aus der Gemeinschaft. Manche Menschen, vor allem die Schüchternen unter uns, leiden ausgesprochen stark unter ihm. Sein Wirken kommt besonders zum Ausdruck, wenn das Verhalten anderer für uns nicht vorhersehbar ist oder auf unsere Ablehnung hinausläuft.
Der *Blinker* wirkt durch Auffälligkeiten im körpersprachlichen Grundrauschen; damit vermittelt er unsere Absichten und Emotionen nach außen.

Der *Binder* ist ein vielseitiger Begleiter. Er ist für unsere zwischenmenschliche Chemie verantwortlich und hat die Aufgabe, Beziehungen zu festigen. Weil er unterschiedliche Wirkungsweisen in sich vereinigt, kann er entsprechend vielgestaltig auftreten: mal als chemischer Binder, mal als duftender Binder, oft als synchronisierender Binder, hin und wieder auch als erregender Binder. Häufig ist er als nach Ähnlichkeiten suchender und vertrauender Binder unterwegs. Besonders liebt er seine Rolle als emotionaler Binder. Nicht zu vergessen ist der tricksende Binder, der gern einmal ein wenig schwindelt, damit Menschen sich näherkommen.

Der *Mitfühler* steht für unsere angeborene Fähigkeit, uns in die Gefühle anderer hineinzuversetzen.

Der *Vergleicher* ist ein heimlicher Begleiter, der über seine Antennen wirkt. Er vergleicht uns mit unseren Mitmenschen und stellt stets die Frage: Bin ich besser oder schlechter als die anderen?

Der *Beschützer*, der *Erreger* und der *Behaupter* bilden ein eingeschworenes Trio, dessen drei Pole in enger Wechselwirkung zueinander stehen. Der *Beschützer* sorgt sich um unser Überleben. Er wird dann aktiv, wenn wir uns bedroht fühlen. Der *Erreger* treibt uns, neugierig, wie er ist, zu neuen Entdeckungen an. Ohne ihn würden wir in unserem Leben auf der Stelle treten. Der *Behaupter* kümmert sich um unsere Position innerhalb der Gruppe beziehungsweise Gesellschaft. Seine wesentlichen Motive sind Macht und Dominanz.

Der *Machthaber* ist der große Bruder des *Behaupters*. Er ist erst dann zufrieden, wenn er, wie der Name sagt, Macht über andere ausübt. In uns wirkt er unterschiedlich stark. Manche von uns haben das Leben nach ihm ausgerichtet, wenn sie von Machtgedanken besessen sind.

Der *Kontroller* reguliert unsere Gefühle. Er sorgt dafür, dass wir gute Miene zum bösen Spiel machen können. Meist bemerken wir ihn erst dann, wenn er die Kontrolle verliert und wir in einen zerstörerischen Kontrollverlust geraten.

Kamodisten, Amodisten und Elmodisten

Die heimlichen Begleiter stehen in Wechselwirkung mit unserer Grundgestimmtheit, die sich in drei Ausprägungen zeigen kann: dem K-Modus, dem A-Modus und dem L-Modus.

Beginnen wir mit dem Unangenehmsten, dem Ungünstigsten, dem Schlimmsten. Beginnen wir mit dem K-Modus. So bezeichne ich den Zustand, in dem wir auf Krawall gebürstet sind. Adrenalin durchströmt den Körper, das Herz rast, alles in uns ist auf Konfrontation ausgerichtet. Der K-Modus steht für *K*onflikt, *K*ompromisslosigkeit und *K*ampf. In den K-Modus geraten wir, wenn wir uns von anderen ungerecht behandelt, in die Ecke gedrängt oder angegriffen fühlen. Meist empfinden wir dann eine Mischung aus Ohnmacht, Wut und Aggression. Im K-Modus gibt es kein Miteinander, sondern nur ein Gegeneinander. Befinden sich Menschen in diesem Modus, nennen wir sie Kamodisten.

Wenden wir uns unseren Mitmenschen nicht zu, sind wir im A-Modus. A steht für *A*bkehr, *A*bwendung, *A*blehnung. In diesem Zustand möchten wir keinen Kontakt zu anderen Menschen, entweder weil wir sie ablehnen oder weil wir in

Ruhe gelassen werden wollen. Deshalb kennt der A-Modus auch zweierlei Intensitäten – eine sanfte und eine aggressive. Im sanften A-Modus nehmen wir die anderen um uns erst gar nicht wahr. Wenn wir beispielsweise im Café sitzen und in eine Zeitung versunken sind. Dann ist uns bisweilen so, als wären wir allein im Raum, auch wenn um uns herum viele Gäste sitzen, die plaudern, lachen, trinken und essen.

Irgendwie bemerken wir diese Menschen auch, wenn wir von unserer Zeitung aufblicken. Aber weiter als bis zu unserer Netzhaut dringen sie nicht vor. Dort ist Schluss. Sie plumpsen in unserem Kopf ins Nichts, statt im *Occipitallappen* zu landen, dort, wo die Sinneseindrücke bearbeitet und mit vorangegangenen Erfahrungen abgeglichen werden. Weil diese Menschen irgendwie verschwinden, ohne dass wir sie bewusst wahrgenommen haben, können wir, wenn wir im A-Modus sind, auch keinen Kontakt zu ihnen herstellen. Wir registrieren weder Blicke noch ein freundliches Lächeln. Selbst wenn wir diesen milden A-Modus manchmal genießen, weil wir Ruhe in ihm finden, sollten wir dennoch aufpassen, dass wir uns nicht allzu tief in diesem Rückzug verfangen. Denn auf Dauer schadet das dem sozialen Miteinander.

Die aggressive Variante des A-Modus ist der Ablehnungsmodus. In diesem Zustand begegnen wir anderen Menschen mit Abneigung, Skepsis, Misstrauen, bisweilen auch mit abwertender Arroganz. Wir empfinden die Menschen um uns herum als unfähige Trottel, oft gar als Zumutung. Verharren wir längere Zeit oder überwiegend im aggressiven A-Modus, werden wir unweigerlich einsam werden oder es bleiben. Menschen im A-Modus bezeichnen wir im Fortgang als Amodisten.

Der dritte Modus ist der L-Modus. Dieser Modus ist eine innere Haltung, die wohltuende Gefühle auslöst. L steht in diesem Fall für *L*iebe, *L*eidenschaft, *L*ust, aber auch für *L*oslassen. Liebe bedeutet hier die Liebe zu sich selbst und die Liebe zu den Mitmenschen. Kommen Lust und Leidenschaft hinzu, genießen wir eine spezielle Ausprägung des L-Modus. Dann sind wir verliebt oder lieben den anderen im erotisch-körperlichen Sinne. Besonders wichtig für den L-Modus ist das Loslassen – das Loslassen von Prozessen, die in Rechthaberei münden, aber auch das Loslassen von unerfüllten und unerfüllbaren Erwartungen an unsere Mitmenschen.

Für den harmonischen, verständnisvollen und gelingenden Umgang mit anderen Menschen ist der L-Modus unerlässlich. Er schärft unsere Sinne für unser Gegenüber, steigert unsere Kontaktfreude und lässt uns einfühlsamer werden. Vor allem aber führt er uns erfolgreich aus Konfliktsituationen heraus oder lässt sie bestenfalls erst gar nicht aufkommen. Elmodisten, wie wir sie nennen, erfreuen sich großer Beliebtheit und pflegen ein reges soziales Miteinander. Die Grundvoraussetzung für ein Leben im L-Modus ist die gehobene Gestimmtheit, wie sie der Selbst-Entwickler anstrebt. Wie bedeutsam die gehobene Gestimmtheit für uns Menschen ist, hat Demokrit, der lachende Philosoph, bereits vor 2500 Jahren im antiken Griechenland erkannt. Er feierte diesen schönen Zustand unter dem Namen Euthymia als das höchste menschliche Gut. Es heißt, der Philosoph sei mit dieser Einstellung hundert Jahre alt geworden …

Der Selbst-Entwickler in der gehobenen Gestimmtheit

Der Selbst-Entwickler. Wer ist er überhaupt?
Sie selbst.
Was entwickelt er?
Sich selbst.
Zunächst möchte ich für jene Leser und Leserinnen, die noch nichts über die Philosophie und Lebenskunst des Selbst-Entwicklers gehört haben, in Stichworten die Essenz meiner langjährigen psychologischen Beratung vorstellen.
Die Philosophie des Selbst-Entwicklers schließt das Streben nach gelingenden Beziehungen ein:
Der *intelligente Selbst-Entwickler* hat sich entschieden, andere nicht verändern zu wollen. Er wartet auch nicht darauf, dass sich bei den anderen endlich etwas ändert. Er beginnt mit der Entwicklung bei sich selbst. Das reduziert Ohn-Machtgefühle und erzeugt Eigen-Macht.
Der *selbstbestimmte Selbst-Entwickler* übernimmt zu hundert Prozent die Verantwortung für seine Gestimmtheit. Sein wichtigster Satz lautet: »Was ist, ist, und wie ich es beurteile, bestimmt mein Erleben und Tun.«
Der *weise Selbst-Entwickler* klagt nicht über den Lauf der Dinge, über das Leben, auch nicht über andere und sich selbst. Auf diese Weise umgeht er die Opfer-Rolle, die ihn schwächt. Natürlich äußert er seine Gedanken, Gefühle und Wünsche – das allerdings ohne vorwurfsvollen Unterton.
Der *bewusste Selbst-Entwickler* weiß, dass er da, wo er gerade ist, wirklich sein will. Auch wenn er sich dort nicht wohl fühlt. Alles andere war ihm bisher in seiner Vorstel-

lung zu anstrengend und zu teuer. Er ist also ein schlauer Preisvergleicher.

Für den *sportlichen Selbst-Entwickler* ist die Fahrt auf der Achterbahn des Lebens keine »Zumutung« und »Unverschämtheit«. Stattdessen betrachtet er sie als tägliche Trainingseinheit und lebt nach der Überzeugung: »Die Situation ist mein Coach.«

Der *faire Selbst-Entwickler* kritisiert nicht die Person, sondern deren Verhalten, wenn ihm dieses in irgendeiner Weise unangenehm ist.

Der *philosophische Selbst-Entwickler* sagt sich jeden Morgen, am liebsten am offenen Fenster: »Willkommen, Tag, ich erwähle dich mit allem, was du mir bringst.« Diese Haltung erzeugt Unerschütterlichkeit und mentale Stabilität.

Der *achtsame Selbst-Entwickler* wird zum Chef seiner Gedanken und seines Tuns. Dadurch erhöht er seine Eigen-Macht, eine wichtige Voraussetzung für den entspannten und verständnisvollen Umgang mit anderen.

Der *gelassene Selbst-Entwickler* weiß: Auf Dauer nimmt die Seele die Farbe seiner Gedanken an! Durch eine gehobene Gestimmtheit und ein positives Lebensgefühl ergeben sich viele Dinge von allein. Aggression und Konfrontation nehmen ab.

Der *vorausdenkende Selbst-Entwickler* überwindet Unlust und Schmerz, um seine Ziele zu erreichen. Und das so schnell wie möglich. Sein Credo: »Schmerz? Ja, sofort!« Der Vorteil: Auf diese Weise lassen sich Hindernisse überwinden, solange sie noch überwindbar sind.

Wo stehe ich?

Nun sind Sie dran! Überlegen Sie als Selbst-Entwickler in einem ersten Schritt, ob und wie Sie sich zuordnen können. Sind Sie überwiegend ein den Menschen zugewandter, mit sich selbst und dem Leben im Einklang lebender Elmodist? Oder ertappen Sie sich häufig im abgekehrten, abgewandten, ablehnenden A-Modus, weil Sie als Ruhesuchender oder Übellauniger und Missmutiger unterwegs sind, der andere Menschen entweder nicht wahrnimmt oder degradiert und schlecht macht? Wie oft werden Sie zum Kamodisten, der wütend die Faust ballt und häufig die Konfrontation sucht?
Selbstverständlich sollen Sie sich hier nicht auf einen Typus festlegen, möglicherweise sehen Sie sich, je nach Gegenüber und Situation, mal so, mal so. Viele Menschen empfinden sich auch als Mischtyp, bei dem der A-, K- und L-Modus gleichmäßig verteilt ist. Das ändert sich jedoch unter Stressbedingungen: In welchem Modus landen Sie dann?
Wenn Sie darauf eine Antwort gefunden haben, stellen Sie sich nun die Frage, wie leicht oder wie schwer es Ihnen fällt, aus dem A- oder K-Modus herauszufinden und in den L-Modus zu kommen. Gehören Sie auch zu den Menschen, denen das nicht immer oder nicht ohne weiteres gelingt, selbst wenn sie es möchten? Stehen Sie sich dabei selbst im Weg?

Ziel des übenden Selbst-Entwicklers im Umgang mit anderen ist es, so schnell und einfach wie möglich vom ablehnenden A- oder vom kampfeslustigen K-Modus in den liebevoll-zugewandten L-Modus zu wechseln.

Im L-Modus zu agieren ist eine Entscheidung. Wir können uns ganz bewusst entscheiden, *für* das Leben, *für* uns selbst und *für* die anderen zu sein.
Das Agieren im L-Modus ist ein Agieren in gehobener Gestimmtheit, und ob Sie sich in den L-Modus und damit in gehobene Gestimmtheit bringen, ist letztlich eine Frage von Entscheidungen, die Sie treffen. Die wichtigste Entscheidung betrifft Ihre Sicht auf das Leben. Sie können sich entscheiden, das Leben zu lieben, indem Sie bedingungslos *für* das Leben sind, mit allem, was dazugehört. *Für* das Leben sein bedeutet, dass Sie nicht nur dessen freundliche, helle und schöne Momente lieben, sondern auch die negativen, dunklen, traurigen und zerstörerischen Seiten akzeptieren. *Für* das Leben sein heißt, das Auf und Ab als gegeben anzunehmen.

Hadern, Klagen und Wüten ist durchaus wichtig, wenn das Leben Anlass dazu gibt. Beobachten Sie sich jedoch dabei, was Sie denken und wie Sie reagieren, wenn es nicht so läuft, wie Sie es möchten.

Wie komme ich in den L-Modus?

Ohne Jammern, ohne Klagen

Jammern ist der ärgste Feind der gehobenen Gestimmtheit und verhindert, dass Sie in den L-Modus kommen. Also hören Sie auf mit dem Jammern!
Verzichten Sie in den kommenden drei Wochen auf das Klagen, sei es über das Leben, über andere oder über sich

selbst. Beklagen Sie sich nicht über das Wetter. Schimpfen Sie nicht über den Stau, auch nicht über unmögliche Menschen, nicht über Beziehungsprobleme oder über schlampige Kinder. Und erst recht nicht über Ihr »Schicksal«. 21 Tage lang sollten keine Sätze wie die folgenden über Ihre Lippen kommen: »Das gibt's doch nicht! Das darf doch nicht wahr sein! Was für ein Pech! Wieso passiert das ausgerechnet mir?«
Nach diesen 21 Tagen können Sie sich ja entscheiden, ob Sie weitermachen oder doch lieber wieder in die alte vertraute Klagekiste zurückspringen wollen.

Seien Sie wütend, enttäuscht, traurig, wenn Sie sich auf einer Talfahrt des Lebens befinden. Aber klagen und jammern Sie nicht! Betrachten Sie die Situation als Ihren Coach und die Aufgabe, die er Ihnen stellt, als Herausforderung.

Liebe zu sich selbst

Wenn Sie sich *für* das Leben entschieden haben, bedeutet das auch eine Entscheidung *für* Ihr Selbst. Lieben Sie sich so, wie Sie sind, sozusagen als Gesamtkunstwerk. Sind Sie gegen sich selbst eingestellt, dann projizieren Sie Ihre eigenen, von Ihnen nicht akzeptierten »dunklen« Seiten auf andere und bekämpfen sie dort. Dieser Prozess, dieses Betonen der eigenen unangenehmen Seiten, führt bei vielen Menschen in eine allgemeine Missstimmung und somit in den A- oder K-Modus. Beobachten Sie sich mal an den Tagen, an denen Sie gegen alles und jeden sind und meinen, die Menschen um Sie herum seien lauter Deppen, Rücksichtslose und Ignoranten. An solchen Tagen sagen Sie sich:

»Willkommen in meiner Welt, so sieht sie gerade aus. Voller Widerlinge. Das bedeutet für diesen Moment: Ich bin ein ablehnender Amodist.« Befreien Sie sich aus dem Teufelskreis, indem Sie sich bewusst entscheiden, dem Leben und sich selbst gegenüber eine bejahende Haltung einzunehmen. Vielleicht sogar eine humorvolle. Das erzeugt Abstand und ist ein wichtiger Schritt hin zur gehobenen Gestimmtheit im L-Modus.
Zum Auf und Ab des Lebens gehören auch Ihre Mitmenschen. Ich möchte an dieser Stelle nochmals den lachenden Demokrit zu Wort kommen lassen. Euthymia, die schöne Stimmung, so der weise Mann, erlangt man durch eine Theorie über das Wesen der Dinge: »Nur scheinbar hat ein Ding eine Farbe, nur scheinbar ist es süß oder bitter; in Wirklichkeit gibt es nur Atome im leeren Raum.« Ein Satz, der mich an den Selbst-Entwickler erinnert. Der betrachtet sich und seine Mitmenschen, poetisch ausgedrückt, als »strahlende Sterne«, gemäß der Erkenntnis, dass alles Energie ist. Das Verhalten dieser »strahlenden Sterne« ist aus Sicht des Selbst-Entwicklers entweder »günstig« oder »ungünstig«. Mit dieser Sichtweise schafft er es, andere nicht abzuwerten, auch wenn sie sich ihm gegenüber »ungünstig« verhalten.

Schönes denken, Schönes lesen, Schönes erinnern

Bringen Sie sich mit schönen Worten in die gehobene Gestimmtheit des L-Modus. Zahlreiche Experimente konnten belegen, dass dies wunderbar funktioniert. Zum Beispiel ein Versuch von Emmett Velten. Der Psychologe legte zwei Gruppen von Versuchspersonen jeweils unterschiedliche Kartenstapel vor. Der eine beinhaltete aufbauende Botschaften, die von Karte zu Karte immer positiver wurden.

»Der heutige Tag ist weder besser noch schlechter als irgendein anderer Tag«, stand auf der ersten Karte, gefolgt von der zweiten, auf der zu lesen war: »Ich fühle mich jedoch ziemlich gut.« Die andere Gruppe der Versuchspersonen bekam Karten mit neutralen Inhalten vorgelegt, etwa: »Der Orient-Express fährt von Paris nach Istanbul.« Nachdem die Probanden alle Karten laut vorgelesen hatten, bat der Psychologe sie, Angaben über ihre Stimmung zu machen. Die Gruppe, die die positiven Botschaften laut gelesen hatte, war im Gegensatz zur zweiten Gruppe in guter Stimmung. Dieses Experiment wurde von anderen Psychologen in diversen Varianten wiederholt. Jedes Mal konnten positive Texte die Stimmung beeinflussen. Mehr noch: Wurden die Probanden aufgefordert, so zu reden, als wären sie glücklich, veränderte das die Stimmung ebenfalls in eine positive Richtung.

Der übende Selbst-Entwickler

Schreiben Sie als zeitweiliger Amodist positive Sätze auf Papierkärtchen, zum Beispiel:

- *Willkommen, Tag, ich erwähle dich mit all dem, was du mir bringst. Und darauf bin ich gespannt.*
- *Heute achte ich nur auf das, was funktioniert.*
- *Heute bin ich besonders dankbar für …*

Nennen Sie mindestens drei Dinge.

Dankbarkeit ist ein wichtiger Auslöser für gute Laune. Dabei kann sich Ihre Dankbarkeit auch auf Selbstverständliches beziehen. Zum Beispiel auf unsere fünf

Sinne, die uns das Leben in all seiner Intensität genießen lassen.
Nehmen Sie sich nun vor, sich diese Sätze täglich vor dem Frühstück laut vorzulesen. Ähnlich positiv wirken Erinnerungen an schöne Erlebnisse und Begegnungen, die Sie sich immer wieder bewusst vergegenwärtigen, indem Sie sich einige davon notieren und sich regelmäßig laut vorlesen.

Freude zeigen

Setzen Sie sich auf einen Stuhl, aufrecht und erhaben wie ein großer Herrscher. Dann nehmen Sie einen Bleistift oder einen Kugelschreiber quer in den Mund, so dass Ihre Mundwinkel nach oben gezogen und Sie zu einem Lächeln gezwungen werden. In dieser Position verharren Sie eine Minute und vertrauen auf die Wissenschaft, die festgestellt hat, dass derartige körperliche Reize über eine Rückkoppelung die Stimmung verändern.
Körperliche Aktivität setzt Endorphine frei, das ist hinlänglich bekannt. Wenn Sie schnell in gehobene Gestimmtheit kommen wollen, müssen Sie nicht ein anstrengendes Fitnessprogramm absolvieren. Wesentlich effektiver ist Tanzen in jeder Form. Bewegen Sie sich dabei so, als wären Sie glücklich. Hüpfen Sie in die Luft und drehen Sie sich dabei. Aber vergessen Sie währenddessen nicht, zu lächeln! Es wirkt. Versuchen Sie's!

Das Ziel dieses Buches

Niemand wird seinen Mitmenschen immer und überall im L-Modus, mit Liebe, mit Freude begegnen. Jeder von uns hat auch trübe Tage, ist manchmal mit sich selbst mehr als mit seiner Umwelt beschäftigt, sucht und braucht Ruhe oder ist geladen, weil man zu Recht oder zu Unrecht getadelt wurde, weil man etwas durchsetzen möchte oder eine Enttäuschung erlebt hat. Jeder von uns erlebt auch bedrückte Tage, an denen man in sich gekehrt oder mit Problemen beschäftigt ist. Und nicht offen und bereit ist für den anderen. Wir kennen auch Tage, an denen wir wütend und enttäuscht sind, weil uns etwas verwehrt geblieben ist, was wir gerne hätten. Keine Frage, an diesen Tagen sind wir weit entfernt vom L-Modus. Mehr noch, wir legen gar keinen Wert auf ihn. An diesen Tagen sind wir, wenn wir ehrlich sind, unleidlich, missmutig, wir sind Stinkstiefel.
Am Ende suhlen wir uns in Selbstmitleid. Jetzt sind wir Amodisten, die wir eigentlich nicht sein wollen. Wir ziehen uns zurück, wir sind unversöhnlich, wir wehren ab, wir verstehen falsch, weil wir falsch verstanden werden wollen. Wir fühlen uns verletzt, vielleicht wollen wir uns auch verletzt fühlen. Wir sind in solchen Momenten, ohne dass wir es merken, ziemlich verblendet und blind.
Dann mutieren wir zum Kamodisten. Wir fangen an, zu bellen, zu schimpfen und zu pöbeln. Wir sagen zum anderen, du Depp, du Trottel, warum pampst du mich an? Mitunter rutschen uns auch noch schlimmere Worte raus. Eigentlich wollen wir das so gar nicht. Wir wollen doch alle eingebettet sein in Harmonie, wollen uns nicht allein und einsam fühlen, auch wenn wir mit dem linken Bein aufgestanden, schlecht gelaunt und auf Krawall gebürstet sind.

Seien Sie ehrlich, wenn Sie in einer solchen Stimmung sind, ist dann eine harmonische Beziehung möglich?
Und die wollen wir doch, wir wollen doch eingebettet sein. Wir wollen Harmonie, Wärme, Verständnis. Geben und erfahren.
Es ist nicht die Beziehung, die die Harmonie verhindert, es ist vor allem unsere eigene Stimmung. Deswegen versucht der Selbst-Entwickler, so schnell wie möglich vom »ungünstigen« K- und A-Modus in den »günstigen« L-Modus zu kommen. In den folgenden Kapiteln zeigen wir, wie dies gelingen kann. Indem wir uns für die Signale unseres Beziehungsgeschehens und für die Wirkungsmechanismen unserer heimlichen Begleiter sensibilisieren. Damit Sie dann als Selbst-Entwickler verstehen: Gelingende Beziehungen wurzeln in Ihnen selbst.

ZUEINANDER

Eines sei vorweg gesagt: Nach der folgenden Übung sollten Sie mit dem Lesen aufhören und sofort mit ihr beginnen, falls Sie wirklich etwas Neues erfahren und lernen wollen. Klappen Sie das Buch zu und begeben Sie sich dorthin, wo fremde Menschen sind.

Der übende Selbst-Entwickler

Sie verlassen das Haus. Nehmen wir an, Sie fahren dann mit der U-Bahn oder dem Bus. Irgendwohin. Oder Sie gehen mal eben in den Supermarkt um die Ecke. Schlendern wäre auch eine gute Option. Einfach durch die Straßen gehen, egal wo, Hauptsache, Sie sind nicht allein und haben immer Menschen um sich. Fremde Menschen.

Wenn Sie sich also gleich auf die Straße begeben, dann schauen Sie sich, sagen wir, 15 andere Menschen an. Blicken Sie nur ganz kurz zu ihnen hin, gönnen Sie jedem einzelnen nicht mehr als eine Sekunde Aufmerksamkeit, keine Sekunde länger. Nur eine Sekunde.

Und denken Sie dabei an: nichts.

An absolut nichts!
Sollte Ihnen diese Aufgabe zu zeitraubend erscheinen oder mangelt es gerade an Menschen in Ihrer unmittelbaren Umgebung, dann loggen Sie sich, wenn Sie einen Computer haben, ins Internet ein und googeln Sie »Menschen« oder »Gesichter«. Klicken Sie dann auf »Bilder«. Sie werden jede Menge Menschen sehen, unterschiedlichen Alters, unterschiedlichen Aussehens, unterschiedlicher Herkunft. Betrachten Sie die Personen jeweils eine Sekunde lang – und denken Sie dabei an nichts …
Und? Haben Sie es geschafft, an nichts zu denken, während Sie die Menschen angesehen haben?
Ich vermute, es ist Ihnen nicht gelungen. Dafür sorgt der Bewerter.
Immer wenn Ihr Blick auf jemandem verweilt, auch nur für Bruchteile von Sekunden, wird Ihnen der Bewerter *unweigerlich mit seiner Bewertung dazwischengrätschen. Ob Sie wollen oder nicht.*
Tolle-Figur-Hingucker-Frau, Strammer-Karriere-Schlipsträger, Schau-nicht-so-komisch-Mann, Superlässiger-Möchtegern-Brad-Pitt, Wow-was-für-eine-Wahnsinns-Frau, Der-lächelt-aber-freundlich-Mann.
Sie glauben mir nicht? Dann können Sie es gern noch einmal auf eine andere Weise versuchen.
Denken Sie dabei aber bloß nicht an einen weißen Eisbären! Auf keinen Fall! Bitte Konzentration: kein weißer Eisbär!
Merken Sie, was der heimliche Begleiter *in diesem Moment mit Ihnen macht? Und wie ohnmächtig Sie dagegen sind? Allein schon, weil Ihr Gehirn das Wort »nicht« nicht mag. Es kann damit nichts anfangen. »Nicht denken« dreht es um in ein: »Denke!«, wie*

Daniel Wegner von der Harvard University mit seinem berühmten Eisbärenexperiment zeigte.
Bei nahezu allem, was wir bewusst wahrnehmen, produziert der heimliche Bewerter *beurteilende Gedanken. So auch beim Eisbären, an den Sie nicht denken sollen. Im Falle eines erzwungenen Nichtdenkens bemüht sich unser Gehirn zwar um Ablenkung, produziert dabei die verrücktesten Gedanken, etwa an die Kindheit, an komische, tragische Momente, an starke Erinnerungen eben. Dennoch bleibt der Eisbär im Kopf, immer wieder schleicht er sich verstohlen aus der hintersten Ecke hervor.*

Warum diese Übung, werden Sie sich jetzt womöglich fragen. Was lerne ich aus einem An-nichts-Denken?
Eigenmacht statt Ohnmacht durch Bewusstwerdung ist einer der wichtigsten Grundsätze des Selbst-Entwicklers. Die Bewusstwerdung wird auch in diesem Buch eine zentrale Rolle spielen.
Weil nur immer wiederkehrende, emotionalisierende Erfahrungen zu Verhaltensänderungen führen, werden entsprechende Übungen das Buch durchziehen wie ein roter Faden. Sie können diese mitmachen oder auch nicht. Die Lektüre des Buches soll schließlich anregend sein und Spaß bereiten. Auch das ist eine emotionalisierende Erfahrung. Besser wäre jedoch ein Mitmachen, weil Sie dann eigene Erfahrungen sammeln. Die Nebenwirkungen der Übungen, auch wenn diese manchmal skurril erscheinen mögen, können sich günstig auf Sie auswirken.
Die erste Übung zielte auf die Bewusstwerdung der allerersten Anfänge von Beziehungen ab. Wie kommen wir mit anderen zusammen, wie lernen wir sie kennen? Dabei spielt

es keine Rolle, um welche Art von Beziehung es sich später handeln wird. Eine der Freundschaft, der Liebe, der Kollegialität, eine zum Vorgesetzten. Ihnen allen gemeinsam sind die Vorgänge, die im ersten Moment der Begegnung stattgefunden haben.
Eine Beziehung beginnt lange bevor wir meinen, dass sie begonnen hat. Der heimliche Begleiter namens *Bewerter* bezieht sich automatisch auf das erste und oftmals entscheidende Urteil über den anderen – ohne dass wir es bewusst merken.

Der erste Eindruck

Ich und der andere – ob daraus eine längere Begegnung wird, entscheidet sich genau genommen nicht in Sekunden, sondern in Millisekunden. Denn der *heimliche Begleiter* ist nicht nur heimlich, sondern auch extrem schnell am Werk, im Dienst der Arterhaltung. Freund oder Feind ist die zentrale Frage des Überlebens.
Haben Sie einen Hund? Wenn nicht, beobachten Sie doch mal in einem Park, in dem Hundefreunde ihre Lieblinge laufen lassen, wie sich zwei fremde Hunde einander nähern. Die Tiere gehen bis zu einer gewissen Distanz aufeinander zu. Halten an. Taxieren sich. Es dauert einige wenige Sekunden, und dann ist klar, wie beziehungsweise ob es überhaupt zwischen ihnen weitergeht, sie miteinander spielen, sich anknurren oder einander gezielt aus dem Weg gehen.

> Freund oder Feind? Wem kann ich vertrauen, wem nicht? Darüber schnell entscheiden zu können ist nahezu allen Lebewesen angeboren. Auch dem Menschen.

Bereits Neugeborene sind auf eine möglichst rasche Einschätzung des Gegenübers ausgerichtet. Schneller, als wir glauben, erkennen sie ihre Mütter, wissen, wer ihnen Schutz und Geborgenheit geben kann.

Freund oder Feind, diese Frage begleitet unser gesamtes Leben, wenngleich auf einer kaum wahrnehmbaren Ebene. Je schneller diese Entscheidung oder Einschätzung erfolgt, desto größer war einst die Überlebenschance bei einem Zusammentreffen mit einem unbequemen Zeitgenossen.

Um das nachvollziehen zu können, versetzen Sie sich bitte in Gedanken zurück in die Steinzeit, als wir Menschen noch in Höhlen lebten. Als es ums nackte Überleben ging, ohne Gesetze und moralische Leitlinien wie die Zehn Gebote.

Sie sitzen also in einer Höhle, vor Ihnen flackert ein Feuer. Eigentlich ganz gemütlich. Plötzlich kommt jemand rein. Ein Fremder.

Stellen Sie sich nun vor, was passiert, wenn beim Anblick dieses Fremden in Ihrem Kopf Folgendes abläuft: »Ah, da kommt jemand, den kenne ich nicht. Sein Gesichtsausdruck, nun ja, wie lässt der sich beschreiben? Hm, aufgerissener Mund, gefletschte Zähne, stechender Blick. Könnte bedeuten ... bin mir aber nicht ganz sicher ... und dann hat er auch noch eine Keule in der Hand, wozu das denn?«

Und während Sie so vor sich hin sinnieren und Ihren ersten Eindruck reflektieren, hinterfragen und nochmals korrigieren, ist es um Sie, nicht gerade arterhaltend, geschehen.

Jeder längere Gedanke, der das Gegenüber nach Pro und Kontra abcheckt, kann tödlich sein. Freund oder Feind, diese Entscheidung wird allein von dem aufs Überleben fixierten Gehirn gefällt. Genauer gesagt ist es die *Amygdala,* von der diese schnelle Einschätzung ausgeht. Im Mandelkern, wie man sie auch nennt, sind alle emotionalen Erfahrungen gespeichert, die wir im Lauf unseres Lebens gesammelt haben. Von hier aus werden vor allem die Angstgefühle, aber auch Abenteuerlust und Mut gesteuert. Die Reaktionsgeschwindigkeit der *Amygdala* entspricht – im Fall einer drohenden Gefahr – drei Flügelschlägen. Nicht etwa denen eines großen Vogels, eines Adlers oder Bussards, sondern denen einer Honigbiene.

Dass diese Reaktionsgeschwindigkeit im Hinblick auf die Begegnung mit fremden Menschen für unser Gehirn die wichtigste ist, zeigten die beiden Wissenschaftler Janine Willis und Alexander Todorov. Sie legten ihren Versuchsteilnehmern Gesichter fremder Menschen vor. Jeweils 100 Millisekunden lang, was einem Wimpernschlag entspricht. Am meisten fokussierten sich die Probanden auf den Faktor »Vertrauenswürdigkeit«.

> Der erste Eindruck wirkt in uns lange nach, denn er beeinflusst, heimlich, die nachfolgende rationale, bewusste Einschätzung unseres Gegenübers.

Selbstverständlich nehmen wir im alltäglichen Leben nicht jeden, der uns über den Weg läuft, bewusst wahr.

Wozu auch, das wäre unnötig und für unseren Wahrnehmungsapparat viel zu anstrengend. Und zweifelsohne sind wir inzwischen zivilisierte Wesen, beim Schlendern durch die Stadt müssen wir nicht mehr so wachsam sein wie unsere Vorfahren in der Steinzeit. Unser Überlebens-Modus kann auf Stand-by laufen. Doch ausschalten können und sollen wir unser biologisches Erbe, diese aufs Überleben fixierten Automatismen nicht. Und das ist gut so.

Ab in die Schublade!

Es ist 17.00 Uhr. Sie verlassen das Büro, sind müde und angeschlagen. Den Tag würden Sie am liebsten abhaken. Ihr Chef hat Sie angemault, weil Ihnen angeblich ein dummer Fehler unterlaufen ist. Angeblich. Und wennschon, kann ja mal passieren, bei diesem Arbeitspensum. Trottel, fluchen Sie in Gedanken. Dennoch, die Beförderung steht auf der Kippe. Und Herr Müller, Ihr Kontrahent, hat heute den ganzen Tag schadenfreudig gegrinst und schlecht hinter Ihrem Rücken über Sie geredet. Es beginnt leise zu nieseln, Sie haben den Schirm im Büro liegenlassen. Misttag! Ausnahmsweise beschließen Sie, mit dem Taxi nach Hause zu fahren.

Sie stehen am Straßenrand und warten, dass eines kommt. Der Regen wird stärker, Sie winken mehreren Taxis zu, doch keines hält. Was für Deppen die Taxifahrer doch sind, haben keine Augen im Kopf! Kein Wunder, dass die andauernd übers Geld jammern! Taxifahrer sind eben »durzig«, schießt es Ihnen durch den Kopf. »Durzig« ist ein Phantasiewort, das Sie, liebe Leser, durch Ihre eigene Bewertung ersetzen können. Sie befinden sich nun als Amodist im Abwehr-Modus, jenem Zustand, in dem Sie gegen etwas sind. Gegen das Wetter, gegen den Kollegen Müller, gegen die Taxifahrer. Der Rest des Tages hält nichts Besseres für Sie bereit, um Sie herum sind lauter Deppen, Trottel, Vollidioten. Im Supermarkt, in der Schlange an der Kasse, kramt ein Rentner umständlich in seinem Geldbeutel. Das dauert! Und dauert! Meine Güte, denken Sie sich, da haben die Rentner den ganzen Tag nichts zu tun und müssen immer ausgerechnet dann einkaufen, wenn ich Büroschluss habe. Das machen die doch absichtlich, diese »galdigen« Rent-

ner! Mann, Mann, Mann!, würden Sie am liebsten brüllen. Der Selbst-Entwickler in Ihnen weiß: Oha, jetzt bin ich aber ordentlich in den Kampf-Modus geschlittert, ich alter Kamodist.
Der erfahrene und fortgeschrittene Selbst-Entwickler beißt sich in solchen Fällen auf die Zunge und denkt: Willkommen, Situation, du bist mein Coach. Der weniger geübte Selbst-Entwickler würde irgendwann den vollen Einkaufswagen in die Ecke schieben und kommentarlos den Laden verlassen.

Wenn Ihr Bewerter bewertet, schiebt er seine Eindrücke in die Schubladen, die Sie ihm zur Verfügung stellen.

Taxifahrer sind durzig, Rentner sind galdig. Wie auch immer Sie Ihre Schubladen beschriften, in die Ihr *Bewerter* die anderen einordnet – ohne sein eifriges Einordnen entstünde in unserem Kopf ein riesiges Chaos. Stereotypen sind Ordnungsleistungen des Gehirns.
Was alles prasselt da täglich auf uns ein! Wie viele Synapsen muss unser Gehirn täglich verschalten, damit wir uns angesichts der Vielzahl von Reizen zurechtfinden und angemessen reagieren können? Um diese Leistung vollbringen zu können, ordnet das Gehirn alles Wahrgenommene, überaus ökonomisch, in Kategorien: in schwarz oder weiß, gut oder schlecht, vertraut oder unvertraut, wichtig oder unwichtig. Und in Freund oder Feind.
Sie können sich vorstellen, wie sehr der *Bewerter* den Beginn einer Beziehung beeinflusst, weil er bestimmt, was beziehungsweise welche Menschen wir überhaupt wahrnehmen und in welchen Schubladen sie dann landen. Plumpsen sie in jene mit einem großen Minus, besteht wohl kaum Aussicht auf ein Kennenlernen, schon gar nicht auf eine

Beziehung. Vorurteile sind die negative Folge dieses Schubladendenkens. Sie sind die stärksten Hindernisse auf dem Weg in den L-Modus.

Werden Sie zum zeitweiligen Stammtischhocker, um sich Ihrer Vorurteile bewusst zu werden.

Damit wir gegen den vorurteilsbelasteten *Bewerter* in uns antreten können, müssen wir uns zunächst darüber klarwerden, wie genau dieser *heimliche Begleiter* in uns wirkt. Selbstbeobachtungen sind hier zunächst nicht ganz einfach. Wer möchte schon von sich behaupten beziehungsweise bei sich beobachten, mit welchen Vorurteilen er Menschen bewertet? Selbstkritik üben ist ein Vorgang, den die meisten bekanntlich scheuen.

Also, erst mal keine Selbstbeobachtung, sondern ab ins Wirtshaus. Gehen Sie einen trinken! Setzen Sie sich neben einen Stammtisch und hören Sie zu, was und wie dort über Unbeteiligte gesprochen wird.

Wieder zu Hause, wenden Sie sich Ihren eigenen Vorurteilen zu. Notieren Sie Ihre eigenen automatischen Abwertungen anderer Menschen.

Wenn Sie sich dann in den nächsten Tagen, besser Wochen, kritisch bei Ihrer Eindrucksbildung beobachten, kommen Sie dem Wirken Ihres *heimlichen Begleiters* langsam, aber sicher auf die Schliche. Das ist eine wichtige Voraussetzung, um ihm bestimmt und wirkungsvoll entgegentreten zu können.

Kehren wir in Gedanken zurück zu Ihrem Weg von der Arbeit nach Hause. Wieder ist es 17.00 Uhr. Dieses Mal scheint die Sonne. Ihre Strahlen passen zu Ihrem Strahlen, denn Sie denken weder an den Kollegen Müller, der nun den Posten hat, den Sie eigentlich haben wollten. Sie schwelgen in Erinnerungen an die letzten 14 Tage, denken an Ihren Urlaub, den Sie am Meer verbracht haben. Vor allem aber umkreisen Ihre Gedanken einen Menschen, den Sie vor zwei Tagen auf einer Party kennengelernt haben. Wundervoll. Sie sind verliebt! An der Kasse im Supermarkt bemerken Sie die Schlange nicht, dem Rentner helfen Sie, das Geld abzuzählen. An diesem Tag begegnen Sie weit und breit keinen Deppen, keinen Trotteln und keinen Vollidioten. Was für ein Tag! Der Selbst-Entwickler in Ihnen weiß: Herrlich, ich befinde mich im L-Modus, in dem ich mich liebe. Mich und die anderen. Ich bin ein Elmodist!

> So, wie Sie sich fühlen, Ihrer Einstellung zu sich selbst entsprechend, so nehmen Sie auch die Menschen um sich herum wahr.

Sie sollen sich nun selbst beobachten. Lassen Sie die Menschen um sich herum auf sich wirken und schätzen Sie ein, in welchem Modus Sie selbst sich gerade befinden. Im A-, K- oder L-Modus?
Schnell werden Sie bemerken, dass Sie, egal ob Sie als Amodist, Kamodist oder Elmodist unterwegs sind, stets einer Person begegnen. Es ist die Schlüsselperson für das Erlebte: Sie selbst.
Sind Sie der Ansicht, der einzig Normale unter lauter Widerlingen zu sein, der einzig Attraktive, geschmackvoll Gekleidete, nicht griesgrämig Dreinblickende, der einzige Sympath – dann ist es nicht gut bestellt um Sie und Ihr Sozialleben. Sie sind dann gegen die anderen, befinden sich folglich im A-Modus. Solchermaßen gestimmt können Sie nicht offen sein für Ihre Mitmenschen. Und es ist umso schlechter um Sie bestellt, je häufiger Sie in diesem Modus agieren und je länger Sie in ihm verharren. Die mentale Geringschätzung anderer hat zur Folge, dass Sie sich ihnen

gegenüber auch arrogant verhalten. Keine Frage, eine solche Haltung verringert automatisch die Sozialkontakte. Noch schlimmer wird es, wenn Sie sich selbst zu den liebensunwürdigen Menschen zählen. Das kann durchaus vorkommen. Wer von uns kennt sie nicht, diese Tage, an denen wir morgens aufwachen und bereits beim Öffnen der Augen mit uns selbst im Clinch liegen, so sehr, dass wir geneigt sind, so schnell wie möglich wieder unter die Bettdecke zu kriechen, die Augen zu schließen und uns selbst, die Welt und all die Menschen, die auf ihr leben, zu beklagen und zu bejammern. Als ein solcher Amodist werden Sie zu einem Misanthropen, einem Rundum-Menschenhasser. Nichts bist du, nichts ohne die anderen! Selbst der verbissenste Misanthrop braucht die Menschen, wenn auch nur, um sie zu verachten, schrieb einst die Dichterin Marie Freifrau von Ebner-Eschenbach. An solchen blöden Tagen verachten wir, lehnen wir ab und meiden Blicke, die zu den anderen und die von den anderen. Blöde Menschen, was schauen die mich so dämlich an? Passt ihnen irgendwas an mir nicht? Sie blicken dann kurz in das spiegelnde Schaufenster, sehen sich selbst, blöde sind auch Sie, finden Sie dann womöglich. Nein, an diesem Tag können Sie sich selbst nicht leiden und die anderen auch nicht. Ihr heimlicher Begleiter, der *Bewerter,* hat an solchen Tagen ein leichtes Spiel. Da geht es dann ab in die Schubladen: durzig, galdig, basta.

Aber worauf achten wir nun beim ersten Eindruck?
»Also, der hier ist ein Student, fährt Rad und geht in seiner Freizeit in die Berge. Ist ein Naturbursche.«
»Meinst du? Bei dem Haarschnitt? Student könnte sein, ich glaube eher, das ist ein angehender Jurist, der in seiner Freizeit segelt.«
»Ach nee, wieso segelt der?«

»Schau dir mal die Schuhe an, sind Segelschuhe.«
»Aber das Hemd, das karierte, das passt nicht dazu.«
»Hm, doch kein Student, der könnte sich solche Schuhe nicht leisten.«
»Scheint aber aus einem reichen Elternhaus zu kommen, schau mal, was der für eine Tasche trägt, sieht teuer aus.«
Wer ist was und was macht er ist ein lustiges Ratespiel, wenn man irgendwo sitzt und von Menschen umgeben ist. Man kann raten, was sie wohl für einen Beruf haben, wie sie leben, wie sie sich fortbewegen, überwiegend mit dem eigenen Auto (wenn ja, welche Marke) oder mit dem Rad. Man kann sich ihre Hobbys, ihre Wohnungseinrichtung, ihre Lebenssituation vorstellen.
Dieses Spiel ist nicht nur kurzweilig, es gibt auch Auskunft über die eigenen Einstellungen, über die eigenen Wahrnehmungsmuster und die Ihres Spielpartners.
Worauf achten Sie bevorzugt, wenn Sie Menschen einschätzen? Auf die Frisur? Die Kleidung? Die Haltung? Den Gang? Die Palette der äußeren Merkmale und Botschaften ist breit. Äußerlichkeiten sind meist die ersten Informationen, die unser heimlicher *Bewerter* beim Gegenüber aufschnappt. Dabei bewertet er von Mensch zu Mensch unterschiedlich. Türsteher schauen wohl am ehesten auf die Schuhe, modisch Markenbewusste auf die Kleidung, Friseure auf die Haare und so weiter.
Unser schneller *Bewerter* ist besonders darauf geeicht, beim anderen auf all jene Komponenten zu achten, die im Dienst der Arterhaltung von Bedeutung sind. Gemeint sind beschwichtigende oder dominante Signale, die Hinweise darauf geben, ob die Begegnung mit einem Fremden eher freundlich oder eher unangenehm bis feindselig ist. Uns ist angeboren, wie wir diese Signale bewerten. Anderenfalls könnten wir sie nicht interpretieren.

Am stärksten wirkt dabei die Körperhaltung des anderen. Eine gebeugte Haltung ist ein Zeichen für Demut, für Unterwürfigkeit, aber auch für schlechte, depressive Gestimmtheit. Typische Merkmale eines Amodisten.
Eine aufrechte Haltung und ein hoch erhobenes Kinn hingegen empfinden wir als selbstbewusst, manchmal auch als dominant. Kommen ein Lächeln und eine offene Körpersprache hinzu, können wir von einem Elmodisten ausgehen. Ein großangelegtes Experiment des Wissenschaftsmagazins *New Science* erbrachte, dass wir von Gesichtern automatisch auf die Persönlichkeits- und Charaktermerkmale unserer Mitmenschen schließen, insbesondere auf deren Selbstbewusstsein und Extravertiertheit. Die Zugewandten lieben den Umgang mit Menschen, sie sind gesprächig, aktiv, haben Spaß an Neuem. Interessant ist, dass bei der Einschätzung von Gesichtern ausgerechnet der Faktor »soziale Begeisterung« so stark zum Ausdruck kommt.
Extravertierte Menschen sind häufig auch Elmodisten in gehobener Gestimmtheit, erinnert sich der Selbst-Entwickler, und einmal mehr rückt die Bedeutung des L-Modus für das Miteinander in sein Bewusstsein.

Beim ersten Eindruck sehen wir, was wir sehen wollen.

Neben der Bewertung aufgrund visueller Wahrnehmung entfaltet der fatale Bestätigungsfehler, auch konfirmatorisches Hypothesentesten genannt, seine Wirkung. Gemeint ist das Phänomen, dass wir unser Gegenüber nur so sehen können, wie wir es sehen wollen. Haben wir uns erst eine Meinung über den anderen gebildet, und das geht, wie wir gesehen haben, sehr schnell, konzentrieren wir uns auf jene Informationen, die diese Meinung bestätigen, und ignorieren all das, was unser vorgefertigtes Bild ins Wanken brin-

gen könnte. Wir orientieren uns also nicht an dem, was real ist, sondern an unserer Vorstellung dessen, was real ist. Der fatale Bestätigungsfehler wiederum unterliegt den eigenen Stimmungen.
Der Amodist sieht im anderen eher einen Amodisten, weil er wegen seiner Bedürfnislage nur A-Signale stärker wahrnimmt. Für andere Signale hat er einen schwachen Resonanzboden. Der Kamodist trifft schnell Menschen seinesgleichen, denn im Clinch mit ihnen fühlt er sich wohl.
Und der Elmodist in seiner gehobenen Gestimmtheit? Der wird lächeln, lächelnde Menschen sehen, und er wird angelächelt werden, was ihn zurücklächeln lässt.

> Schlagen Sie dem Bestätigungsfehler ein Schnippchen und werden Sie sich Ihrer Voreingenommenheit bewusst.

Wenn Sie sich auf Kontaktsuche befinden, können Sie dem Bestätigungsfehler ein Schnippchen schlagen. Der Selbst-Entwickler wird zum Trickser, indem er sich seiner Eindrucksbildung bewusst ist und sich deshalb auf jene Informationen konzentriert, die seinen festgelegten Erwartungen widersprechen.

Kontakte knüpfen im L-Modus

Wohin wollen Sie?
Wie wichtig ist Ihnen das Miteinander? Sehnen Sie sich insgesamt nach mehr Intensität, nach mehr Kontakten, mehr Freunden, mehr Verständnis? Oder ist Ihr soziales Leben ausreichend erfüllt?

Wir Menschen sind soziale Wesen, und die Sehnsucht nach Zugehörigkeit, nach Anerkennung und nach Liebe ist uns angeboren.
Wie sich diese Sehnsucht im Lauf unseres Lebens entwickelt und wohin sie uns führt, hängt unter anderem von den Erfahrungen ab, die wir machen.
Die Bereitschaft und Fähigkeit, Bindungen einzugehen, ist bei uns immer dann besonders ausgeprägt, wenn wir uns im L-Modus befinden. Doch leider schaffen wir das nicht immer so, wie wir es uns wünschen. Zeit also für den Selbst-Entwickler, zu erfahren, wie er vom A- oder K- in den L-, den Liebesmodus wechseln kann, um Kontakte zu anderen Menschen zu knüpfen.

Wir können uns unsere Mitmenschen nicht schönreden, aber wir können uns dafür entscheiden, sie als »Gesamtpakete« zu lieben. Das geht bedeutend leichter, wenn wir uns im L-Modus befinden.

Der L-Modus wirkt sich unmittelbar auf Ihren heimlichen *Bewerter* aus, indem er bei Ihrem Gegenüber überwiegend nach Schönem, Angenehmem, Sympathischem sucht.

Der übende Selbst-Entwickler

Es gibt mehrere Möglichkeiten, wie wir mit anderen in Kontakt treten können, ohne länger mit ihnen zu sprechen. Zum Beispiel unverbindlich lächeln und grüßen. Flüchtige und unverbindliche Kontaktinitiativen sind nicht nur eine gute Übung, um Beziehungen zu beginnen, sie versetzen den Selbst-Entwickler auch in eine gehobene Gestimmtheit.

Einfach lächeln wirkt Wunder. Das beobachte ich bei mir selbst, wenn ich durch die Straßen gehe, in der U-Bahn oder in einem Restaurant sitze und vor mich hin lächle. Einfach so. Sie glauben nicht, wie viele flüchtige Kontakte dann entstehen, die einzig aus einem Lächeln und einem kurzen Blickkontakt bestehen.
Sie können auch einen sogenannten Leute-Tag in Ihr Programm aufnehmen.
Bevor Sie das Haus verlassen, nehmen Sie sich vor, jeden freundlich zu grüßen oder kurz anzulächeln. Sämtliche Leute, die Ihnen über den Weg laufen. Fremde, wohlgemerkt! Ich mache das öfter und lächle mit einem »Grüß Gott« oder »Hallo, guten Tag« jeden an, der mir begegnet. Ich kann Ihnen sagen, es ist einfach herrlich! Ich freue mich dann jedes Mal aufs Neue darüber, dass es mir gelingt, mich und andere auf so einfache Weise in eine positive Gestimmtheit zu bringen.

Das erste Wort und die Angst vor Zurückweisung

Wir gehen nun einen Schritt weiter, nähern uns dem anderen und sprechen ihn an. Das ist in der Regel relativ einfach, wenn wir seine Reaktion von vornherein einschätzen können. Die Frage »Wo bitte geht es zum Bahnhof?« wird mit großer Wahrscheinlich entsprechend freundlich beantwortet: »Gehen Sie vor bis zur Ampel und dann links.« Solche ersten Worte sind einfach.
Vergleichsweise einfach sind auch die ersten Worte bei Begegnungen, die innerhalb eines klaren, festgesteckten Rah-

mens stattfinden. Ein Vorstellungsgespräch oder ein Kennenlernen über einen gemeinsamen Bekannten beispielsweise. Hier sind die Gründe für das Kennenlernen durch die äußeren Umstände vorgegeben. Die ersten Worte folgen zumeist einem ritualisierten Schema. Dazu zählt der Händedruck. Er erfolgt meist zeitgleich mit den ersten Worten. »Guten Tag« und drücken. Oder drücken und »Guten Tag«. Der Händedruck wirkt dabei wie ein kleiner Botschafter.

Achten Sie auf den Händedruck. Er spricht Bände.

Achten Sie in den kommenden Tagen einmal auf den Händedruck, zunächst den der anderen. Geben Sie jedem, den Sie kennen, auch engen Freunden, die Sie ansonsten umarmen, die Hand. Wenn Sie eine Hand drücken, dann achten Sie auf die Dauer und die Intensität. Erfolgt der Händedruck mit der ganzen Hand oder nur mit einem Teil davon? Beobachten Sie, welcher Handrücken nach oben zeigt und welcher nach unten.

Der Händedruck verrät etwas über die Persönlichkeit, besagt eine Binsenweisheit, die von zahlreichen wissenschaftlichen Studien bestätigt wird. Ein fester Händedruck hinterlässt einen guten Eindruck, hinter einem schlaffen Händedruck vermuten wir eine schlaffe Persönlichkeit. Doch wir nehmen den ersten Körperkontakt mit dem anderen weitaus differenzierter wahr. Extravertierte Menschen drücken fester zu als introvertierte und zurückhaltende. Intellektuelle Frauen, die offen für neue Erfahrungen sind, drücken fester als andere Frauen und kommen dabei bei der allgemeinen Bewertung besser weg. Distanz manifestiert sich mit einem hohlen Händedruck, erkennbar an der Wölbung der Innenfläche.

Aus dem Händedruck ablesbar ist auch der Führungsanspruch zwischen den Beteiligten. Dominant ist, wessen Handrücken nach oben zeigt, umgekehrt ist eher passiv und unterwürfig, wessen Handrücken nach unten gerichtet ist. Zu erwähnen ist noch der fürsorglich angedachte, jedoch einschüchternd wirkende Händedruck, bei dem ein Beteiligter die Hand des anderen mit beiden Händen umfasst. Äußerst unangenehm sind jene Begrüßungen, die nicht mehr enden wollen. Gemeint sind die Dauerschüttler, die kein Feingefühl für das rechte Maß haben.
Aus einem Händedruck, so das Fazit, filtern wir unwillkürlich Informationen über die Persönlichkeit des Gegenübers und die mögliche Beziehung zu ihm. Um sich für die Bedeutung des Händedrucks noch mehr sensibilisieren zu können, sollten Sie die Wirkung auch umgekehrt testen, indem Sie Ihren Händedruck bei Bekannten variieren. Drücken Sie mal fest, mal schlaff, halten Sie Ihren Handrücken mal bewusst nach oben oder nach unten. Ihren Arm können Sie dabei abwechselnd ausgestreckt als Zeichen für Distanz oder angewinkelt als Zeichen für Nähe halten. Achten Sie auf die Reaktionen Ihrer Bekannten. Sie werden überrascht sein, was diese kleinen Veränderungen alles auslösen.

Die Angst vor Zurückweisung verhindert das Zustandekommen einer Beziehung. Vor allem, wenn wir sie uns wünschen.

Zurück zum ersten Wort. Wir gehen nun in Gedanken besondere Erstbegegnungen durch. Es sind die schwierigsten, die wir uns vorstellen können. Ihnen fehlt nicht nur der äußere Rahmen, sie sind geradezu durchdrungen von der Angst eines Gesichtsverlusts.
Ich meine Begegnungen wie diese:

Sie sitzen in der S-Bahn, sind seit längerem Single und hätten gern einen Partner an Ihrer Seite. Aber irgendwie klappt es nicht. Es hat in letzter Zeit einfach nicht gefunkt. Mal bei Ihnen nicht, mal beim anderen nicht. Die S-Bahn hält. Die Türen öffnen sich, Menschen strömen herein. Ihnen gegenüber nimmt jemand Platz. Es ist um Sie geschehen. Was für ein Jemand! Wahnsinn! Kennen Sie solche Momente, in denen Sie einem Menschen begegnen, der Sie wie ein Donnerschlag aufrüttelt, fasziniert, ja fast paralysiert? Fieberhaft überlegen Sie, was zu tun ist. Sie suchen verzweifelt nach dem ersten Satz. Vielleicht so, denken Sie: »Entschuldigen Sie, ich würde Sie sehr gern kennenlernen. Darf ich Ihnen meine Telefonnummer geben?« Oder so: »Es ist zwar nicht meine Art, jemanden einfach so anzusprechen. Aber bei Ihnen muss ich vor lauter Begeisterung eine Ausnahme machen.«

»Oha, damit handelst du dir eine ordentliche Abfuhr ein«, meldet sich unverzüglich eine Gegenstimme in Ihnen. Sie gehört dem heimlichen Begleiter, den ich den *Warner* nenne. »Lass es lieber sein, wird schrecklich peinlich werden«, flüstert er Ihnen zu. Sie spüren dennoch, dass die Faszination auf Gegenseitigkeit beruhen könnte. Häufige Blicke, ein kurzes Lächeln. »Ja doch, ich sag jetzt was. Aber was?«, denken Sie. Der *Warner* aber muss es wieder besser wissen: »Ha, da kannst du sagen, was du willst, bringt eh nichts«, poltert er in Ihrem Kopf und setzt noch einen drauf: »Aber bitte, sag, was du willst, beschwer dich dann aber bloß nicht, wenn ich dir dann einen knallroten Kopf verpasse. Das sieht dann so richtig peinlich aus. Ich habe dich gewarnt.« Der *Warner* in Ihnen hat erst einmal gewonnen. Sie trauen sich nicht, Ihr Gegenüber anzusehen, zumindest nicht länger. Begegnen sich Ihre Blicke zufällig, wenden Sie sich sofort verlegen ab, schauen aus dem Fenster, scheinbar gleichgültig. Irgendwann treffen sich Ihre Augen wieder, etwas länger dieses Mal. Sie lächeln, Ihr Gegenüber auch. Sie ahnen, die Faszination könnte auf Gegenseitigkeit beruhen. Verlegen und nervös nesteln Sie an Ihrer Jacke. Ihr Herz klopft, der *Warner* ist in Hochform: »Hey, versteck dich, bevor es noch peinlicher wird.« Sie kramen eine Zeitung aus der Tasche und versinken dahinter. Der *Warner* ist vorerst beruhigt. Sie aber ärgern sich maßlos über ihn. »Verdammt, wieso sag ich nichts?«, fragen Sie sich.

Die nächste Haltestelle kommt. Sie lassen die Zeitung sinken. Türen gehen auf, Menschen steigen aus. Auch die unbekannte, wunderbare Person. Sie blicken ihr hinterher. Sie dreht sich um, Ihre Augen treffen sich, sie winkt und lächelt. Die S-Bahn fährt los. »Ich Trottel! Was für eine Situation! Was für einen Menschen habe ich gerade verpasst!«, denken Sie – und würden in diesem Moment Ihrem *Warner* am liebsten eine ordentliche Watschn verpassen.

Wie ungemein schwer fallen uns oftmals die ersten Worte, wenn wir jemanden kennenlernen wollen, weil er oder sie uns gefällt. Ach, wer kennt sie nicht, diese unumkehrbaren Momente, die lange in uns nachwirken. Verpasst und vertan, weil der *Warner* uns vor einem Gesichtsverlust bewahren wollte, der uns durch eine mögliche Zurückweisung droht.

Ausgesprochen kompliziert kann es für den *heimlichen Begleiter* werden, wenn er zwischen Mann und Frau vermitteln muss. Hier kommt die ganze Komplexität, die bei Anbahnungsprozessen mitschwingt, besonders intensiv zum Wirken. Die Begegnung zweier unbekannter Menschen bedeutet für die Beteiligten ohnehin ein hohes Maß an Unvorhersehbarkeit und Unsicherheit. Die wechselseitigen Reaktionen sind spekulativ und von vorangegangenen, subjektiven Erfahrungen der Beteiligten beeinflusst. Bei Mann und Frau kommt erschwerend die Anziehungskraft hinzu. Je stärker sie ist und je geringer die Beteiligten jeweils ihre eigene Attraktivität im Vergleich zu der des Gegenübers einschätzen, desto größer ist ihre Furcht vor einer Zurückweisung. Menschen, die häufig abgewiesen worden sind, werden bald schon zu Amodisten oder Kamodisten – aus Angst, abermals schmerzhafte Erfahrungen hinnehmen zu müssen.

> Machen Sie Umwege, wenn Sie bei Kontaktanbahnungen erfolgreich zum Ziel gelangen wollen. Umwege verschaffen Ihrem Gegenüber Handlungsfreiheit.

Die Furcht vor sozialer Zurückweisung ist uns angeboren. Kleinkinder verspüren sie bereits. Es ist für uns kaum zu erahnen, wie viele ausgeklügelte und effektive Strategien die Kleinen einsetzen, um einen Gesichtsverlust zu vermeiden, etwa wenn sie im Kindergarten Kontakt zu Gleichaltrigen suchen. Dabei unterscheiden sie sich in ihrem Verhalten nicht wesentlich von Erwachsenen, die auf ein Fest oder eine Veranstaltung kommen, auf der sie niemanden kennen. Egal ob groß oder klein, zuerst wird in solchen Momenten beobachtet. Informationen werden gesammelt, der Gesichtsausdruck bleibt dabei neutral. Nur keine inneren Regungen mitteilen, lautet die Devise. Wie unter Erwachsenen, so bilden sich auch unter Kindern kleine Grüppchen. Die Kleinen spielen miteinander, die Großen reden miteinander. Das Verhalten derjenigen, die zu einer Gruppe hinzustoßen, zielt in beiden Fällen auf ein Dabeisein ab.
Für die Kleinen gilt dabei der Grundsatz: Auch wenn der Weg über die Kindergärtnerin verlockend erscheint, wenn sie dich an die Hand nimmt, zur Gruppe führt und sagt: »Lasst doch den Tobi mitspielen«, funktioniert das langfristig nicht. Also, das ist keine Lösung!

Für die Großen gilt: Wenn Sie sich auf dem Fest auf die »Hilfe« eines Gastgebers verlassen wollen, um Anschluss an eine kleine Gesprächsgruppe zu bekommen, wird Sie das bis auf ein kurzes Geplänkel in der Regel auch nicht weiterbringen. Die anderen lassen Sie nur aus einem gewissen Pflichtgefühl heraus oder aus Höflichkeit mitreden.

Zurück zu den Kleinen: In der Regel erfolglos ist auch ein direktes Ansprechen. Der Satz »Darf ich mitspielen?«, muss nicht zum Ziel führen. Er führt eher zu Ablehnung. Er ist zu fordernd.

Das gilt auch für die Großen: »Guten Tag, mein Name ist Müller, darf ich mich zu Ihnen stellen, ich möchte mich gern mit Ihnen unterhalten«, wird auch auf einem Fest nicht zum gewünschten Erfolg führen. Er wirkt schlicht und einfach zu aufdringlich, den anderen bleibt aus Höflichkeit keine andere Wahl, als zuzustimmen. Aber es ist durchaus möglich, dass sie Ihnen gegenüber in den A-Modus umschalten.

Wer erfolgreich Anschluss finden will, macht lieber kleine Umwege, um ans Ziel zu kommen. Dabei hilft das Erkennen des Bezugsrahmens, den die Gruppe bereits hergestellt hat. Den gilt es zu nutzen.

Experimente haben gezeigt, dass sozial erfolgreiche Kinder zuerst beobachten, womit andere spielen, um sich dann dazuzusetzen und sich mit ähnlichem Spielzeug zu beschäftigen. Genau dieses Verhalten ist ein strategisch erfolgreicher Umweg: erst zusehen, dann verstehen, sich anpassen und schließlich mitmachen, anstatt sofort zur Sache zu kommen.

Auf einer Veranstaltung, gleich welcher Art, ist der Bezugs- und Handlungsrahmen durch ein Gesprächsthema gegeben. Sie nähern sich einem Grüppchen und steigen, ganz unauffällig, aber interessiert, in das Geschehen ein – ohne es beeinflussen oder gar dominieren zu wollen. Der A- oder K-Modus wird auf diese Weise vermieden. Die Umweg-Strategie ist deshalb so effektiv, weil sie den anderen einen ausreichenden Handlungsspielraum lässt. Die fühlen sich nicht in der Pflicht, sondern können frei entscheiden, was sie wollen.

Sensibilisieren Sie sich für die Signale, die bei Kontaktanbahnungen zwischen Ihnen und den anderen vermitteln.

Die Wirkung körpersprachlicher Signale

Und nun zur komplexesten und schwierigsten Beziehungsaufnahme zwischen uns sozialen Wesen, der zwischen Mann und Frau. Sie ist ausgesprochen kompliziert, weil es sich um eine Begegnung handelt, in der Anziehungskraft und Zeit wirken. Die Anziehungskraft steigert die Angst vor Zurückweisung, und Zeit benötigen Menschen, zwischen denen es gefunkt hat, damit ein ganz spezieller *heimlicher Begleiter* zwischen ihnen vermitteln kann: der *Blinker.*
Der *Blinker* wirkt überwiegend durch körpersprachliche Signale. Er taucht auf, sobald zwischen uns Menschen Konflikte oder Missverständnisse drohen, und erfüllt damit eine wichtige Funktion, vor allem, wenn sich Mann und Frau einander nähern. Ohne *Blinker* wäre dieser Prozess noch komplizierter, anstrengender und komplexer als ohnehin. Bei Beziehungsaufnahmen, insbesondere zwischen Mann und Frau, vermittelt er, indem er sogenannte Come-on-Signale sendet. Come on, trau dich, fordern diese Signa-

le das Gegenüber auf. Blicke, vor allem solche, die länger als drei Sekunden dauern, zählen dazu. Auch das Lächeln, das besonders wirkungsvoll ist, sowie viele Selbstberührungen im Gesicht oder an der Kleidung.

Liebe Männer, achtet auf die Körpersprache der Frauen. Je lebhafter und ausdrucksstarker sie in Ihrer Gegenwart ist, mit vielen Oberkörperbewegungen, Neigung des Kopfes, Verlegenheitslächeln und so weiter, desto angetaner ist sie. Es sind Signale, die eigentlich eine gewisse Demut signalisieren. Aber genau darin liegt der Trick des *heimlichen Begleiters*. Mit einer vermeintlich »unterwürfigen« Körpersprache senden Frauen die Botschaft aus: »Ich tu dir nichts, komm ruhig näher und sprich mich an, ich werde dir schon keinen Korb geben.« Dennoch ist Vorsicht geboten. Diese Signale sind nichts wert, wenn Ihr Gegenüber eine notorische Verführerin ist, der es sogar Spaß macht, Sie abblitzen zu lassen, sobald Sie tatsächlich Interesse zeigen. Solche weiblichen Flirtsignale sind überall auf der Welt in ähnlicher Weise ausgeprägt. Wie gut Männer diese Signale lesen und interpretieren können, hängt indes von ihrer Begeisterung für die flirtende Frau ab. Je angetaner sie von ihr sind, desto intensiver nehmen sie die Signale wahr – und umgekehrt. Was für die flirtenden Frauen bedeutet: Wenn Sie von Ihrem männlichen Gegenüber mehr als begeistert sind, er Ihre Empfindungen jedoch nicht erwidert, sich gar im A-Modus befindet, dann können Sie ihm noch so viele Flirtsignale senden, es wird Ihnen nichts helfen. Der Mann erkennt Ihre Come-on-Signale nicht als solche, weil er sie nicht erkennen will.

Schüchterne Männer übrigens deuten Flirtsignale zwar richtig, sie können es jedoch nicht fassen, dass sie ihnen gelten. Männer hingegen, die sehr von sich überzeugt sind, sehen Signale selbst dort, wo es gar keine gibt.

Bis jetzt habe ich nur von den weiblichen Flirtsignalen gesprochen. Wo aber bleiben die Männer? Nun, ihre körpersprachlichen Signale sind nicht so ausgeprägt. Untersuchungen haben gezeigt: Männer punkten lieber mit großen Worten, bei denen sie bevorzugt ihr Selbst in den Mittelpunkt stellen.

Ich bin schüchtern! – Na und?

In uns allen steckt eine grundlegende Scheu vor unbekannten Menschen. Das erschwert die Beziehungsaufnahme zusätzlich. Auch hierbei ist ein *heimlicher Begleiter* im Spiel: der *Warner.* Er alarmiert uns nicht nur bei einem drohenden Gesichtsverlust, dieser *heimliche Begleiter* lässt uns zudem eine grundsätzliche Scheu vor unbekannten Mitmenschen erleben. Zum ersten Mal verspüren wir diese Scheu im Alter zwischen fünf und acht Monaten. Wir lassen uns dann, urplötzlich, von keinem Fremden mehr auf den Arm nehmen und verstecken uns stattdessen hinter Papa oder Mama. Wir fremdeln, wie es gleichaltrige Babys überall auf der Welt tun. Hier bereits bildet sich bei uns als Erbe der Evolution die überlebensnotwendige Frage aus: Wer ist fremd, und wer ist vertraut?

> Soziale Schüchternheit bleibt ein Leben lang, aber man kann lernen, gut mit ihr umzugehen.

Die uns angeborene Scheu ist nicht nur biologischen Ursprungs, sie ist genetisch auch unterschiedlich ausgeprägt. Wer kennt sie nicht, die Szenen, die sich auf den Spielplätzen abspielen, wenn manche Eltern ihre Kleinen mit hilflos anmutenden, weil meist erfolglosen Aufmunterungen anspornen: »Nun spiel doch endlich mal mit den anderen Kindern!« Doch die Kinder hängen am Rockzipfel der Eltern, den Finger im Mund, und schauen dem Spiel der anderen Kinder zu. Die Mütter und Väter solch zurückhaltender Kinder sollten wissen, dass sie mit ihren Aufforderungen nichts erreichen und die Hemmungen ihrer Kinder, sich anderen zu nähern, noch verstärken.

Elterliche Worte gegen den kindlichen Mandelkern, die *Amygdala*, dieser Kampf wird zugunsten der *Amygdala* ausgehen, weil sie bei scheuen Kindern äußerst sensibel auf alles reagiert, was neu und fremd ist. Später meiden diese Kinder die Vergleiche mit Gleichaltrigen, denn sie fürchten, dabei schlecht abzuschneiden und abgelehnt zu werden. Kritik nehmen sie sich mehr zu Herzen als Kinder, die mit einer weniger reizsensiblen *Amygdala* ausgestattet sind.

Ist der *Warner* bei diesen Menschen ein übersensibler, überaktiver *heimlicher Begleiter*, gegen den sie ohnmächtig sind? Zunächst scheint es so. Die Unterschiede in puncto Schüchternheit bleiben ein Leben lang erhalten, wie der Kinderpsychologe Jerome Kagan nachwies. Er setzte Kinder im Alter von etwa vier Jahren in einen Kindersitz und konfrontierte sie alle zwanzig Sekunden mit einem neuen Spielzeug, das die Kleinen noch nie gesehen hatten. Auf diesen Ansturm von Unbekanntem reagierten die Kinder unterschiedlich. Manche liebten das schnelle Hintereinander, andere fühlten sich von den vielen Reizen überfordert und begannen zu schreien. Nahezu dreißig Jahre lang verfolgte Kagan die weitere Entwicklung der Kinder und stellte fest, dass Kinder, die bei einem Kontakt mit etwas Neuem überfordert waren, in ihrem späteren Sozialleben zurückhaltender waren als die anderen Kinder. Die erhöhte Empfindlich-

keit der *Amygdala* auf Neues und Fremdes bleibt solchen Menschen ihr Leben lang erhalten.
Bei Veranstaltungen oder Partys sieht man diese Personen häufiger am Rande des Geschehens stehen, so wie die kleinen Kinder in der hintersten Ecke des Spielplatzes. Ob groß oder klein, es kostet diese Menschen viel Überwindungskraft, andere anzusprechen, also beobachten sie stumm und aufmerksam all das, was um sie herum passiert. Nicht selten erwecken sie dabei den Eindruck, sie fühlten sich in Gegenwart vieler unbekannter Menschen unbehaglich.
Manchmal bemerke ich dieses stumme Dabeistehen auch bei mir selbst, wenn ich zu einem Fest eingeladen bin und keinen der anderen Gäste kenne. Nicht dass ich mich als einen ausgeprägt introvertierten, scheuen Menschen bezeichnen würde, dennoch spüre ich Anteile davon in mir. Bei Festen, auf denen ich niemanden kenne, zieht es mich für gewöhnlich zuerst in die Küche zum Essen. Da bin ich schon mal wunderbar beschäftigt, muss nicht reden, habe etwas zu tun: Partyhäppchen essen. Unterdessen beobachte ich die Menschen um mich herum. Bis ich irgendwann bei mir selbst angekommen bin und registriere, wie ich inmitten der vielen Menschen nichts anderes mache, als die Gäste zu beobachten. Mir wird dann bewusst, dass ich mich mit meinem abwartenden Verhalten, welches von anderen durchaus als Abwehr verstanden werden kann, im A-Modus befinde, der für den Kontakt zu anderen eher hinderlich ist. Ich entscheide mich dann ganz bewusst, in den L-Modus überzugehen. Das ist ganz einfach. Mit sozialer Ängstlichkeit, mit Schüchternheit als *heimlichem Begleiter* kann man nämlich wunderbar auskommen. Man muss nur wissen, wie man ihn behandelt.

Eine positive Einstellung zu sich selbst und zu anderen erleichtert die Kontaktaufnahme.

Wie leicht oder schwer es uns fällt, mit anderen in Kontakt zu treten, hängt von folgenden vier Haltungen ab:

- *Ich bin nicht in Ordnung – aber die anderen sind es.* Menschen, die Probleme mit ihrem Selbstwertgefühl haben, mutmaßen so. Solche Gedanken führen zu Gehemmtheit.
- *Ich bin nicht in Ordnung – aber die anderen sind es auch nicht.* Diese Variante ist der sichere Weg zur aggressiven Gehemmtheit des Amodisten oder zur Angriffslust des Kamodisten. Beides ist keine förderliche Voraussetzung für das Zustandekommen eines Miteinanders.
- *Ich bin in Ordnung – aber die anderen nicht.* Mit einer derartigen Einstellung fällt die Kontaktaufnahme ebenfalls schwer, weil man sich über andere erhöht und das auch ausstrahlt.
- *Ich bin in Ordnung – und die anderen sind es auch.* Die beste Möglichkeit, um mit anderen Menschen ins Gespräch zu kommen, ist die gehobene Gestimmtheit im L-Modus. Sich selbst und das Leben zu lieben ist hierfür die erste Voraussetzung. Die zweite besteht in der grundsätzlichen Akzeptanz der Andersartigkeit des anderen, den man jedoch nicht immer mögen muss.

Nehmen Sie sich jetzt etwas Zeit zur Selbstbeobachtung – welche dieser Haltungen liegt Ihrem Denken und Handeln zumeist zugrunde?

Wenn Sie sich zu schüchtern fühlen, um jemanden anzusprechen, streichen Sie erst einmal das Wort »schüchtern« aus Ihrem Wortschatz.

Sobald Sie versuchen, Ihre sogenannte Schüchternheit zwanghaft in den Griff bekommen zu wollen, befinden Sie sich auf dem falschen Weg. Denn dann sind Sie in Ihrer Haltung gegen sich selbst eingestellt – keine gute Voraussetzung für den L-Modus, den Sie für positive Kontaktinitiativen benötigen.
Wenn Sie schüchtern sind, dann sind Sie es eben. Basta.
Am besten, Sie vermeiden es, sich mit Attributen zu belegen. Denken Sie beispielsweise niemals »Ach, ich armer Schüchterner, ich bin so gehemmt« oder etwas Ähnliches. Verwenden Sie auch Wörter wie »introvertiert« oder »scheu« ab heute nicht mehr, auch nicht in Ihren Gedanken. Denn wir wissen: Worte schaffen Wirklichkeit. Vor allem aber haben Sie als fürsorglicher Selbst-Entwickler entschieden, sich so zu lieben, wie Sie sind. Was nicht heißt, dass Sie in Ihren Einstellungen und Handlungen so bleiben müssen, wie Sie sind.

Der übende Selbst-Entwickler

Wenn Sie es nur wollen, können Sie eine allzu vorsichtige Haltung gegenüber anderen Menschen verlieren. Dafür müssen Sie Ihre Wohnung oder Ihr Haus nicht einmal verlassen, sondern benutzen die sogenannte Visionstechnik, um Ihr Unterbewusstsein mit Vertrauen und Erfolg zu färben. Das geht ganz einfach: Sie versetzen sich, vor dem Einschlafen beispielsweise, in Gedanken auf eine Party. Dort stehen Sie inmitten unbekannter Gäste. Jetzt stellen Sie sich vor, dass Sie sich so verhalten, wie Sie gern sein würden. Gelöst, gut gelaunt, selbstsicher, witzig, pointiert und daran interessiert, mit Menschen in Kontakt zu kommen. Sie stellen

sich mit einem Getränk in der Hand neben eine kleine Gruppe, die sich unterhält. Sie lächeln, hören zu … zwanglos … und irgendwann steigen Sie in das Gespräch ein.
Begeben Sie sich gedanklich immer wieder in solche Situationen. Nach und nach gewöhnen Sie sich an die Momente sozialer Nähe und Dichte, denn Ihre Gehirnzellen unterscheiden nicht groß zwischen realer und gefühlter Situation.
Nehmen wir nun an, Sie werden tatsächlich auf eine Party eingeladen, wo Sie aller Voraussicht nach keinen Bekannten treffen. Nehmen wir weiter an, Ihnen wird allein schon beim Gedanken an die vielen fremden Menschen ganz schummrig. Dann freuen Sie sich über den nächsten kleinen Schritt. Der besteht darin, dass Sie sich überhaupt entscheiden, zu dieser Party zu gehen. Das ist in Anbetracht Ihres Unbehagens, fremde Menschen um sich zu haben, eine erhebliche Leistung. Darauf dürfen und können Sie stolz sein. Denn Sie sind für *etwas,* für *die Party,* für *das Hingehen,* für *die Selbst-Überwindung,* für *die Begegnung mit anderen Menschen. Das Da*für*-Sein ist eine wesentliche Voraussetzung, um in den L-Modus zu kommen.*
Im nun folgenden kleinen Schritt achten Sie bitte darauf, dass Sie sich nicht zu sehr auf mögliche Kontakte fixieren. Nehmen Sie sich keinesfalls vor, auf dieser Party jemanden kennenzulernen. Die Gedanken von schüchternen und introvertierten Menschen kreisen meines Erachtens zu sehr um andere Menschen und die Frage, wie man bei ihnen am besten ankommt.
Wenn Sie sich als sozial eher zurückhaltender Mensch unter unbekannte Menschen begeben, nehmen Sie sich

genau das Gegenteil von Kontaktinitiativen vor, sagen Sie zu sich selbst: »Ich möchte erst mal mit keinem reden. Es ist völlig okay, wenn ich nicht riskieren will, abgelehnt zu werden. Also halte ich erst mal den Mund.«

Auf diese Weise entwickeln Sie Eigenmacht. Innerlich werden Sie zu Ihrem eigenen Regisseur, wenn Sie entscheiden: Ich spreche die ersten zwanzig, dreißig oder vierzig Minuten mit keinem Fremden. Gleichzeitig, und das ist sehr wichtig, sollten Sie sich die Menschen um Sie herum ansehen. Und zwar genau. Beobachten Sie sie, und merken Sie sich, was Sie sehen. Als gäbe es später ein Quiz mit der Frage: »Wie haben die einzelnen Person ausgesehen, was haben sie getragen, welche Schuhe, Hosen, Kleider?« Auf diese Weise ziehen Sie sich nicht zurück, sondern richten Ihre Energie nach außen.

Zudem werden Sie erfahren, dass Sie allein aufgrund Ihrer interessierten Blicke und durch Ihre freundliche Achtsamkeit irgendwann von jemandem angesprochen werden. Blickkontakt ist auch eine Möglichkeit, Verbindung zu anderen Menschen aufzunehmen, eine wichtige sogar.

Rüsten Sie sich für die Kontaktinitiative und gegen eine mögliche Ablehnung, indem Sie sich bewusst von anderen abheben. Haben Sie Mut, durch Andersartigkeit aufzufallen.

Für den scheuen, aber entschlossenen Selbst-Entwickler schlage ich einen Desensibilisierungsprozess gegen die Furcht vor etwaiger Ablehnung bei Kontaktaufnahmen vor. Diese Desensibilisierung mag anfänglich befremdlich wirken, aber genau darin liegt ihre Effektivität. Desensibilisieren Sie sich, indem Sie sich vom gesellschaftlichen Grundrauschen abheben. Seien Sie für einen kurzen Moment bewusst anders als die anderen. Wenn Sie die Straße entlangflanieren, fordern Sie das Staunen der Menschen heraus.

Ein herrliches Beispiel, wie man anders als die Masse sein kann, bietet Monty Pythons Sketch *Ministry of Silly Walks*. In ihm fallen Menschen auf, weil sie anders gehen, als es üblich ist. Sie machen überlange Schritte und abrupte Kehrtwendungen, ihre Oberkörper sind dabei weit nach hinten geneigt, und ihre Arme scheinen eigenständig zu tanzen. Diese Lustiggeher »überleben«, obwohl sie ausgelacht werden. Mehr noch, sie heben ihre Stimmung durch das Andersgehen. Die Psychologin Sara Snodgrass testete die Wirkung solchen Verhaltens. Sie ließ eine Gruppe ihrer Versuchsteilnehmer mit kurzen Schritten und in den Boden gebohrten Blicken die Straße entlangschleichen – die andere Gruppe hingegen mit großen Schritten, hoch erhobenem Haupt und baumelnden Armen. Sie ahnen, wer sich hinterher glücklicher gefühlt hat.

Verknüpfen Sie den bewussten Abweisungsprozess mit der positiven Wirkung, die Ihr Verhalten auf Ihre Gefühle ausüben kann.

Der übende Selbst-Entwickler

Eine Übung zur Desensibilisierung, die ich selbst seit fast vierzig Jahren mache: Springen Sie auf einer belebten Straße alle zehn Meter in die Luft und rufen dabei laut »Kuckuck!«. Während dieser Übung denken Sie: »Wer hat hier eigentlich das Problem? Höchs-

tens die irritierten Passanten! Ich nicht!« Im Zuge dieser Desensibilisierungsübung wird es Ihnen allmählich gleichgültig werden, ob und wie die anderen Sie ansehen, ob sie sich über Sie wundern oder über Sie lachen und die Köpfe schütteln. Schließlich ahnen sie alle nicht, dass es sich hier um einen kreativen Selbst-Entwickler handelt, der für sein noch ängstliches Selbst ein kleines Spiel spielt, um für andere, wirklich wichtige Situationen besser gerüstet zu sein. Ziehen Sie die Abweisungsübung ruhig ein paar Wochen durch, nach dem Motto: »Blamier dich täglich, damit du es aushältst, wenn die Leute dich ablehnen oder über dich lachen.«

Vom Kontakt zur Beziehung

Erwin kommt auf eine Party. Dort trifft er Erna. Die beiden kennen sich nicht, stehen aber zufällig in einem kleinen Grüppchen rund um den Gastgeber zusammen. Binnen weniger Sekunden ist es um Erna geschehen, schlagartig verliebt sie sich in Erwin. Weil er die blauen Augen ihres Turnlehrers hat, der stets voll des Lobes für sie war; weil er mit der sanften Stimme ihres ehemaligen Kinderarztes spricht, der sie damals nach einem schweren Radunfall so gut verarztet hat; weil er die Haare leicht gewellt trägt wie ihr Vater, der geliebte, der inzwischen leider verstorben ist. Und weil er das Lächeln des ehemaligen Nachbarjungen hat, mit dem sie früher so gern im Wald Baumhäuser gebaut hat.
Augen, Stimme, Haare, Lächeln, angenehme Reize, die für schöne Erinnerungen stehen, all das macht Erwin in diesem

Moment für Erna aus. Ihr Herz klopft. Sie verliebt sich, mit der Betonung auf der ersten Silbe: *ver*liebt. *Ver*lieben – damit verbinde ich Wörter wie *ver*laufen, *ver*irren, *ver*semmeln, *ver*rechnen, *ver*rennen. Wörter, die ausdrücken, dass etwas *ver*kehrt läuft. Es ist also nicht Liebe, sondern eher das Gegenteil, eben *ver*lieben. Wie oft die Worte doch den Sachverhalt treffen.

Erna, die Faszinierte, schickt Erwin, dem zunächst Ahnungslosen, ja fast Unschuldigen, Zeichen ihrer Begeisterung. Sie flirtet nach allen Regeln der Kunst. Erwin, auch er hat mittlerweile bei Erna positiv konditionierte Merkmale entdeckt, erwidert den Wunsch eines Kennenlernens.

»Hey, ich heiße Erwin«, sagt er irgendwann zu ihr. »Ist ’ne schöne Party hier, findest du nicht auch?«

Erna lächelt verlegen. »Stimmt, die Musik ist auch recht gut. Ich heiße übrigens Erna.«

»Erna, Erwin, die Namen klingen recht ähnlich«, meint Erwin. Er wirft einen flüchtigen Blick auf das Display seines Armbandes und lächelt erfreut: »Täusche ich mich, oder steigt gerade dein Oxytocin-Pegel?«

Erna wirkt verlegen: »Und ich sehe auf meinem Love-o-meter, dass du eine erhöhte NGF-Konzentration im Blut hast. Und dein Adrenalinwert steigt auch!«

Erwin lacht, verweist noch kurz auf Ernas Endorphin-Ausschüttung und kommt dann zur Sache. »Soll ich dir ein Glas Wein holen?«, fragt er sie. »Ich würde dich gern näher kennenlernen, denn offenbar hat es zwischen uns gefunkt.«

Können Sie sich vorstellen, wie es wäre, wenn wir eines Tages unsere gegenseitige Faszination mit einem kleinen Gerät messen könnten, das wir bei uns tragen, an einem Schlüsselanhänger oder einem Kettchen? Was, wenn dieses kleine Gerät die emotionale Beziehung zwischen Menschen anzeigen könnte?

Seit Jahrzehnten beschäftigt sich die Wissenschaft mit dem Phänomen »Attraktion und Liebe«, in jüngster Zeit untersuchen die Experten zunehmend die biochemischen Prozesse, die dabei ablaufen. Obwohl es hier inzwischen zahlreiche spannende Erkenntnisse gibt, tappen die Forscher nach eigenem Dafürhalten immer noch im Dunkeln, zu unterschwellig, komplex und vielschichtig ist das Phänomen der Anziehungskraft.

Wie schön, dass die Forscher noch keine Ergebnisse vorweisen können, denn letztlich machen die vielen unberechenbaren Faktoren unsere Beziehungen zu Freunden, Kollegen, Eltern und Kindern und insbesondere die Beziehungen zwischen Männern und Frauen so spannend. Stellen Sie sich vor, alles träfe so ein, wie Sie es sich wünschen. Schrecklich! Es gäbe keine Spannung, keine Überraschung, auch keine Erotik mehr, wäre alles zu hundert Prozent berechenbar. Das Erregende, Aufregende und Lebendige lebt ja geradezu von der Spannung zwischen dem, was ist, und dem, was wir uns (*vor*her, zu*vor*) *vor*gestellt haben.

»Hey, ich heiße Erwin« – die ersten Worte zwischen Mann und Frau sind gesprochen. Endlich. Denn bisher haben wir uns mit der ebenso langen wie wichtigen Phase vor dem ersten Wort beschäftigt. Und über strategische Umwege mittels kleiner Tricks und Übungen haben wir uns gegen die Angst vor Zurückweisung gerüstet. Nun aber ist es so weit. Nehmen wir an, Sie treffen jemanden, so, wie Erwin Erna traf, eine Person, die kein flüchtiger Kontakt bleiben wird. Entweder weil Sie fasziniert von dieser Person sind, Ihr Herz schneller schlägt, Sie innerlich aufgewühlt sind bei deren Anblick, oder weil Sie jemanden treffen, mit dem Sie in Zukunft gut auskommen wollen oder müssen: Ihren neuen Chef zum Beispiel, eine neue Kollegin, einen wichtigen Kunden, wen auch immer. Auf jeden Fall möchten Sie gern in einem guten Licht erscheinen, sympathisch wirken und gemocht werden.

Wie aber gewinnen Sie die Sympathie des anderen? Oder, um bei den schönsten Gefühlen, die wir hegen können, zu bleiben: Wie gewinnen wir das Herz des anderen?

Ich könnte Ihnen eine Reihe gut gemeinter Tipps geben. Viele davon dürften nicht neu für Sie sein, denn sicher kennen Sie die zahlreichen Ratgeber mit ihren ebenso zahlreichen, immer gleichlautenden Empfehlungen: Sehen Sie Ihr Gegenüber an, zeigen Sie eine offene und zugewandte Körperhaltung, lächeln Sie, bekunden Sie Interesse am anderen, stellen Sie Fragen, und hören Sie gut zu. Gut ist auch, immer wieder zu nicken, um Ihre Aufmerksamkeit zu unterstreichen. Reden Sie, aber, liebe Männer, das ist ein Manko, das Wissenschaftler dem Durchschnittsmann attestieren, reden Sie nicht zu viel über sich! Erst recht nicht in einer überzogen selbstdarstellerischen Art, denn das kommt beim anderen Geschlecht gar nicht gut an! Üben Sie sich stattdessen in Komplimenten. Und so weiter und so fort. Nicht falsch, das alles – aber …

> Es gibt eine Vielzahl von Tricks und Tipps, um auf einen anderen Menschen sympathisch zu wirken. Diese Tricks und Tipps haben ihre Berechtigung und zeigen eine gewisse Wirkung. Doch sie reichen bei weitem nicht aus, um Sympathie oder gar Herzen gewinnen zu können.

Denn hier ist ein weiterer *heimlicher Begleiter* am Werk: der *Binder*. Er vermittelt zwischen uns und den anderen, kaum wahrnehmbar zwar, aber umso effektiver, weil er unendlich viele bindende Mechanismen wie beispielsweise Synchronisation und Erregung in sich vereint. Der *Binder* sorgt für die stimmige Chemie zwischen uns, für das

Feuer, das knisternde, und für die Schmetterlinge, die flatternden.

Die Bewusstheit über den *Binder* erklärt, warum letztlich nicht Verhaltensregeln beziehungsweise Verhaltenstipps Beziehungen aufbauen, sondern einzig die Haltung, die wir uns selbst und anderen gegenüber einnehmen.

Stimmt die Chemie?

Häufig wissen wir nicht, warum wir einen Menschen mögen, schon gar nicht, was uns im Einzelnen an ihm fasziniert. Wir vermuten: das Aussehen, das Lachen, der Gang, der Humor und vielerlei Gemeinsamkeiten könnten eine Rolle spielen. Das Besondere an einer gegenseitigen Faszination oder Zuneigung ist jedoch, wenn wir fühlen, dass die Chemie stimmt.

Doch was genau macht diese Chemie aus?

Da sind zum einen die chemischen Prozesse in uns selbst. Wenn Sie beim Anblick eines Menschen ein Kribbeln im Bauch verspüren, sind zwölf Hirnregionen beteiligt. Ein Dutzend! Warum so viele? Weil starke Gefühle wie frische Verliebtheit oder große Verunsicherung komplexe kognitive Prozesse in Gang setzen, bei denen vorangegangene Erfahrungen, Erwartungen und Einstellungen miteinander verschaltet werden. Denken Sie an Erna, bei der Erwin ein Turnlehrer-, Kinderarzt-, Vater-, Spielkamerad-Neuronenfeuerwerk ausgelöst hat. Für diese Aktivierung benötigen die betroffenen Gehirnregionen gerade einmal eine fünftel Sekunde. Als Folge des Feuerwerks ergießt sich ein Hormoncocktail in Ernas Körper, gemixt unter anderem aus

Oxytocin, jenem Hormon, das für die Bindung zuständig ist, aus dem Stresshormon Adrenalin, das den Blutdruck steigen lässt, sowie aus dem euphorisierenden Dopamin. Als weiteren chemischen Prozess bei Verliebtheitsgefühlen machten Forscher einen erhöhten Wert bei Neurotrophin (NGF), einem Nervenwachstumsfaktor, aus. Je höher die NGF-Konzentration im Blut ist, desto intensiver sind die Verliebtheitsgefühle. Von diesem Cocktail beschwingt, starten die Schmetterlinge ihre Flügel.

»Ich kann dich gut riechen …«

So weit in aller Kürze die Chemie *in* uns. Wie aber sieht es mit der Chemie aus, die *zwischen* uns Menschen stimmt oder nicht stimmt? Jeder kennt den Satz »Ich kann den oder die nicht riechen« und dürfte das schon häufig erlebt haben. Wir alle tragen eine persönliche Körperduftnote. Mal stößt sie auf Gefallen, mal auf Ablehnung. Ob wir uns gegenseitig riechen können, entscheiden wir in der Regel nicht bewusst. Vielmehr werden wir hier unterschwellig von unserem *heimlichen Begleiter* entschieden. Ein als unangenehm wahrgenommener Geruch lässt in uns keine positiven Assoziationen und Empfindungen und schon gar keine Liebesgefühle aufkommen. Über den Geruch, so die Biologen, prüfen wir das Immunsystem unseres Gegenübers. Es sollte sich im Sinne gesunder Nachkommen möglichst stark von unserem unterscheiden. Somit üben die Nase und das, was durch sie an Reizen in unser Gehirn kommt, einen nicht unerheblichen Einfluss auf das Zustandekommen von Beziehungen aus. Dem Biologen Carl Mar-

ci zufolge kommt es bei harmonierenden Paaren zu einem spezifischen Zusammenspiel der Schweißproduktion.
Aus den USA schwappte mittlerweile der Trend zu uns nach Deutschland, Schnupperpartys für Singles auszurichten. Dabei wählen Frauen die Männer nach einem T-Shirt-Geruchstest aus. Wohlgeruch bedeutet gemeinsames Tanzen, gemeinsame Drinks, gemeinsames was auch immer …
Wenn Sie einen Partner haben, dann tauchen Sie doch mal mit Ihrer Nase tief in eines seiner getragenen (!) T-Shirts. Leben Sie in einer glücklichen und nährenden Beziehung, ist die Wahrscheinlichkeit groß, dass Sie den Geruch lieben. In einem Experiment konnte der Biologe Claus Wedekind auch nachweisen, dass Frauen die T-Shirts jener Männer am angenehmsten fanden, deren Träger ein Immunsystem hatten, das stark von ihrem abwich. Liebesbeziehungen werden offenbar nicht nur durch Gefühle und Gedanken, sondern auch von der Biologie, unter anderem durch passende Immunsysteme bestimmt. Inzwischen gibt es immer mehr Versuche, etwa per DNA-Gentest, derart harmonierende Partner zusammenzubringen.
Noch konzentrieren sich die Wissenschaftler dieses Forschungsfelds auf Liebesbeziehungen. Was aber, wenn in Unternehmen die Chefs irgendwann in einem Vorstellungsgespräch nicht nur Kompetenzen und Referenzen berücksichtigen, sondern auch testen, ob die »Chemie« stimmt? Dann müssten wir uns an Sätze wie diesen gewöhnen: »Tja, Herr Müller, fachlich und persönlich wären Sie unsere erste Wahl, aber leider muss ich Ihnen mitteilen, dass die Konzentration Ihrer Geruchsmoleküle nicht zu unserem Unternehmen passt.«
Die »Chemie« zwischen uns Menschen beschränkt sich gottlob nicht auf die Harmonisierung von Geruchsmole-

külen. Wie machtlos wären wir in unserem sozialen Miteinander, vor allem bei der Partnerwahl, wären wir ausschließlich auf unsere Nasen und das, was sie mit uns treiben, angewiesen. Zumal wir wissen, dass unsere Riechorgane vergleichsweise reduziert arbeiten. Nein, wenn die Chemie stimmt, dann geschieht viel mehr zwischen uns Menschen.
Die Chemie, die ich meine, besteht aus Molekülen, die allesamt eines gemeinsam haben: Sie sind – im übertragenen Sinne – positiv geladen. Sie befinden sich, so könnte man sagen, in einem L-Modus. Anders ausgedrückt:

> Wenn es zwischen Menschen schwingen soll, müssen sich beide im L-Modus befinden. Ohne Liebesmodus keine Sympathie, keine Empfänglichkeit für Bindungen, keine Bereitschaft zur Liebe, keine Antennen für positive Gefühle.

Die Menschheitsgeschichte hat zahlreiche Mechanismen hervorgebracht, die dazu dienen, gute, verlässliche und stabile Beziehungen aufzubauen. All diese Mechanismen sind *heimliche Begleiter* von Elmodisten – es sind allesamt Varianten des *Binders.*

Gleichklang verbindet

Thomas und Senta sehen sich zum ersten Mal. Die beiden sitzen allein in einem kleinen Warteraum. Sie sind hier, weil sie für eine Agentur einen Werbefilm bewerten sollen. Angeblich.

Vor ihnen steht ein Fernseher, der aber noch nicht läuft. Der Herr, der sie ins Zimmer gebeten hatte, musste kurzfristig ans Telefon. »Komme gleich wieder, geht sofort los«, hatte er zu den beiden vorher noch gesagt und war gegangen. Thomas und Senta sehen sich kurz an und lächeln. »Tja, dann warten wir eben«, sagt er. »Hm, bin gespannt, was nun kommt«, sagt sie.

Zehn Minuten vergehen, bis der Herr wieder den Raum betritt. Anstatt nun den Film zu starten, gibt er den beiden einen Fragebogen mit überraschendem Inhalt: Wie haben Sie die Wartesituation empfunden? Wie sympathisch finden Sie die andere Person? Würden Sie ihr die Telefonnummer geben? Würden Sie sich gegebenenfalls gern wiedersehen?

Schließlich wird den beiden gesagt, dass sie im Rahmen eines Experiments mit versteckter Kamera gefilmt worden sind, wie über 120 andere Männer und Frauen auch. Sie alle kannten sich nicht und warteten gemeinsam auf den versprochenen Film. Die meisten von ihnen unterhielten sich angeregt, ein paar schwiegen, einige empfanden den anderen tatsächlich als so sympathisch, dass sie ihn gern wiedergesehen hätten.

Wissenschaftler an der Forschungsstelle für Humanethologie werteten all diese Begegnungen aus, minutiös, Bild für Bild. Sie notierten jede einzelne Körperbewegung, jedes Wort, jedes Lächeln und kamen dabei einem faszinierenden Phänomen auf die Spur: jenem *heimlichen Begleiter,* der für diese Phänomene verantwortlich ist. Denn anhand der Körpersprache konnten die Wissenschaftler erkennen, ob sich die Wartenden sympathisch waren oder nicht.

Zu Beginn ihrer Begegnungen vollzogen die Beteiligten durchschnittlich acht Bewegungen in der Minute: durch die Haare streichen, den Oberkörper nach vorn beugen, ein

Bein überschlagen, seitlich anlehnen, am Arm kratzen und vieles andere mehr. Waren diese Bewegungen bei beiden Probanden zeitlich und in ihrer Abfolge aufeinander abgestimmt, konnte man von gegenseitiger Sympathie ausgehen. Die Verhaltensforscher nennen dieses Phänomen der körpersprachlichen Abgleichung Synchronisation – sie vollzieht sich auf unterschiedlichen Wahrnehmungsebenen. So ist für jeden Betrachter erkennbar, wenn beide Gesprächspartner dieselben Bewegungen vollziehen, etwa zeitgleich die Arme verschränken, zeitgleich gähnen, zeitgleich mit den Schultern zucken oder mit den Füßen wippen. Forscher entdeckten auch eine Synchronisation des Kratzens, wobei sich psychisch labile Menschen vom Kratzen anderer mehr beeinflussen lassen als stabile. Eine Stufe darunter und für die Beteiligten nicht mehr erkennbar ist hingegen die Synchronisation des Atemrhythmus.
Und überhaupt nicht mehr bewusst wahrnehmbar ist jene Synchronisation, die einem nahezu unsichtbaren Tanz gleicht. Hier stimmen sich vollkommen unterschiedliche Bewegungen in einer Weise aufeinander ab, die wiederkehrende Muster beziehungsweise gemeinsame Bewegungen nur mittels Zeitlupenanalysen erkennbar macht.
Je geringer der zeitliche Abstand zwischen dem Erleben und dem Ausfüllen des Fragebogens und je stärker die Ähnlichkeit der Verhaltensweisen der 120 Wartenden waren, desto größer war die im Fragebogen angegebene Sympathie.
Nun führen wir Körperbewegungen meist intuitiv aus. Weder können wir jegliche körperliche Regung unseres Gegenübers willentlich wahrnehmen noch können wir bewusst so harmonisch auf sie reagieren, dass sich schöne Schwingungen einstellen. Denn es sind gerade einmal 21 Millisekunden, die wir, besser gesagt unser *heimlicher*

Begleiter benötigt, um auf körpersprachliche Regungen des Gegenübers zu reagieren.

Wir sind mit Menschen, die uns sympathisch sind, durch ein Wechselspiel von Aktion und Reaktion verbunden, das einem zumindest für Wissenschaftler erkennbaren und statistisch aussagekräftigen Muster folgt. Wir selbst fühlen zwar diese Schwingungen, ahnen aber nicht einmal, woher sie kommen.

Synchronisation ist ein Phänomen, das nicht nur bei uns Menschen auftritt. Überall im Tierreich synchronisieren sich Lebewesen. Es ist überlebensnotwendig für sie. Beobachten Sie einmal einen Vogelschwarm in der Luft, bei dem jedes Tier dem anderen in seiner Bewegung angepasst ist. Ein Ausscheren aus diesem Gleichklang der Bewegungen kann für den Ausreißer tödlich sein. Besonders beeindruckend sind auch Fischschwärme, wenn sie vor einem Fressfeind fliehen. Die Fische bewegen sich, als folgten sie einer festgelegten Choreographie.

Synchronisation ist auch bei der Partnersuche unerlässlich. Die potenziellen Paare umtanzen oder umschwänzeln sich, sie nicken mit den Köpfchen, zwitschern gemeinsam und suchen dabei einen Rhythmus, der Harmonie verspricht. Stellt sich dieser nicht ein, wird aus der Paarung nichts.

Einen besonders eindrucksvollen Paarungstanz, bei dem die Synchronisation auch bei uns Menschen die Partnerwahl bestimmt, beobachteten Forscher bei den *Medlpa,* die auf Papua-Neuguinea leben. *Tanim Hed* heißt dieser Tanz, zu dem Eltern für ihre Töchter heiratsfähige Männer laden. Festlich geschmückt sitzen die jungen Frauen neben den Junggesellen in einem großen Kreis. Beim Einsetzen von Gesang und Trommelschlägen beginnen die Männer mit ihren Köpfen zu wiegen. Irgendwann wenden sie sich einer Frau zu. Die beiden prospektiven Partner legen Stirn an Stirn und beginnen sich aneinander zu reiben. Hin und her, zwei Mal. Dann legen sie Wange an Wange, beugen gemeinsam ihre Oberkörper vor und zurück. Zwei Mal, und dann geht es wieder von vorn los: Stirnreiben, Wangensuchen, Vorbeugen, Stirnreiben … Mitunter wirkt das alles viel zu überhastet und unkoordiniert, zudem wollen die Bewegungen zunächst nicht zum Rhythmus der Musik passen. Die Paare suchen jedoch ihre eigenen Schwingungen. Stellen diese sich nicht ein, steht der *Tanim Hed*-Tänzer auf und setzt sich zu einer anderen potenziellen Partnerin. Der Tanz beginnt von vorn. Stirn, Wange, Rhythmus finden … und so weiter. Am Ende einer solchen Nacht haben jene Paare zusammengefunden, deren Bewegungen am besten miteinander harmonierten. Ganz einfach.

Der Liebende sensibilisiert sich für zwischenmenschliche Schwingungen.

Wir können unseren eigenen *Tanim Hed* spüren, wenn wir tanzen. Gibt es Schöneres, als mit einer geliebten Person Walzer oder Tango zu tanzen und die Bewegungen verschmelzen ineinander? Ein Paar, das sich anziehend findet, sollte gemeinsam zum Tanzen gehen. Dabei ist es keine Voraussetzung, dass die Tanzschritte beherrscht werden, wichtig ist das Gefühl für die Harmonie in den gemeinsamen Bewegungen. Selbst wenn Ihre Tanzkünste an einen tapsigen Tanzbär erinnern und die Ihres Partners an das Watscheln einer Ente, können Sie gemeinsam harmonieren, wenn Sie in den Rhythmus Ihres persönlichen *Tanim Hed* gelangen.

Bei uns Menschen steht die Synchronisation nicht nur im Dienst der Partnerwahl. Wenn sich selbst in unverfänglichen, nahezu neutralen Wartezimmersituationen eine Synchronisation unter Fremden einstellen kann, lässt sich schlussfolgern, dass diese Schwingungen auch jenseits der Partnerwahl eine Rolle spielen: unter Freunden, unter Kollegen, auch zwischen einem Chef und seinem Mitarbeiter. Versuchen Sie, sich für diese Schwingungen zu sensibilisieren. Das Faszinierende und Schöne daran ist: Wir können sie nicht trainieren und einstudieren, wie wir die Fragen und Antworten der Führerscheinprüfung auswendig lernen. Wir müssen sie fühlen, nicht nur bei uns selbst, sondern auch bei unserem Gegenüber. Körperliche Aktion und Reaktion sind Ausdruck einer Bereitschaft, den anderen in seiner Gänze wahrzunehmen, ihn wertzuschätzen und sich auf ihn einzulassen. Vor allem aber müssen wir einfühlsam und mitfühlend sein. Denn Synchronisation ist auch ein Hinweis auf und ein Resultat von Empathie und einer positiven Einstellung dem anderen gegenüber.

Abenteuer schaffen Nähe

Angenommen, Sie sind verliebt. Die Fäden zwischen Ihnen sind zwar gesponnen, jedoch kaum wahrnehmbar. Die Beziehung ist in ihren ersten Anfängen. Sie würden gern etwas nachhelfen, die Gefühle der begehrten Person zum Lodern zu bringen. In solchen Momenten können Sie den *erregenden Binder* ins Spiel bringen, der ungemein effektiv für zusammenführende Gefühle sorgt. Sie können diesen *heimlichen Begleiter* locken, indem Sie gemeinsam mit dem ersehnten Partner in die Berge gehen, dorthin, wo Sie steile und abschüssige Pfade entlangwandern. Wahlweise könnten Sie eine Kirmes besuchen, wo Sie sich gemeinsam in eine Geister- oder Achterbahn setzen.

Hauptsache, Sie beide geraten durch eine etwas furchteinflößende Situation in einen erregten Zustand. Das erhöht die Bindungsneigung bei uns Menschen. Vordergründig steigt die Anziehungskraft, hintergründig suchen wir Schutz. Die Psychologen Donald Dutton und Arthur Aron ließen sich hierzu ein spannendes Experiment einfallen. Sie baten ihre männlichen Versuchsteilnehmer, über zwei Brücken zu gehen. Einmal über eine gefährlich wirkende, instabile Hängebrücke, ein anderes Mal über eine breite, normal befestigte Brücke. In der Mitte der beiden Brücken stand jeweils ein weiblicher Lockvogel, der den Probanden ein paar Fragen stellte. Diesen Lockvogel bewerteten die Versuchsteilnehmer anschließend deutlich attraktiver, wenn sie die Hängebrücke überquert hatten und aufgrund der leichten Gefahrensituation innerlich erregt waren. Auch war dann die Bereitschaft erhöht, diese Frau wiederzusehen.

Wenn keine Berge in der Nähe sind, Ihnen eine gefährliche Wanderung für die Eroberung zu aufwendig erscheint, können Sie wahlweise auch einen Aussichtsturm besteigen, was besonders wirkungsvoll ist, wenn die begehrte Person nicht schwindelfrei ist. Oben angekommen, stellt sich ein diffuser physiologischer Erregungszustand ein, den das Gehirn nicht richtig einordnen kann: Mir ist schwindelig, mein Herz klopft, ich begehre … Diese Mixtur aus unterschiedlichen Interpretationen der Situation saust dann im Kopf umher. Allein das Herzklopfen kann zu Verwirrungen führen, wie ein spannendes Experiment von Stuart Valins zeigte. Er setzte Studenten Kopfhörer auf, über die sie angeblich ihren eigenen Herzschlag hörten. Dann legte Valins ihnen zehn erotische Fotos vor. Während die Probanden die Bilder betrachteten, wurden ihnen über Tonband klopfende Herzen vorgespielt. Bei einer Gruppe beschleunigte sich der Herzschlag, bei der anderen blieb er gleich. Sie ahnen, worauf ich hinauswill: Bei schnellem Herzschlag wurden die Bilder erotischer bewertet als bei normalem Herzschlag. Zugegeben, diesen heimlich erregenden, physiologisch manipulativen *Begleiter* berechnend einzusetzen mag einen verwegenen Beigeschmack haben.

Gleich und Gleich gesellt sich gern

Ich heiße Jens Corssen. Meine Frau heißt Julia Corssen. Gleicher Anfangsbuchstabe.
J zu J.
Gleich und Gleich gesellt sich gern. Ein weiterer *heimlicher Begleiter* wirkt den Psychologen Richard Kopelman und Dorothy Lang zufolge über die Namen. Die beiden Forscher werteten 42 500 Vornamen von im »Who's Who« gelisteten Paaren aus und stellten fest, dass der Anteil jener überwog, deren Vornamen mit dem gleichen Buchstaben beziehungsweise der gleichen Silbe begann.

Der übende Selbst-Entwickler

Ähnlichkeit zwischen Menschen bewirkt gegenseitige Anziehung, auch die Ähnlichkeit im Aussehen. Hierzu können Sie ein kleines Experiment starten.
Fotografieren Sie Freunde und deren (Ehe-)Partner nebeneinander vor einem neutralen weißen Hintergrund. Wenn es sich ergibt, fotografieren Sie auch auf Hochzeiten. Schneiden Sie die Bilder danach in der Mitte auseinander. Haben Sie auf genügend Hochzei-

ten getanzt und dabei viele Bilder geschossen und viele Paare auseinandergeschnitten, dann haben Sie ein wunderbares Spiel für gesellige Abende: Such das Paar. *Wer gehört wohl zusammen, wer hat wen geheiratet? Die Idee zu diesem Experiment stammt von dem Psychologen Bernard Murstein, der das Phänomen »Gleich und Gleich gesellt sich gern« untersuchte. Mit Erfolg. Die meisten seiner auseinandergeschnittenen Paare wurden von Versuchsteilnehmern einander richtig zugeordnet.*

Äußere Ähnlichkeiten erleichtern das Sozialleben, denn sie schaffen Vertrautheit, indem sie suggerieren: Irgendwie kommt sie/er mir bekannt vor. Das Gleich-zu-Gleich-Prinzip berührt nicht nur äußerliche Merkmale, sondern auch weltanschauliche Haltungen und Prägungen, Intelligenz, Schulbildung; es berührt darüber hinaus auch Aspekte wie Freundlichkeit, Verträglichkeit und Offenheit sowie die Gewissenhaftigkeit in puncto Ordnungsliebe, Pünktlichkeit und Strukturiertheit.

Inzwischen konnte das Gleich-zu-Gleich-Prinzip sogar hirnorganisch nachgewiesen werden, zumindest was den sozialen Status anbelangt. Bei ihren Messungen konzentrierten sich die Forscher auf das *ventrale Striatum,* eine Gehirnregion, die dann besonders aktiv wird, wenn wir jemandem eine stärkere soziale Beachtung schenken. Man könnte meinen, diese Region werde erregt, sobald wir einer Person gegenüberstehen, die in unserem subjektiven Bewertungssystem sozial hochrangig ist, einem Vorgesetzten zum Beispiel. Das ist aber nicht der Fall. Interessanterweise reagiert unser *ventrales Striatum* genau auf jene Personen, bei denen wir von einem gleichen sozialen Status ausgehen, wie wir ihn selbst (subjektiv) innehaben. Vermuten wir bei uns einen eher niedrigen Status, reagiert unser Gehirn vermehrt auf solche Personen, bei denen wir eine ebenso niedrige Position annehmen – und umgekehrt. Denn gleicher Status bedeutet weniger Konflikt, weniger Unsicherheit, dafür mehr Vertrauen, größere Vertrautheit und ähnliche Interessen. Diese schichtabhängige Orientierung entdeckten Forscher auch bei Menschenaffen. Doch anders als bei uns reagiert das *ventrale Striatum* der Affen auch auf die ranghöheren Oberaffen.

Dieses Ergebnis ist überaus spannend. Vorsichtig interpretierend könnte man schlussfolgern, dass neuronale Aktivierungen im Hinblick auf Rang und Hierarchie in unseren Köpfen anders ablaufen als bei unseren genetisch nahen Affenverwandten: nicht automatisch, sondern durch Empathie und ein soziales Miteinander.

Freundschaft verbindet

Schließen Sie in den kommenden zwei Minuten die Augen und denken Sie intensiv an einen Ihrer engsten Freunde. Können Sie sich an das Kennenlernen erinnern? Wann und wo haben Sie sich zum ersten Mal gesehen? Rein statistisch betrachtet müsste die räumliche Nähe eine Rolle gespielt haben – der Nachbar, die Arbeitskollegin, ein Kommilitone. Aber was führte dazu, dass sie/er nun zu Ihren engsten Freunden zählt, er/sie einer/eine unter ganz wenigen Menschen ist, die Sie zu Ihren Freunden zählen? Die meisten von uns haben ja einen klar umgrenzten Freundeskreis. Durchschnittlich ein bis zwei wirklich enge Freunde und allerhöchstens fünf beste drum herum, so heißt es.

Denken Sie nun an die Eigenschaften dieser nahestehenden Person, an das, was Sie an ihr mögen. Möglicherweise lächeln Sie dann unweigerlich, vielleicht fühlen Sie ein wohliges Kribbeln im Bauch. Sicherlich aber verspüren Sie starke Emotionen. Denn in Ihrem Gehirn zeigt nun jene Region eine Regung, die auch dann aktiv ist, wenn Sie über sich selbst, über Ihr Leben, über Ihre Gefühle oder Ihr Schicksal nachdenken.
Denken Sie doch noch ein wenig weiter darüber nach, warum Ihnen diese Person unabhängig von ihrer angenehmen Persönlichkeit so nahesteht. Mit großer Wahrscheinlichkeit werden Sie auf einen wesentlichen Grund stoßen: Durch Ihren besten Freund/Freundin erfahren Sie das wunderbare Gefühl, so gemocht zu werden, wie Sie sind, mit all Ihren positiven wie negativen Seiten, ohne Wenn und Aber, sozusagen als Gesamtpaket ohne Bedingungen.

> Anziehung basiert nicht nur darauf, dass wir jemanden nett, freundlich, toll oder bewundernswert finden, sondern auch auf der Tatsache, dass diese andere Person uns in unserem Selbst bestätigt.

Erfolgreich durch Tricksen und Täuschen

$m > B / (B + C)$: Sie könnten diese Formel auswendig lernen und sich entsprechend verhalten. Je mehr Sie diese Formel in Ihrem täglichen Leben, bei all Ihren Beziehungen, insbesondere den gerade entstehenden beherzigen, desto besser stehen Sie da, desto mehr Sympathie wird Ihnen entgegengebracht. $m > B/(B + C)$ steht für einen proportionalen Anteil an Täuschungen in einer Population. B beschreibt den Nutzen, der aus der Antwort auf ein echtes Signal gewonnen wird, und C, klingt doch logisch, steht für die Kosten, die sich aus der Antwort auf das mimetische Signal ergeben.

Haben Sie das verstanden?

»Ist doch ganz einfach, Klein-m größer Groß-B, Schrägstrich, Klammer auf, Groß-B plus Groß-C, Klammer zu. Was ist daran nicht zu verstehen?«, sagen bevorzugt die Männer, auch dann, wenn sie absolut nichts verstanden haben. Sie schwindeln ganz gern, so der Psychologe Robert Feldman, um kompetent zu erscheinen. Vor allem in Gegenwart einer Frau. Doch auch die flunkert bisweilen, nicht der Kompetenz zuliebe, ihr Schwindeln soll sie vielmehr sympathischer wirken lassen.

Hier kommt nun der tricksende *Binder* ins Spiel, der insbesondere zu Beginn einer Beziehung eingreift, damit beim Gegenüber Sympathie entstehen kann. Er ist ein besonders cleverer *heimlicher Begleiter,* weil er kaum greifbar ist, weil er sich je nach Situation mal so und mal so verhält, weil er nicht ganz ehrlich ist, sondern hemmungslos flunkert. Vor allem bei Erstkontakten und insbesondere, wenn Mann und Frau sich begegnen.

Lügen, täuschen, manipulieren, drei Wörter mit ungutem Beigeschmack, moralisch verwerflich, unlauter, unfair. Biologen aber sehen das anders. Sie betrachten Täuschungsmanöver als eine von nahezu allen Lebewesen betriebene Überlebensstrategie. Das Totstellen mancher Tiere in Gefahrenmomenten ist Täuschung, ebenso wie die großen, abschreckenden Augen auf den Flügeln eines Pfauenauges. Die aufgestellten Nackenhaare beim Hund sind Manipulation, denn er erscheint dann größer, als er ist. Das Hakenschlagen eines flüchtigen Hasen täuscht, weil der Zickzackkurs ihn für den Feind unberechenbar werden lässt.

Besonders ausgetüftelt sind solche Täuschungsmanöver, wenn es um Sex geht. Zum Beispiel bei den Tintenfischmännchen. Die etwas zu klein geratenen Tiere geben sich farblich als Weibchen aus, verstecken ihre langen, verräterischen Männerarme und schleichen sich bei stärkeren Artgenossen ein, die bereits ein Weibchen für sich gewonnen haben. Ist der Starke für einen kurzen Moment abgelenkt, wechselt der Kleine farblich über zum Männchen, paart sich zügig mit dem Weibchen und schwimmt von dannen.

Noch geschickter können unsere nahen Verwandten, die Affen, tricksen. Die Oberaffen sind besonders dreist, wenn sie ihren hohen Rang ungeniert ausnutzen. Um an das Futter ihrer Horde zu gelangen, stoßen die Chefs Vorsicht-Feind-Warnschreie aus, die ihre Untertanen auf die Bäume verschwinden lässt. Anschließend schlagen sich die Lügner mit dem zurückgelassenen Futter in Ruhe den Bauch voll.

Die Parallelen zu uns Menschen sind hier zahlreich. Nein, ich meine nicht die Ranghohen, die Geschäftsführer, ich meine uns alle. Selbst die kleinen Kinder, auch wenn sie gerade erst das Laufen gelernt haben, üben sich eifrig im Tricksen und Lügen. Je älter sie werden, desto mehr schwindeln sie. Und je eifriger und besser sie darin sind, desto erfolgreicher werden sie wissenschaftlichen Erkenntnissen zufolge im Erwachsenenalter sein.

Flunkern gehört zu uns sozialen Wesen, wobei frühes Üben von Vorteil ist, sagen die Psychologen.

Schwindelmanöver sind ein gutes und wichtiges Gehirntraining, weil die Zellen beim Flunkern Komplexes leisten müssen. Neurologen konnten nachweisen, dass Lügen eine erhöhte Anstrengung der Neuronen zur Folge haben, zudem werden dabei mehrere Hirnareale gleichzeitig aktiviert. Vereinfacht gesagt: Ein Teil des Hirns denkt die Wahrheit, während der andere Teil die Lüge zusammenzimmert. Geschickte Frühschwindlerkinder zeichnet im Erwachsenenalter ein soziales Geschick aus, bei dem sie intuitiv ahnen, durch welche Flunkereien sie Konflikte vermeiden und bei anderen ein Wohlgefühl auslösen können.

Wie genau sehen nun unsere menschlichen Täuschungsmanöver aus? Ausgefuchste Täuscher sind wir mit unserem Körper. Hier manipulieren wir, was geht, die Frauen tun sich dabei in besonderer Weise hervor: ein Make-up, das glättend und somit verjüngend wirkt, farbige Kontaktlinsen für strahlende Augen, Wonderbras für einen üppigeren Busen.

Wir manipulieren und täuschen auch mit unserer Körpersprache. Sollten Sie ab und zu einen angesagten Club besuchen, vor dem ein Zerberus aufgebaut steht und je nach Gutdünken Gäste einlässt oder abweist, können Sie wunderbar beobachten, wie Frauen und Männer ihre Körpersprache manipulativ einsetzen. Die Diskogängerinnen, das erbrachte eine Studie von Frank Salter, versuchen schon von weitem, mit dem Türsteher Blickkontakt aufzunehmen. Sie verlangsamen ihre Schritte und beginnen körpersprachlich so zu flirten, als begegneten sie ihrem Traummann. Dabei streichen sie sich durch die Haare, legen den Kopf schief, lächeln (vorgetäuscht) verlegen und schwingen mit den Hüften.

Männer täuschen ebenso. Deren Taktik ist vorgegebene Selbstsicherheit und Selbstbewusstsein. Mit hoch erhobenem Kopf beschleunigen sie ihre Schritte, wenn es Richtung Einlass geht. Der Blick ist starr geradeaus gerichtet, knapp am Türsteher vorbei, als würden sie die menschliche Hürde nicht sehen, als könnte sie ihnen nichts anhaben. Unerschütterlich tun sie kund: Hier komme ich rein! Schluss, aus! Aber in den Köpfen sieht es bei den meisten ganz anders aus. Viele ahnen, dass ihnen der Zutritt verwehrt bleibt. Gesichtsverlust droht.

Die Palette unserer körpersprachlichen Täuschungen ist vielfältig. Wir machen gute Miene zum bösen Spiel, wir manipulieren mit einem entwaffnenden Lächeln, wenn wir Konflikte beheben oder etwas erreichen wollen. Wir verschanzen uns hinter einer ausdruckslosen oder gar arroganten Miene, wenn wir uns unsicher oder ängstlich fühlen. Beeindruckend ist auch das sogenannte *plus face,* bei dem das Kinn ruckartig nach oben bewegt wird. Diese Haltung besagt: »Komm her, Kleiner, hast eh keine Chance gegen mich!« Diesem Gesicht steht das *minus face* gegenüber; es ist gesenkt, der Blick ist gen Boden gerichtet. Sozial geschickte Kinder setzen bereits im Kindergartenalter das einschüchternde *plus face* in Konfliktfällen ein und gehen aus einer Konfrontation dann in der Tat meist als Sieger hervor.

Vor allem aber täuschen wir mit Worten. Wir flunkern und lügen, was das Zeug hält. Wie oft wir Menschen am Tag so vor uns hin schummeln, darüber gibt es unterschiedliche Angaben. Durch die Medien geistert die Zahl 200, die Quellen sind jedoch alles andere als zuverlässig. Aussagekräftiger ist eine Studie von Robert Feldman. An einem Experiment, das er durchgeführt hat, nahmen 242 Personen teil. Sie wurden paarweise für zehn Minuten in einen Warteraum gebeten. Die Forscher hatten ihnen erzählt, sie seien am Verhalten bei Erstkontakten interessiert. Eine Gruppe von Probanden stand vor der Aufgabe, alles zu versuchen, um auf das Gegenüber sympathisch zu wirken. Eine zweite Gruppe wurde beauftragt, die eigenen Leistungen und Fähigkeiten in den Vordergrund zu stellen. Die dritte Gruppe erhielt keinerlei Anweisungen. Die Begegnungen wurden mit versteckter Kamera aufgezeichnet und anschließend den Probanden gezeigt. »Wann haben Sie ein wenig geschummelt?«, fragten die Wissenschaftler ihre Versuchspersonen, »wann übertrieben, wann richtig gelogen?« Dass die beiden Gruppen, die sich kompetent oder sympathisch zeigen sollten, etwas mehr zu ihren eigenen Gunsten flunkerten, verwundert nicht weiter. Interessant hingegen ist, dass 60 Prozent aller Teilnehmer in diesen zehn Minuten zwei bis drei Mal an der Wahrheit vorbeigeschrappt sind. Männer und Frauen logen zumindest bei diesem Experiment gleich oft, die Männer jedoch, um kompetenter zu erscheinen, die Frauen hingegen, um sympathischer zu wirken.

Die meisten der Flunkereien sind sogenannte »weiße Lügen«, gute Flunkereien, die uns eher instinktiv als reflektiert über die Lippen kommen. Diese weißen Lügen sind überaus wichtige *Binder* für unser Sozialleben, weil sie in Beziehungen wie ein Kitt wirken können. Wollen wir dazugehören, akzeptiert, bewundert, geliebt werden und andere nicht verletzen, brauchen wir diese weißen, *heimlichen Begleiter.* »Schatz, wie wunderbar siehst du in diesem Kleid aus«, sagen wir, auch wenn wir denken »O nein, oje«. »Jawoll, Chef, das haben Sie gut gemacht«, täuschen wir vor, wenn wir ahnen, dass uns ein »Chef, ich finde, Sie haben da Mist gebaut« nicht wirklich weiterbringt. Wir flunkern mit Wohlfühllügen, damit es dem anderen und uns selbst gutgeht. Männer lügen übrigens weitaus häufiger »weiß« als Frauen, und meist sind Frauen und nicht Männer die Zielpersonen dieser Lügen. Frauen wiederum schummeln bevorzugt dann, wenn es um ihr Alter und Gewicht geht, Männer wiederum bleiben bei Job und Freizeitaktivitäten weniger bei der Wahrheit. Eine typische Lügnerpersönlichkeit gibt es nicht, eher führt eine bestimmte soziale Situation zum Flunkern. Dazu zählen erhöhte Leistungsanforderungen, aber auch Erstbegegnungen, vor allem, wenn sie mit hoher Attraktion und Risiko verbunden sind.

Eine durchaus beliebte »Weiß«-Lüge lautet: »Ich übe mich in (falscher) Bescheidenheit.« Wenn Sie jemanden kennenlernen, der mit Aussagen wie: »Ach, da hatte ich einfach nur Glück, ich verstehe auch nicht, wie ich so erfolgreich geworden bin« Bescheidenheit signalisiert, dann können Sie meist von einer Selbstpräsentation ausgehen.
Ähnlich funktioniert das künstliche Sich-in-den-Schatten-Stellen. Spüren wir, dass jemand kompetenter, intelligenter, schöner oder erfolgreicher ist als wir, ahnen wir meist auch, dass es nicht gut ankommt, wenn wir diese Person bei Dritten schlechtreden. Also feiern wir diese »bessere« Person euphorisch, heben deren Leistung künstlich in die Höhe, um so unser eigenes Selbstwertgefühl indirekt zu schützen und beim anderen nicht den Eindruck von Missgunst zu erwecken.

In gewisser Weise ist auch das ständige Anpassen der eigenen Meinung an die Ansichten anderer eine weiße Lüge – mit dem Ziel, akzeptiert zu werden und sympathisch zu wirken. Sie können das gut testen, indem Sie im Lauf eines Gesprächs selbst Ihre eigene Meinung in eine entgegengesetzte Richtung lenken, um zu sehen, ob und wie Ihnen Ihr Gegenüber folgt. »Genau, genau, finde ich auch. So gesehen bin ich ganz Ihrer Meinung«, lauten dann die typischen Kehrtwende-Sätze.
Schummeln hin, flunkern her. Wie so oft, bestimmt auch hier das Maß der Dinge ihre Wirkung. Selbstverständlich gibt es auch bei den weißen Lügen Grenzen, die zu erkennen nicht immer leichtfällt. Wann ist absolute Wahrheit gefragt und wann sollte man damit im Dienst eines harmonischen Miteinanders besser hinter dem Berg halten? Diese Frage ist bisweilen schwer zu beantworten. Und umgekehrt müssen wir uns bewusst machen, wie viel Ehrlichkeit wir

von unseren Mitmenschen hören wollen und ertragen können. Immer wieder sollten wir unsere weißen Lügen danach hinterfragen, ob sich bei ihnen nicht auch schwarze Lügen eingeschlichen haben, mit denen wir den anderen gezielt und absichtlich täuschen, einzig um ihm gegenüber einen Vorteil zu erlangen. Schwarze Lügen haben nichts mit sozialem Kitt zu tun.
Um die ideale Dosis weißer Lügen zu ermitteln, brauchen wir ein gutes Gespür – für uns selbst und für den anderen. $m > B / (B + C)$: Sie erinnern sich an die Formel. Biologen zufolge beschreibt sie das perfekte Täuschungsmanöver. Sie stellt das optimale Maß an Schwindelaufwand dem Bemühen des anderen gegenüber, eben diese Schwindeleien aufzudecken. Es ist in unserem Gehirn vor allem die *Amygdala*, die dafür Sorge trägt, allzu täuschende Botschaften des anderen aufzudecken. Unermüdlich checkt sie unsere Mitmenschen auf Vertrauenswürdigkeit beziehungsweise Täuschungsmanöver ab. Menschen, bei denen man neurologische Schäden im Bereich der *Amygdala* festgestellt hat, sind unfähig, Vertrauenswürdigkeit zu erkennen. Nahezu blindlings vertrauen sie allem und jedem. Ich gestehe, so ganz einfach war es nicht für mich, diese Formel zu verstehen. Wie ging es Ihnen? Letztlich spielt es auch keine Rolle, diente sie an dieser Stelle doch nur als ein Hinweis dafür, wie die Biologie Täuschungen als unser evolutives Erbe betrachtet.

Hormone, Duft, Erregung, emotionale Nähe, Synchronisation, Manipulationen, Täuschungen und weiße Lügen, es sind sicher nicht alle Instrumente und Mechanismen, die der *Binder* bei der Anbahnung und Vertiefung von Beziehungen einsetzt, um wechselseitige Sympathie zu erzeugen. Dennoch sind es die wichtigsten Parameter, die wir deshalb auch immer im Blick behalten sollten.

Sympathie zwischen Menschen lässt sich nicht erzwingen, sie entsteht, wenn die Chemie stimmt. Der L-Modus bietet eine gute Voraussetzung, die »chemischen« Signale positiv aufzunehmen.

Am Beginn dieses Kapitels stand die Frage, wie wir die Sympathie eines anderen Menschen gewinnen können. Welche Erkenntnisse können wir als Selbst-Entwickler aus dem bisher Erfahrenen ziehen? Zunächst die, dass wir Sympathie nicht wirklich gewinnen können, zumindest nicht im buchstäblichen Sinn des Wortes. Gewinnen, das klingt zu sehr nach Lottospiel und Zufall. Sympathie entsteht nur dann, wenn die *heimlichen Begleiter* zweier Personen zueinander passen. In diesem Fall können wir die Sache beschleunigen und intensivieren, wenn wir uns als Elmodist im Zustand gehobener Gestimmtheit befinden.
Denn dann lassen wir Nähe zu. Dann haben wir sensible Antennen für den anderen. Dann kommen unsere Sympathiebekundungen beim Gegenüber authentisch und ehrlich an. Dann strahlen wir Wärme und Freundlichkeit aus.

Sympathie steigern

Wie wirke ich sympathisch? Was verleiht mir eine angenehme Ausstrahlung? In den folgenden Abschnitten sensibilisiert sich der Selbst-Entwickler für Verhaltensweisen, die bei anderen gut ankommen.
Dabei ist er mal als Wertschätzer, mal als Wahrheits- und Gemeinsamkeitensammler, mal als Anseher und mal als Lächler unterwegs.

Sympathie und Freundschaft entstehen durch emotionale Nähe. Das wesentliche Merkmal dieser Nähe ist die Wertschätzung des Selbst durch den anderen – und umgekehrt. Doch wie genau sieht diese Wertschätzung aus?

Wir müssen hier unterscheiden zwischen einer strategischen Wertschätzung, wenn wir beim Gegenüber etwas erreichen wollen, und einer nicht berechnenden Wertschätzung des anderen, wozu es die Selbst-Liebe braucht.

Vertreter, Dienstleister, Menschen, die etwas verkaufen wollen, sind wahre Künstler in Sachen strategischer Wertschätzung. Zu den strategischen Wertschätzern zähle ich auch die Amodisten. Diese Menschen bestätigen andere in ihrem Sein und Tun meist nur, um selbst gemocht und akzeptiert zu werden. Diese Art von selbstbezogener Bestätigung entspricht nicht der Philosophie und Praxis des Selbst-Entwicklers und wird auf lange Sicht keinen Erfolg haben, denn sie kommt nicht von Herzen, sondern ist ein berechnendes Verhalten. Unser Gegenüber wird schnell spüren, dass bei solchen oberflächlichen Bestätigungen keine wahren Gefühle mitschwingen.

Wir können den anderen nur dann von ganzem Herzen in seinem Selbst wertschätzen, wenn wir uns auch selbst lieben, ohne Bedingung, mit all unseren Schwächen. Der Selbst-Entwickler entscheidet sich, sich selbst zu lieben. Wie das geht? Sein Selbst zu lieben? Selbst-Liebe ist, so mein Postulat, eine selbst-bewusste Entscheidung, sein Selbst bedingungslos anzunehmen.

Die meisten Menschen lieben sich nur dann, wenn sie etwas Besonderes geleistet haben oder von anderen Menschen gemocht werden. In diesem Fall ist Selbst-Liebe von Leistung und Anerkennung abhängig. Die Sehnsucht nach

Bestätigung durch andere Menschen wurzelt vor allem in der Erziehung durch unsere Eltern. Nur den wenigsten von uns gelingt es, deren Ansprüchen gerecht zu werden. So entwickelt sich ein minderes Selbst-Wertgefühl. Häufig sollen Kinder elterliche Träume erfüllen, elterliches Versagen kompensieren, elterliche Ängste bekämpfen.
Ein so gestörter Erziehungsprozess erschwert die Fähigkeit, sich bedingungslos mit all seinen Unzulänglichkeiten liebevoll anzunehmen.
Als Selbst-Entwickler kann man sich jedoch von diesen Abhängigkeiten lösen, wie die folgende Übung zeigt!

Der übende Selbst-Entwickler

Sie nehmen sich einen Abend, den Sie allein nur sich, Ihrem Selbst sozusagen und Ihrer Selbst-Liebe widmen. Und das zelebrieren Sie, nach dem Motto: Ich bin es mir wert! Zu dieser Feier stellen Sie einen schönen, üppigen Blumenstrauß auf den Tisch und öffnen eine Flasche Champagner. Sie zünden Kerzen an, machen es sich bequem und hören Musik, die Sie in eine entspannte Stimmung versetzt. Nun stellen Sie sich vor, Sie liegen als kleines Kind in einem Kinderwagen, Ihre Mutter beugt sich zu Ihnen herab und schaut Sie zärtlich lächelnd an. Mit dieser großen Liebe, mit der eine Mutter ihr Kind ansieht, sollten Sie sich nun gedanklich selbst anschauen. Voller Zuneigung. Und dann stoßen Sie mit dem prickelnden Champagner auf sich und Ihr wunderbares Selbst an und bekräftigen es mit diesen Worten: »Ab heute liebe ich mich ohne Bedingungen!«

Einigen Klienten, die sich vorwiegend im A- oder K-Modus aufhielten, habe ich zu dieser gefühlvollen Liebeserklärung geraten. Einer wehrte sich zunächst: »Aber wie kann ich mich denn lieben, wenn ich so viel Mist gebaut habe, mit mir total unzufrieden bin und so gut wie nichts erreicht habe!? Genügt es nicht, wenn ich mich akzeptiere?«

»Nein«, antwortete ich. »Es geht bei diesem Akt um Liebe, Wärme und um das große Gefühl. Selbstverständlich können Sie sich lieben, auch wenn Sie selbst und andere Ihr Verhalten abgelehnt haben. Aber betrachten Sie Ihre Person und Ihr Verhalten getrennt voneinander. Kritisieren Sie ruhig Ihr fehlerhaftes oder ungünstiges Verhalten. Sie sollten Ihr Selbst davon aber unberührt lassen und es weiterhin lieben.«

Menschen, die in einem Umfeld groß geworden sind, in dem das Erreichen eines Ziels automatisch dafür sorgte, dass das nächste Ziel anvisiert werden musste, kennen das Gefühl der Zufriedenheit nicht. Ich bin der Ansicht, so, wie sich der Selbst-Entwickler zur Selbst-Liebe bekennt, kann er sich auch für die Selbst-Zufriedenheit entscheiden. Dabei ersetze ich das Wort Zufriedenheit gern durch das Wort *In*friedenheit. Dieses In-Frieden-Sein bedeutet, sich mit den Gesetzen des Lebens und seinem Auf und Ab anzufreunden. Zu- oder *In*friedenheit muss ja nicht bedeuten, dass wir mit allem glücklich sind. Vielmehr wollen wir mit dieser gehobenen Gestimmtheit erreichen, dass wir nicht automatisch in einem A- oder K-Modus landen, wenn das Leben mal nicht so läuft, wie wir es gern hätten.

Der Selbst-Entwickler wertschätzt andere, indem er sie nicht nach seinem Bildnis verändern will, ihre Einzigartigkeit anerkennt und sich bemüht, ihnen wertfrei zuzuhören.

Der Selbst-Entwickler als Wahrheitssammler

Ich bin heute ein Sammler von Wahrheiten, nichts anderes, denkt sich der Selbst-Entwickler, wenn er Sympathien sammeln will. Versuchen Sie es mal, es funktioniert! Auch diese Übung habe ich im Coaching etlichen notorischen Rechthabern empfohlen. Das Sammeln von Wahrheiten über das Leben von Menschen, über ihre Ansichten und Einstellungen ist so einfach wie effektiv. Seien Sie ein solcher Sammler, aber lassen Sie Ihre eigene Wahrheit dabei zu Hause. Das Einzige, woran Sie nun interessiert sind, sind die anderen, egal, was sie sagen, auch wenn sie in Ihren Augen Unsinn quatschen, chauvinistische Sprüche klopfen oder politisch kaum haltbares Zeug von sich geben. Sie sammeln das alles – wie Briefmarken. »Ach, das ist ja interessant, erzählen Sie doch mal«, mit solchen Sätzen sind Sie als Sammler besonders erfolgreich. Selbstverständlich kann und soll der Sammler auch von sich erzählen, er darf nicht mauern, das käme nicht gut an, aber er sollte dringend Aussagen wie »Ja, aber« oder »Das kenne ich anders« oder »Das stimmt nicht« vermeiden. Die eigenen Wahrheiten des Sammlers würden seinen Sammelerfolg erheblich schmälern. Was bewirkt dieses Sammeln? Nun, die anderen fühlen sich in ihrer persönlichen Wahrheit und somit in ihrem Selbst angenommen. Und das steigert den Sympathiewert des Wahrheitssammlers. Denn in seiner Gegenwart fühlt man sich wohl.

Der Selbst-Entwickler als Gemeinsamkeitensammler

Wenn Sie schon beim Sammeln sind, dann sammeln Sie gleich weiter. Werden Sie zum Gemeinsamkeitensammler. Gleich zu Gleich gesellt sich gern: Das bewirkt Sympathie durch Ähnlichkeit, Vertrauen und Vertrautheit. Wir können dieses Prinzip nutzen, indem wir uns auf Gemeinsamkeiten zwischen uns und den anderen fokussieren. Aussagen wie »Oje, so was würde ich nie anziehen« oder »Oje, was hat der denn für schräge Ansichten« oder »Was ist denn das für eine furchtbare Einrichtung« sollten Sie bewusst vermeiden, denn sie bringen Sie in den A-Modus und verhindern damit Sympathie.

Der Selbst-Entwickler als Anseher

Sind Sie eine angesehene Person, dann werden Sie in der Regel von anderen aufmerksam beobachtet.

Verhaltensforscher erkennen den Rang innerhalb einer Gruppe auch am Blickverhalten der Gruppenmitglieder. Wer im Zentrum der Aufmerksamkeit steht, gilt als ranghoch.

Das Maß an Aufmerksamkeit anderer ist bei sämtlichen Primaten ein Kriterium für Anerkennung, bei Kindern im Kindergarten, bei Erwachsenen in Unternehmen, in Vereinen, also überall dort, wo es Hierarchien gibt. Dieses Ansehen muss man sich verdienen. Maßgeblich daran beteiligt ist eine ausgeprägte soziale Kompetenz. Dabei sollten Sie folgenden Grundsatz beherzigen: Menschen fühlen sich umso mehr wertgeschätzt, je stärker sie ohne Bedingung und unabhängig von ihrer Leistung Beachtung finden. Also: Schauen Sie Menschen einfach an, offen und freundlich, und schenken Sie ihnen damit »Ansehen«. Diese Menschen werden auf diese Weise durch Sie in ihrem Selbst bestätigt, und sie werden sich in Ihrer Gegenwart wohl fühlen. Als Folge wächst nicht nur Ihr eigener Sympathiewert, Sie werden auch in anderen Bereichen positiver bewertet: hinsichtlich Ihrer Reife, Ihrer Kompetenz und Ihrer Führungsqualitäten – das haben psychologische Studien eindeutig erwiesen.

Der Selbst-Entwickler sensibilisiert sich für die Wirkung seines Lächelns und Lachens, denn es gibt kaum ein wirksameres Mittel zur Sympathiegewinnung – aber nur, wenn es von Herzen kommt.

Der Selbst-Entwickler als Lächler und Lachender

Lächeln hat einen magischen Effekt. Einem Lächeln können wir uns nur schwer entziehen, und wenn wir nicht gerade völlig abwesend oder verstockt sind, antworten wir mit einem Lächeln. Es gibt kaum ein soziales Signal mit stärkerer Wirkung. Achten Sie einmal bei Ihrem nächsten Flug auf das Lächeln des Bordpersonals. Auch wenn es ein antrainiertes, professionelles Lächeln ist, verbreitet es dennoch eine gute Stimmung.

Häufig jedoch setzen wir unser Lächeln mit manipulativer Absicht ein. Wir lächeln aus Berechnung, aus Verlegenheit, auch aus Schadenfreude. Wahre Sympathie zwischen Menschen benötigt jedoch wahre Gefühle – und ein wahres Lächeln. Hier kommt der *Orbicularis oculi* ins Spiel. Er ist der Muskel um die Augen, der Krähenfüßchen zieht. Nur wenn er aktiv wird, zeigen wir ein ehrliches, herzliches Lächeln. Das Krähenfüßlerlächeln lässt sich nicht wirklich trainieren, eine willentliche Anspannung des *Orbicularis oculi* wirkt aufgesetzt.

Nur Elmodisten lächeln echt – bei wechselseitiger Sympathie unter ihresgleichen. Hier aber wirkt das Lächeln umso stärker.

Gefällt Ihnen Ihr Gegenüber, schenken Sie ihm so oft wie möglich ein Lächeln. Später dann, als überzeugter Zulächler, können Sie auch denen ein Lächeln schenken, die Ihnen nicht auf Anhieb sympathisch sind. Aus Ihrer gehobenen Gestimmtheit entsteht es ganz von selbst. Es lächelt uns, sozusagen! Das macht Sie nicht nur sympathischer, sondern auch wesentlich anziehender.

Gleiches gilt für das laute Lachen. Die Zoologin Marina Davila-Ross vermutet, das Lachen habe sich im Lauf der vergangenen 10 bis 16 Millionen Jahre der Primatenevolution als wichtiges soziales Signal entwickelt, weil es innerhalb einer Gruppe eine verbindende Funktion erfüllt. Was für ein archaisches Kommunikationsmittel! Es gibt unterschiedliche Formen des Lachens: ein eher gepresstes, unterdrücktes, ein langes, ein kurzes, ein schallendes, ein kicherndes usw. Besonders künstlich klingt das Lachen von Neuankömmlingen, wenn sie sich, verunsichert, in eine bereits bestehende Gruppe hineinlachen wollen. Das gilt für Schimpansen genauso wie für uns. Die Abstände zwischen den Lauten sind dann kürzer, bisweilen wirkt es manchmal etwas gepresst und unnatürlich.

Beobachten Sie doch einmal das Lachen Ihrer Mitmenschen in unterschiedlichen Momenten. Ganz besonders spannend könnte das Lachen Ihrer Kollegen sein, wenn der Chef einen Witz gemacht hat. Wer am lautesten und mit den kürzesten Intervallen lacht, dem ist es mit der zwischenmenschlichen Mitarbeiter-Chef-Bindung besonders ernst. Bisweilen kann ein solcher Lachbrüller seiner Umwelt auch gehörig auf die Nerven gehen, vor allem wenn den anderen nicht nach Mitlachen zumute ist.

Einem spontanen, herzlichen Lachen können wir uns hingegen kaum entziehen. Wenn Sie aus vollem Herzen frei und fröhlich lachen, steigert das Ihre Anziehungskraft ungemein.

Doch aufgepasst, Männer! Je häufiger und intensiver eine Frau während des ersten Treffens mit lacht, desto attraktiver findet sie ihr männliches Gegenüber.
Liebe Frauen, bei Ihnen ist es leider umgekehrt. Ist ein Mann beim ersten Kontakt so fasziniert von Ihnen, dass es ihn schier vom Hocker haut, tendiert er dazu, sein Lachen eher zu unterdrücken. Das passt ins typisch männliche Verhalten des körpersprachlichen »Einfrierens« in Gegenwart einer für ihn (zu) attraktiven Frau. Da heißt es: »Bloß keine Fehler machen, Kontrolle behalten!«
Herzhaftes Lachen wirkt ansteckend, und je heiterer und ausgelassener das gemeinsame Gelächter ist, desto mehr stimmt die Chemie zwischen den Lachenden.
Lächeln und Lachen, beides lässt sich trainieren, doch die Wirkung kommt erst dann so richtig zur Geltung, wenn Sie sich im L-Modus befinden. Hierzu reicht allein schon ein lustiges Spielchen, wie Experimente von Barbara Fraley und Arthur Aron bewiesen haben. Die Wissenschaftler ließen Versuchsteilnehmer, die sich nicht kannten, paarweise ein paar alberne Spiele spielen, etwa durch einen Strohhalm sprechen oder sich mit verbundenen Augen Bälle zuwerfen. Die komische Situation, in der sich die Spieler befanden, ließ sie gemeinsam unbefangen lachen und führte zu gegenseitiger Sympathie.

MITEINANDER

Inzwischen sind wir in dem dynamischen Prozess einer Beziehung schon recht weit gekommen. Wir kennen die *heimlichen Begleiter*, die während der kritischen Anbahnungsphase Einfluss nehmen, und jene, die sympathische Gefühle zwischen uns Menschen aufkommen lassen. Und wir haben viele, wenngleich nicht alle, Mechanismen beschrieben, die das Zustandekommen von Beziehungen erleichtern.

Wer nun freilich glaubt, die frisch entstandene Beziehung laufe ab jetzt von selbst, sozusagen wie am Schnürchen, der irrt gewaltig. Nährende, gelingende, von Respekt getragene Beziehungen aufzubauen und diese auf Dauer zu pflegen erfordert einen starken Willen, viel Gefühl und Empathie. Mit anderen Worten: Jetzt geht es erst richtig los. Nun muss sich unsere soziale Intelligenz beweisen. Sie steht vor der schweren Aufgabe, unser zwischenmenschliches Miteinander harmonisch und gelingend zu gestalten.

Aber warum ist diese Aufgabe so schwer? Die Antwort erscheint zunächst simpel: Wir sind soziale Wesen.

Was bedeutet es, ein soziales Wesen zu sein?

Ohne unsere Mitmenschen können wir nicht überleben. Von Geburt an sind wir auf sie angewiesen. Fehlt die elterliche Hilfe und Fürsorge, dann stirbt der Säugling – so brutal das klingt. Später, im Lauf unseres Lebens schützen und stützen wir uns gegenseitig, wir kooperieren, wir teilen und lernen voneinander. Sind wir alt, gebrechlich oder krank, erleichtern andere unser Dasein. Der wichtigste Grund für unser Miteinander ist unser Bedürfnis nach Schutz und Sicherheit.

Haben Sie sich schon mal bewusst Gedanken über die enorme Bedeutung unseres Soziallebens gemacht? Wie wertvoll und notwendig es für Sie ist? Und welche Mechanismen dafür Sorge tragen, dass wir soziale Wesen sind? Ich glaube, die meisten von uns nehmen diese Mechanismen als selbstverständlich wahr, so, als seien sie vom Himmel gefallen. Man kann das vergleichen mit dem Funktionieren unseres Körpers – darüber machen wir uns auch keine Gedanken. Wenn die Leber nach einer durchzechten Nacht den Körper bis zur Erschöpfung entgiftet, dann ist das nun mal ihr Job. Wir verlassen uns auf unser Innenohr, wenn wir auf einem ausgesetzten Gebirgspfad wandern und das Gleichgewicht halten müssen. Weder denken wir an die 500 Millionen Lungenbläschen, die für den Sauerstoffaustausch sorgen, noch an die rund 100 Milliarden Neuronen in unserem Gehirn und die unzähligen elektrischen Impulse, die mit einer Geschwindigkeit von 300 Stundenkilometern dort herumsausen.

Ein anderes Beispiel für unreflektierte Selbstverständlichkeit ist die Infrastruktur unserer Städte und Dörfer. Wenn wir die Toilettenspülung betätigen, verschwenden wir keinen Gedanken daran, wohin das alles wohl fließen mag und was damit geschieht. Kaufen wir morgens beim Bäcker Brötchen, ist uns meist nicht bewusst, wie viele Menschen an deren Herstellung beteiligt waren.

Unser Sozialleben funktioniert ebenso wie unsere Körper und Städte nur durch die reibungslose Verzahnung Tausender kleiner Rädchen. Aufmerksam auf die Empfindlichkeit und Störanfälligkeit komplexer Gefüge werden wir gewöhnlich erst dann, wenn eines der Rädchen blockiert oder ausfällt. Jeder von uns ist ein solches Rädchen.

Ein soziales Wesen zu sein stellt hohe Anforderungen an uns. Schon für sich genommen sind die Dimensionen des kleinen Wörtchens »sozial« gewaltig. Dem Duden nach bedeutet es: hilfsbereit, karitativ, selbstlos, barmherzig, milde sein. Und bei Wikipedia ist zu lesen: zur Gruppe gerichtet, an anderen interessiert, einfühlsam, höflich, taktbewusst, verantwortungsbewusst, Untergebenen gegenüber großmütig und leutselig sein. Und so weiter und so fort. Bei all den Ansprüchen, die ein Sozial-Sein an uns stellt, stellt sich unweigerlich die Frage: Wo bleiben wir bei unserem ganzen sozialen, auf die anderen gerichteten Denken eigentlich selbst? Kommen unsere eigenen Wünsche, Ziele, Vorstellungen dabei nicht zu kurz? Hand aufs Herz, wie oft fühlen und verhalten wir uns »unsozial«, weil wir unsere eigenen Interessen wahren beziehungsweise durchsetzen wollen oder Tatbestände und Vorgänge anders sehen als unsere Mitmenschen?

Und soziales Verhalten erfordert soziale Intelligenz. Unser Gehirn ist darauf angelegt; nicht umsonst wird es auch als ein Sozialorgan betrachtet. Die Verschaltungen, die dort stattfinden, sind überwiegend durch Beziehungen zu unseren Mitmenschen geprägt. Die Wechselwirkung zwischen diesen neuronalen Mechanismen und den Ansprüchen, die unser soziales Umfeld an uns stellt, ist ungeheuer intensiv. Wissenschaftler gehen inzwischen davon aus, dass sich unsere Intelligenz in ihrer Gesamtheit überhaupt nur aufgrund der zunehmenden Komplexität unseres Soziallebens so weit entwickeln konnte. Alles Leben ist Problemlösen, sagt der Philosoph Karl R. Popper. Und nirgendwo sonst scheinen derart viele Probleme zur Lösung anzustehen wie in einem komplexen Sozialleben. Ein friedliches Miteinander bedeutet ein Gleichgewicht zwischen den eigenen, ganz egoistischen Zielen und denen der anderen. Von klein an müssen wir unsere eigenen Bedürfnisse mit denen anderer in Einklang bringen.

Doch was genau ist unter sozialer Intelligenz zu verstehen? Wenn Sie die folgenden Fragen für sich überwiegend mit einem Ja beantworten können, dürfte es um Sie recht gut bestellt sein. Denn diese Faktoren machen Daniel Goleman zufolge soziale Intelligenz aus:

- Sie können sich in andere Menschen einfühlen, ihre emotionalen Botschaften erkennen.
- Sie sind ein guter Zuhörer, begreifen die Gedanken und Gefühle Ihrer Mitmenschen.
- Sie wissen, wie die soziale Welt funktioniert.
- Sie synchronisieren sich auf nonverbaler Ebene mit Ihren Mitmenschen.
- Sie stellen Ihre Person wirksam dar.
- Sie sind in der Lage, Ihr soziales Umfeld zu steuern.
- Sie erweisen sich meist als fürsorglich, indem Sie die Belange Ihrer Mitmenschen achten und sich entsprechend verhalten.

Probleme lösen dank sozialer Intelligenz

Wie, glauben Sie, ergeht es Kindern in den Kindergärten? Der Verhaltensforscher William Charlesworth beobachtete 1000 Problemminuten, mit denen sich die Kinder auseinandersetzen mussten. Er unterteilte die Probleme der Kleinen in drei Gruppen:

1. Physische Probleme, bei denen irgendein Objekt zu groß, zu klein oder zu schwer war.
2. Kognitive Probleme, wenn die Kinder etwas nicht wussten.
3. Soziale Probleme, wenn sich ein anderes Kind ins Spielen einmischte, jemandem etwas verwehrte oder wegnahm.

Verhaltensforscher nennen solche Problemmomente Verhaltenssperren oder Blöcke, die ein angestrebtes Verhalten erst einmal unmöglich machen. Sie müssen beseitigt werden, damit es weitergehen kann. Blöcke – was für ein anschauliches Wort, wenn man über Probleme spricht. Man kann sie bildhaft vor sich sehen, in allen Größen, Farben und unterschiedlichen Gewichtsklassen.
Charlesworth beobachtete, dass die Kinder alle 0,7 bis 1,2 Minuten einen Block beiseiteschieben mussten. Unglaublich! Jede Minute muss ein kleines Köpfchen überlegen, wie es nun weiter taktiert, um ans Ziel zu kommen. Das Interessante an dieser Untersuchung: Knapp 90 Prozent der Blöcke waren sozialen Ursprungs. Ein Kind hinderte ein anderes am Weiterspielen, nahm ihm ein Klötzchen weg, schlug es mit der Schaufel, zerstörte einen Klötzchenturm. Stress! Alle 60 Sekunden! Wenn das keine Extremübungen fürs spätere Leben sind! Zumal die

Kleinen gerade ein Drittel dieser Probleme bewältigen konnten.

Ändern sich die Probleme im späteren Leben? Oder müssen wir weiterhin überwiegend Blöcke überwinden, die sich aus dem Kontakt zu Mitmenschen ergeben haben? Wenn der Partner nicht tut, was wir von ihm erwarten und umgekehrt. Wenn die Kinder zu spät nach Hause kommen. Wenn Kollege Müller hinter unserem Rücken tratscht. Gut, wenn uns dann unsere soziale Intelligenz hilft, die Blöcke zu überwinden.

Die wahre soziale Intelligenz besteht indes darin, sich so zu verhalten, dass es erst gar nicht zum Auftürmen von Blöcken kommt. Bereits kleine Kinder sind dazu in der Lage. Im Kindergarten erahnen die besonders Schlauen unüberwindbare Blöcke im Vorfeld und ändern umgehend ihr Ziel.

> Der Selbst-Entwickler bemüht sich, die förderlichen Seiten der Hindernisse zu sehen, die seinen Weg zum Ziel blockieren – nachdem er seine Enttäuschung oder Wut darüber zugelassen und geäußert hat.

So ausgeprägt unsere soziale Intelligenz auch sein mag, gänzlich vermeidbar sind Blöcke nicht. Es gibt immer Umstände, die zwischen uns und unseren Zielen stehen.

Es ist völlig normal, sich über Blöcke zu ärgern und aufzuregen. Und zwar richtig! Unterdrücken Sie auf keinen Fall Ihre Gefühle, das ist ungesund. Lassen Sie allen Ärger und alle Wut heraus. Stampfen Sie mit den Füßen auf den Boden, schimpfen Sie: »So habe ich mir das nicht vorgestellt!« Ihr Körper schüttet dann Stresshormone wie Cortisol und Noradrenalin aus und versorgt Sie auf diese Weise mit Energie fürs notwendige Raufen oder Laufen. Aber achten

Sie darauf, dass sich Ärger und Wut in einem zeitlich überschaubaren Rahmen halten. Durch langes Klagen verschwenden Sie Energie. Unter starker Anspannung können Sie kaum kreative Lösungen finden, sondern folgen alten, vertrauten Verhaltensmustern. Die Hormonausschüttung bei Stress setzt nämlich die Aktivität jenes Teils Ihres Vorderhirns außer Kraft, das für zielgerichtetes Verhalten zuständig ist. Sie werden handlungsunfähig und hilflos.
Der Selbst-Entwickler findet zur Eigenmacht zurück, indem er sich auf die positiven Aspekte von Blöcken besinnt. Auch die gibt es.

Der Selbst-Entwickler versteht Blöcke als Trainingseinheiten.

Betrachten Sie Hindernisse und Widrigkeiten nicht als Zumutung, sondern als Trainingseinheiten, durch die Sie erstarken. Schließlich hat sich der Selbst-Entwickler für und nicht gegen das Leben entschieden, mit allem, was es bringt. Und Blöcke gehören nun mal zum Leben. Auch soziale menschliche Blöcke wie ein ständig kritisierender Partner, nörgelnde Kinder, gängelnde Chefs, ineffiziente Mitarbeiter. Sie alle gehören dazu. Sie sind das Leben. Wenn Sie das Gefühl überkommt, Sie stehen diesen Menschen ohnmächtig gegenüber, dann könnten Sie zum Beispiel denken: »Danke, werter Kollege Müller, Sie übergehen mich, das ist eine super Trainingseinheit für mich. Danke, Hinz und Kunz, passt schon, wenn Sie in der Nachbarschaft über mich tratschen, das coacht mich zu mehr Gelassenheit. Ach, und du, untreuer Partner, dein Verhalten ist sehr unangenehm für mich, ich nutze es als Entwicklungsmöglichkeit.«

Blöcke als Gradmesser des Willens und der Leidenschaft

Blöcke haben einen weiteren Vorteil. An ihnen können Sie prüfen, wie stark Ihr Wille und Ihre Leidenschaft ausgeprägt sind, etwas in Ihrem Leben zu ändern. Wenn Sie Ihrem Partner an den Kopf werfen: »Mann, du bist ein sturer Bock, ein sturer Block! Seitdem ich dich kenne, geht es mit mir bergab. Du gehst mir so was von auf die Nerven mit deiner Respektlosigkeit! Am liebsten würde ich dich sonst wohin jagen.«
Würden Sie diesen »Bockblock« wirklich beiseiteschieben, um Ihr Leben zu verändern, müsste das bedeuten: Sie verlassen Ihren Partner. Punkt.

Blöcke erweitern die Optionen für den Selbst-Entwickler.

Selbstverständlich gibt es auch zahlreiche Blöcke, an denen wir gnadenlos scheitern. Menschen, die unsere Erwartungen auch nach viel Geduld, nach Endlosdiskussionen, Tränen und Wutanfällen nicht erfüllen. Menschen, die Sie immer wieder enttäuschen, vor den Kopf stoßen, Sie womöglich auch verlassen. Der Selbst-Entwickler sieht in solchen Momenten die große Chance einer Neuorientierung. Jene unter uns, die nie vor einem Block kapitulierten, wurden auch niemals herausgefordert, neue Wege zu gehen. Neue Ziele haben und losgehen bedeutet, Neues kennenzulernen und daran zu wachsen.

Die Verbundenheit stärken

Ein soziales Wesen sein bedeutet, mit anderen Menschen verbunden zu sein. Das Ausmaß dieser Verbundenheit ist von Mensch zu Mensch unterschiedlich. Einige fühlen sich mit vielen verbunden, manche mit wenigen, kaum einer mit allen. Bisweilen beseelt mich der Gedanke, alle, wirklich alle Menschen wären auf irgendeine noch nicht erforschte, vielleicht auch mystische Weise miteinander verbunden, so, wie Eisberge in der Tiefe miteinander verwachsen sind.
Der Gedanke an eine unsichtbare Vernetzung, an eine Einheit, wie auch immer diese beschaffen sein mag, erleichtert den kognitiven Umgang mit zwischenmenschlichen Problemen.
Ausgerechnet ein Lapunder, ein Schweinsaffe, lieferte erste physiologische Hinweise auf eine enge Verbundenheit zwischen Lebewesen. Ein Forscherteam um Giacomo Rizzolatti hatte dem Tier winzige Elektroden ins Gehirn gepflanzt, um zu ermitteln, welche Zellen bei welchen Bewegungen aktiviert werden. Mehr oder weniger zufällig entdeckten die Forscher, dass die Zellen auch dann feuerten, wenn der Schweinsaffe die Bewegung anderer, in dem Fall den Griff eines Tierpflegers nach einer Erdnuss, beobachtete. Dies führte zur Entdeckung der sogenannten Spiegelneuronen. Seitdem erleben sie einen wahren Hype, zumal man diese Neuronen einige Jahre später auch im menschlichen Gehirn nachweisen konnte. Die Tatsache, dass in unserem Kopf imitiert wird, was wir sehen, scheint nicht nur unsere ein- beziehungsweise mitfühlenden Fähigkeiten zu erklären. Etliche Wissenschaftler sehen sich in ihrer Annahme von einer ständigen Vernetzung mit anderen Menschen bestätigt.

Von diesem Gedanken besonders beflügelt ist der Neurologe Vilayanur Ramachandran. Er bezeichnet Spiegelneuronen als Dalai-Lama-Neuronen, durch die die Grenzen zwischen dem Selbst und den anderen aufgelöst werden. Ob man dieser These folgen mag oder nicht: Fest steht, dass die Spiegelneuronen an unserer Empathie beteiligt sind. Unter Empathie versteht man die Fähigkeit, die Empfindungen anderer wahrzunehmen, sich in sie hineinzuversetzen und mit ihnen mitzufühlen. Empathie ist eine wichtige Voraussetzung für ein konfliktfreies und kooperatives Zusammenleben. Es ist aber auch elementar wichtig für unser Überleben. Was denkt der andere? Ist er mir wohlgesinnt, ein Freund oder ein Feind?

Mitfühlen

Vieles weist darauf hin, dass wir eine genetische Disposition für Empathie in uns tragen. Deshalb zähle ich das Vermögen, sich in andere Menschen einzufühlen, ebenfalls zu unseren *heimlichen Begleitern* – ich spreche dann vom *Mitfühler*. Wenn wir jemanden leiden sehen, reagiert der Mitfühler nahezu automatisch und ähnlich gestresst, als hätten wir selbst die Schmerzen. Dabei aktiviert er in uns ein ganzes Netzwerk von Hirnarealen.
Der *Mitfühler* hat alte biologische Wurzeln, sein Ursprung liegt in der Brutpflege. Mit seinen Spiegelneuronen ist er ein Begleiter, den auch andere Lebewesen in sich haben. Ratten und Mäuse verändern ihr Verhalten, wenn ihre Artgenossen Schmerzensschreie ausstoßen. Wale fühlen mit ihren Artgenossen, Elefanten auch, ebenso die Affen – die Liste der zur Empathie fähigen Tiere ist lang.

Noch weiß man nicht bis ins Detail genau, wie Spiegelneuronen wirken. Jüngst entdeckten Forscher der Universität Tübingen eine weitere Besonderheit bei ihnen. Gewöhnliche Zellen reagieren auf Reize, indem sie bis zu 100 Mal pro Sekunde feuern. In der Regel verringert sich die Aktivität, wenn der Reiz wiederholt wird. Spiegelneuronen, zumindest ein großer Teil von ihnen, feuern jedoch unbeirrt mit gleicher Intensität weiter. Für sie bleiben Reize starke Reize, egal wie lange sie andauern. Diese Eigenschaft könnte für unsere Empathie von großer Bedeutung sein, vor allem wenn es um deren Verbesserung geht. Da Spiegelneuronen offenbar keine »Ermüdungserscheinungen« haben, dürfte für die Steigerung unserer Empathie allein schon ein warmherziges, mitfühlendes Umfeld ausreichend sein, weil es diesen besonderen Neuronen stets schöne Reize bietet.

Der *Mitfühler* lässt uns aber nicht nur mitfühlen, er infiziert uns auch. Und zwar mit den Stimmungen anderer. Kennen Sie den Film *Verschollen*? Chuck Noland, gespielt von Tom Hanks, landet nach einem Flugzeugunglück als einziger Überlebender auf einer einsamen Insel. Er leidet unter Hunger, Durst und Einsamkeit: Alle drei Faktoren sind in ihrer Wirkung auf uns Menschen ebenbürtig. Chuck überlebt, weil er Wasser und Nahrung findet. Der Zufall will es, dass auf der Insel auch ein Leidensgefährte strandet. Es ist ein Volleyball, der in einem Paket ans Ufer gespült wird. Chuck malt ihm Augen, Mund und Nase auf die Oberfläche und nennt ihn Wilson. Ohne Wilson hätte Chuck sich wohl aus Einsamkeit und Verzweiflung aufgegeben. So aber teilt er ihm seine Ängste, seine Sorge und seine wenigen Freuden mit. Als er Wilson bei einem großen Sturm im Meer verliert, versucht er, ihn unter Lebensgefahr zu retten. Vergeblich. Der Ball namens Wilson, für Chuck das einzige soziale Wesen, verschwindet für immer in den Fluten. Voller Trauer und Verzweiflung bricht Chuck zusammen und weint bitterlich – und ich saß im Kinosessel, schaute gebannt auf die Leinwand und fühlte, wie sich Chucks Schmerz in mich hineinschlich und meine Augen feucht werden ließ. Meiner Frau Julia erging es nicht anders, und den Menschen um uns herum auch nicht. Wir empfanden Trauer, weil Chuck den einzigen Begleiter verloren hatte, der ihm nach dem Flugzeugabsturz geblieben war.

Wir ließen uns von Chucks Trauer und Verzweiflung nur deswegen so stark anstecken, weil wir als soziale Wesen für derlei Empfindungen einen besonders ausgeprägten Resonanzboden haben. Die Angst vor dem Alleinsein, vor dem Verlassenwerden und letztlich vor dem Sterben ist tief in uns verwurzelt. Die meisten von uns haben diese Gefühle schon erlebt, wenn sie sich in einer extremen Ohn-Machtsituationen befunden haben.

Der *Mitfühler* ist der wichtigste der bindenden *heimlichen Begleiter.* Ohne ihn geht nichts in Beziehungen – er bringt alle anderen bindenden *heimlichen Begleiter* erst zur Wirkung: den *Gerechtler,* den *Teiler,* den *Helfer,* den *Vertrauer* und den *Lauser*.

Wir wollen dieser herausragenden Rolle des *Mitfühlers* gerecht werden und ihn in seiner ganzen Wirkmächtigkeit vorstellen, wenn wir uns nun gedanklich voll und ganz in eine Beziehung begeben, an der uns viel liegt, die wir pflegen und intensivieren wollen.

Die Gefühle anderer erkennen

Hat Ihnen schon mal jemand gesagt, Sie hätten eine gute Menschenkenntnis? Weinen Sie häufig im Kino oder bekommen eine Gänsehaut, wenn zwei getrennte oder verlore-

ne Seelen sich endlich gefunden haben? Wie gut können Sie aus den Gesichtern Ihrer Mitmenschen Gefühle lesen? Wie sehr interessieren Sie überhaupt die Gefühle anderer? Wenn Sie abends vom Ehepaar Müller eingeladen sind (auch wenn dies unwahrscheinlich ist), ahnen Sie, wie es um deren Ehe bestellt ist, spüren Sie, ob da noch die Chemie stimmt?
Sie merken, diese Fragen zielen auf Ihr empathisches Vermögen ab. Solche und ähnliche Fragen findet man bei diversen Empathietests. Hier kommen noch ein paar weitere: Machen Sie sich häufiger Gedanken über Ihre eigenen Gefühle? Und wie gut haben Sie diese im Griff? Zum Beispiel wenn Sie sich über den werten Kollegen Müller ärgern? Sind Sie dann in der Lage, vom A- oder K-Modus in den L-Modus zu switchen?
Wie sieht es aus mit Ihrer Miene zum bösen Spiel? Können Sie äußerlich anders wirken und Ihre wahren Gefühle dabei verbergen?
Gelingt es Ihnen, die Kontrolle über sich zu gewinnen und ruhig zu bleiben, wenn Sie unter Stress und starkem Druck stehen?
Merken Sie, wie andere zu Ihnen stehen? Spüren Sie, ob andere Ihnen gegenüber ehrlich sind?
Wie sehr können Sie andere für sich und Ihre Ideen begeistern?
Haben Sie eine Vorstellung davon, wie Sie auf andere wirken? Oder haben Sie schon öfter gehört: »Jetzt, wo ich dich kennenlerne, bist du eigentlich ein ganz anderer Mensch.«
Sie sehen, Empathie besitzt ein breites Spektrum.

Wenn wir unterschiedlich empathisch sind, liegt es oftmals nicht am fehlenden Willen, sondern am Können oder Fühlen.

Auch wenn die Fähigkeit des Mitfühlens angeboren ist, ist der *Mitfühler* von Mensch zu Mensch unterschiedlich ausgeprägt.

Unsere Persönlichkeit, unsere Erziehung und unsere Lebenserfahrungen spielen hier eine Rolle, aber auch die Ausprägung unserer Hirnregionen, die die empathischen Empfindungen aktivieren. Gut möglich, dass auch die Gene einen gewissen Einfluss auf das Empathievermögen haben. Zumindest konnte bei Mäusen beobachtet werden, dass gesellige Tierchen auf Schmerzensschreie ihrer Artgenossen schneller mit abhelfendem Verhalten reagieren als weniger sozial orientierte Mäusestämme.

Die Fähigkeit zur Empathie ist auch geschlechtsabhängig. Frauen, darauf weisen zahlreiche Studien hin, gelten als die besseren Gefühlserkenner. Sie können zuverlässiger aus Gesichtern und Körperhaltungen lesen, wie sich ihr Gegenüber gerade fühlt. Hintergrund, so die allgemeine Forschung, ist die Brutpflege, die überwiegend dem weiblichen Geschlecht vorbehalten ist – Ausnahmen bestätigen natürlich die Regel. Bereits als Neugeborene lassen sich weibliche Säuglinge vom Weinen anderer Babys mehr mitreißen als männliche.

Die unterschiedliche Ausprägung von Empathie wirkt zweifelsohne auch in Beziehungen. Wenn *er* nicht fühlen kann, was *sie* empfindet, wenn der Chef keinerlei Mitgefühl zeigen kann, weil er es tatsächlich nicht hat. Wenn Eltern ihre Kinder gar nicht mehr verstehen – und umgekehrt. Erschwerend kommt hinzu, dass der *Mitfühler* in zweierlei Gestalt auftreten kann: als *Systemizer* und als *Empathizer.*

Die beiden unterschiedlichen Ausprägungen von Empathie sind ein häufiger Grund für Missverständnisse.

Was steckt dahinter? Angenommen, Sie sind mit Ihrem Partner auf der Autobahn unterwegs. Plötzlich geraten Sie in einen Stau. Vor Ihnen hat es einen schweren Unfall gegeben, eine Fahrbahn musste gesperrt werden. Am Seitenstreifen rasen irgendwann Feuerwehr, Notarztwagen und Polizei vorbei.

Sie sagen: »Der Unfall muss ja schrecklich gewesen sein, hoffentlich gab es keine Toten!«

Ihr Partner sagt: »Wird schon alles werden, die nächste Stadt und das Krankenhaus sind nicht weit, man wird schon schnell genug für die Verletzten sorgen können.«

Nach etlichen Minuten kommen Sie an der Unfallstelle vorbei. Sie sehen, dass mehrere Fahrzeuge an dem Unfall beteiligt sind. Einige von ihnen sind auf die Hälfte zusammengedrückt worden. Die Einsatzkräfte rennen hin und her und bringen verletzte Menschen in einen Rettungswagen. Ein Arzt behandelt einen Mann, der am Boden neben einem Autowrack liegt. Inmitten des Chaos steht eine junge Frau mit einem kleinen Kind an der Hand. Beide weinen bitterlich.

Der Anblick schnürt Ihnen das Herz zusammen. »Was für eine Tragödie. Die armen Menschen, wie schrecklich!«, sagen Sie zu Ihrem Partner.

Der nickt kurz und meint: »Da ist wohl wieder mal einer zu schnell gefahren. Oder zu dicht auf. Außerdem verstehe ich nicht, wieso die Rettungskräfte keinen Platz für einen Hubschrauber gelassen haben? Kann ja hier im Fall der Fälle nirgendwo landen.«

Sie sehen Ihren Partner verwundert an. »Hier spielt sich ein menschliches Drama ab, es wird um das Leben eines Mannes gerungen, mittendrin eine weinende Mutter mit ihrem Kind, und du machst dir Gedanken über einen Hubschrauberlandeplatz und nicht über die Menschen?«

»Aber sicher mache ich mir Gedanken über die Menschen«, sagt Ihr Partner. »Mit einem Hubschrauber könnte der Mann ins Krankenhaus gebracht werden. Da wären seine Überlebenschancen größer.«

Aha, denken Sie. Den Rest der Fahrt schweigen Sie beide.

»Typisch! Wie immer! Nur pragmatisches Denken«, geht es Ihnen im Kopf herum.

»Was hat sie denn nun schon wieder? Stimmt doch: Mit einem Hubschrauber wäre dem Mann viel besser geholfen. Ständig hat sie was zum Meckern«, überlegt Ihr Partner sich. Und schon landen Sie beide im A-Modus, trotz oder gerade wegen Ihrer Empathie.

Hätten Sie zu diesem Zeitpunkt gewusst, dass es zweierlei Gestalten eines *Mitfühlers* gibt, würden Sie Ihren Partner liebevoll anschauen und sich denken: Tja, so ist er eben, mein lieber *Systemizer.* Und Ihr Partner würde Ihnen lächelnd sagen: »Ja, ja, bist halt eine liebe *Empathizerin.*«

Der Psychologe Simon Baron-Cohen vertritt die Ansicht, dass Männer ihr Umfeld anders sehen und bewerten als Frauen. Als Systemizer sind sie mit einem S-Hirn ausgestattet, das sich auf die Systeme konzentriert, aus denen heraus sich die Umstände ergeben haben. So, wie Ihr Partner an der Unfallstelle das Rettungssystem analysierte.

Systemizer, erklärt Baron-Cohen, waren im Mutterleib einem erhöhten Testosteronspiegel ausgesetzt; infolgedessen tickt deren Gehirn anders. Es ist mehr an Mustern und Gesetzmäßigkeiten als an Emotionen interessiert. Frauen als Empathizer sind eher gefühlsbetont. Ihr E-Gehirn empfindet mehr mit, versetzt sich mehr in andere hinein.

Der Gitterbett-Test

Bevor Sie, liebe Frauen und Männer, nun vor dem männlichen S-Hirn oder dem weiblichen E-Hirn kapitulieren und denken, es bringt ja eh nichts, könnten Sie zusammen den neuronalen Gitterbett-Test durchführen. Lernen Sie den anderen kennen, indem Sie in Erfahrung bringen, was ihn oder sie dazu gebracht hat, so zu sein, wie sie/er ist. Wenn Sie die Hauptprogramme des Gitterbettchens kennenlernen, können Sie sich in den anderen viel besser hineinversetzen und nehmen im Konfliktfall vieles weniger persönlich. Ihr Mitfühler *souffliert Ihnen dann heimlich: Mehr gibt ihr/sein neuronales Programm derzeit nicht her.*

Um den Gitterbett-Test optimal durchzuführen, sollten Sie Folgendes beachten:

1. *Machen Sie es sich gemeinsam gemütlich. Trinken Sie ein Gläschen Wein zusammen oder nutzen Sie einen romantischen Moment in der Natur. Hauptsache, Sie geraten in einen entspannten und zufriedenen Zustand. Der Test sollte auf keinen Fall wie ein therapeutisches Abfragen wirken.*
2. *Machen Sie sich Notizen zu den Antworten, damit sie nicht in Vergessenheit geraten.*
3. *Hüten Sie sich vor Bewertungen des Gesagten, auch vor Ratschlägen. Andernfalls riskieren Sie, dass Ihr Gegenüber den Test abbricht. Vermeiden Sie deswegen Sätze wie: »Ach du meine Güte, das ist ja schrecklich!« – »Wieso hast du denn dann so und nicht anders reagiert?« – »Ich finde, da hattest du Glück.« Und so weiter und so fort …*

Nun können Sie mit den Fragen beginnen:

1. *Was sind deine frühesten Erinnerungen an deine Kindheit? Erzähl mir von Momenten, an die du dich erinnerst, von Menschen, von Vorfällen, positiven wie negativen.*
2. *Wie hast du deine Schulzeit erlebt? Kannst du dich noch an deinen ersten Schultag erinnern? Welche Ängste hattest du in der Schule? Welche Fächer mochtest du gern und warum? Hattest du einen Lieblingslehrer und einen, den du gehasst oder gefürchtet hast? (Anmerkung: Diese Fragen zielen auf das Leistungsbewusstsein ab.)*
3. *Wie war dein Verhältnis zu anderen Kindern? Warst du beliebt? Hattest du viele Freunde, oder warst du eher ein Einzelgänger? Hattest du Angst oder Hemmungen vor anderen Kindern?*
4. *Welche Freunde waren für dich besonders wichtig und warum? Hattest du große Vorbilder, mit denen du dich verglichen hast?*
5. *Erinnerst du dich an die Ferien, die du während deiner Kindheit erlebt hast? Wo und mit wem warst du unterwegs?*
6. *Welche Kindheitsträume hattest du? Wonach hast du dich gesehnt?*
7. *Zu wem hattest du einen besseren Kontakt: zu deinem Vater oder zu deiner Mutter? Und warum?*
8. *In welchen Situationen hast du dich als Jugendlicher ungerecht behandelt gefühlt?*
9. *Wann hast du dich zum ersten Mal verliebt? Wie war das damals mit dem ersten Kuss? Und warum hast du dich in diese Person verliebt? Was waren die ersten großen Probleme zwischen dir und dei-*

ner Liebe? Kannst du dich an Zurückweisungen durch andere erinnern, an Situationen, in denen die Liebe nicht erwidert wurde oder erloschen ist? Falls der andere nicht mehr mit der ersten Liebe zusammen ist: Was waren die Gründe für die Trennung?

10. *Warum gestaltete sich dein beruflicher Werdegang so und nicht anders? Bist du glücklich damit, oder hättest du lieber etwas anderes gelernt?*
11. *Gab es Hindernisse während deiner Ausbildung und deines Berufslebens, und wie bist du damit umgegangen?*
12. *Was hast du gern gelesen, als du klein warst? Falls dir deine Eltern vorgelesen haben: Kannst du dich an manche Geschichten erinnern? Falls ja, was hat dich damals daran so beeindruckt? Welche Filme hast du gern gesehen und welche Musik gehört?*
13. *Was waren die größten Enttäuschungen in deinem Leben, beruflicher und privater Art?*
14. *Wer oder was hat dich im Leben weitergebracht?*
15. *Wie hast du deine Begegnungen mit Religion erlebt? Bist du in die Kirche geschickt worden? Woran hast du geglaubt?*
16. *Welche Verwandten mochtest du als kleines Kind am liebsten, und welche mochtest du absolut nicht? Und warum?*
17. *Was hat man (Eltern, Gleichaltrige, Lehrer usw.) dir damals über Liebe, Beziehungen und Sex gesagt? Schließe die Augen und halte das Wort »Liebe« in Gedanken fest. Was kommt dir dabei in den Sinn?*
18. *Was am Leben ärgert dich am meisten?*

19. *Was würdest du mit einem 15-Millionen-Lottogewinn machen?*
20. *Welche Träume hast du für deine Zukunft? Du darfst dir dabei alles vorstellen, auch das schier Unmögliche.*

Sie werden sehen, nach dem Gitterbett-Test wird der andere in einem anderen, (noch) wärmeren Licht erscheinen.

Unser Einfühlungsvermögen in andere kann durchaus launisch sein.

Auch wenn der *Mitfühler* von Natur aus in uns steckt, kann er ein durchaus launischer Begleiter sein. Launisch, weil wir uns nicht darauf verlassen können, dass er als automatischer Mechanismus stets präsent ist. Manche Menschen, Psychopathen beispielsweise, schalten ihn einfach aus, auch wenn sie sich im Prinzip gut in andere hineinversetzen könnten. Beobachten solche gefühlsreduzierten Personen, wie andere gequält werden, sind deren Spiegelneuronen schlicht und einfach nicht aktiv. Der Hirnforscher Christian Keysers legte offenbar emotionslose Menschen in einen Hirnscanner und konfrontierte sie mit brutalen, schockierenden Bildern von gequälten Menschen. Wie erwartet, reagierten diese Testpersonen nicht. Doch wurden sie gebeten, sich in die armen Opfer bewusst hineinzuversetzen, begannen die Spiegelneuronen zu feuern. Nicht alle Psychopathen sind übrigens erkennbar krank oder gefährlich: Das eiskalte Ignorieren der Gefühle anderer ermöglicht manch einen rasanten Aufstieg auf der Karriereleiter.
Ausgesprochen empfindlich reagiert unser *Mitfühler* auf Vorurteile. Alessio Avenanti zeigte afrikanischen und italienischen Probanden Filme, in denen dunkelhäutige und

hellhäutige Hände zu sehen waren, die mal mit einer Nadel gestochen, mal mit einem Wattestäbchen gestreichelt wurden. Während die Probanden die Filme betrachteten, wurden deren Hirnaktivitäten und Muskelkontraktionen gemessen. Mitgefühl zeigten sowohl die italienischen als auch die afrikanischen Personen für die andershäutigen Personen nur dann, wenn sie diesen gegenüber keine Vorurteile hatten. Rassisten hingegen ließ es kalt, wenn ein Fremder Schmerzen erlitt. Mitgefühl ist, so die Ergebnisse, auch eine Frage der Vertrautheit.

Bringen Sie in Konfliktmomenten Ihr Gegenüber in den L-Modus, wenn Sie seine Empathie erhoffen.

Besonders launisch verhält sich der *Mitfühler* von Männern, wenn diese schwer enttäuscht, geärgert oder tief gedemütigt worden sind. Dann verdrängen Rachegelüste und Schadenfreude jegliches Mitgefühl. Erwarten Sie von einem Mann, der im A- oder K-Modus ist, keine Empathie, zumal, wenn Sie diesen Modus auch noch mit verursacht haben! Er ist in diesem Moment nicht in der Lage dazu.
Konkret bedeutet das: Wenn Sie nach einem begangenen Fehler ins Büro Ihres Chefs zitiert werden, um sich eine Standpauke abzuholen, appellieren Sie nicht an dessen Einfühlungsvermögen, tun Sie lieber alles Mögliche, um ihn wieder in den L-Modus zu versetzen: »Ja, Chef, ich habe einen Fehler gemacht, es tut mir leid, ich werde es das nächste Mal besser machen, ich weiß auch nicht, wie mir das passieren konnte«, ist hier erfolgversprechender als: »Chef, ich hatte in letzter Zeit starke Kopfschmerzen, mein Partner hat mich verlassen, meine Waschmaschine ist ausgelaufen, und der Kater ist abgehauen.« Das können Sie Ihrem Chef erzählen, sobald er den A- oder K-Modus wieder verlassen hat.

Anders sieht es aus, wenn Sie eine Frau als Vorgesetzte haben. Frauen sind nämlich auch im A- und K-Modus empathiefähig. Ihr Einfühlungsvermögen wird nicht durch Rachegelüste überdeckt. Und sie sind auch einfühlender, wenn sie sich auf den anderen einlassen wollen und ihr Gegenüber als Person respektieren.
Wie sehr unsere eigene momentane Befindlichkeit das Empathievermögen beeinflusst, zeigt die Depressionsforschung. Ihr zufolge reagieren traurig gestimmte Menschen mit ihrem ausgeprägten Resonanzkörper für Unglück besonders stark auf das Leid anderer. Ausgesprochen empathisch, und das auf spezielle Weise, können Menschen mit schizophrenen Zügen sein, die gelegentlich meinen, selbst mit Tieren oder Gegenständen mitfühlen zu können.
Dazu eine Geschichte, die die Autorin erlebt hat: Jan, ein junger Mann, wurde kurz vor der Abiturprüfung wegen eines schizophrenen Schubes in eine psychiatrische Klinik eingewiesen. Während eines Besuches kam es zu einem Spaziergang im Hof, in dem sich auch ein kleiner Teich befand. Während der angeregten Unterhaltung blieb Jan plötzlich stehen. Er zeigte auf einen großen Fischreiher, der sich am Rand des Wassers niedergelassen hatte. »Ich muss meinem Freund kurz guten Tag sagen, er ist sonst beleidigt, ist nämlich ein ganz empfindlicher Reiher«, sagte Jan. Dann ließ er die Autorin stehen, winkelte die Arme an, machte Flatterbewegungen und stolzierte wie ein Reiher mit langen, weit ausholenden hohen Schritten in Richtung Vogel. Der Reiher wandte seinen Kopf dem sich nähernden Jan zu, neugierig und keineswegs scheu oder ängstlich. Spätere Nachfragen beim Pförtner ergaben, dass es sich um einen wilden Reiher handelte, der normalerweise keinen Menschen in seine Nähe ließ. Doch Jan, der eigenen Angaben zufolge nicht nur die Reihersprache sprach, sondern

auch die Gefühle des Vogels nachempfinden konnte, diesen empathischen Jan ließ der Reiher so dicht an sich heran, dass der junge Mann ihn hätte streicheln können. Jan hielt seine Arme angewinkelt, wedelte sie auf und ab und hielt ein mehrminütiges Zwiegespräch mit dem Tier. Inzwischen hatten sich andere Klinikbewohner dazugesellt. »Tut er immer, er kann die Vögel verstehen«, erklärten sie. Die Kranken standen eine Weile still und sahen dem Zwiegespräch zu. Dann gingen sie ihres Weges.

Mit dieser Geschichte kehren wir noch einmal zurück zu der bereits beschriebenen schönen Idee, wir Lebewesen wären auf irgendeine rätselhafte Weise miteinander verbunden. Selbst wenn es sich im Fall des jungen, schizophrenen Mannes eher um eine Anekdote denn um Wissenschaft handelt, so verweist Jans spezielle Verbundenheit zu dem Reiher auf eine zwar als krankhaft eingestufte »Fähigkeit«, bei der man annehmen könnte, das System der Spiegelneuronen sei aus den Fugen geraten. Dennoch würde mich nicht wundern, wenn Forscher eines Tages solche Formen von Verbundenheit in einem anderen Licht sehen würden.

Sie können Ihr Einfühlungsvermögen trainieren. Das stärkt Ihre Beziehungen zu anderen.

Das Schöne an der Empathie – neben all ihren wundervollen Fähigkeiten – ist, dass wir ihr nachhelfen können. Durch gezieltes Training können wir unsere einfühlenden und mitfühlenden Fähigkeiten steigern.

Als kognitiver Verhaltenstherapeut gehe ich davon aus – und habe diesbezüglich positive Erfahrungen gemacht –, dass eine wiederholte Aufgabe, die man sich selbst stellt, zu Verhaltensänderungen führen kann.

Der übende Selbst-Entwickler

Eine Übung zur Stärkung der Empathie ist die Selbstbeeinflussung durch das tägliche Lesen eines bestimmten Textes.
Schreiben Sie folgenden Satz auf einen Zettel:
»Jeder hat recht in dem, was er denkt und fühlt. Sein neuronales Gitterbett gibt gegenwärtig nicht mehr her.«
Lesen Sie diesen Satz jeden Morgen laut nach dem Aufstehen. Mindestens drei Wochen lang. Sie werden sehen, Ihr Verständnis und Mitgefühl für andere wird wachsen, denn es wird Ihnen im Lauf der Zeit bewusst: Der andere ist gefangen in seinen bisherigen Erfahrungen. Seine Erlebnisse, seine Persönlichkeit, sein Resonanzboden – kurzum: sein neuronales Gitterbett – bestimmen sein Verhalten.
Sie können dem Mitfühler *auch mit einem Gang zum Bücherregal, in eine Bibliothek oder zu einem Buchhändler helfen. Nehmen Sie sich nacheinander ein paar gute Bücher (vorzugsweise Romane) vor, in denen die Protagonisten starke Gefühle empfinden.*
Vor Ihrem geistigen Auge entstehen aus den Worten Personen. Nach und nach werden diese lebendig, erhalten ein Aussehen und je eigene Wesenszüge. Sie lernen die Gewohnheiten, Träume und Ängste dieser Personen kennen. Von Seite zu Seite werden sie Ihnen vertrauter, von Kapitel zu Kapitel wächst Ihre Empathie für sie. Irgendwann, wenn Sie sich im gehobenen Stadium der Empathie befinden, kreisen Ihre Gedanken auch um die Zukunft dieser Personen. Wie werden sie sich wohl verhalten, was werden sie wohl noch erleben, wie werden sie noch fühlen?

Wer viel liest, steigert seine Empathie, darauf weist zumindest eine Untersuchung des Psychologen Raymond Mar hin. Er legte seinen 94 Versuchsteilnehmern eine lange Namensliste vor, auf der neben Namen von unbekannten Bürgern auch solche von Romanschriftstellern und Sachbuchautoren standen. Seine Probanden sollten nun alle ihnen bekannte Autorennamen ankreuzen und gleichzeitig angeben, ob es sich dabei um Sachbuch- oder Romanautoren handelt. Anschließend testete er die empathischen Fähigkeiten seiner Teilnehmer und stellte fest: Je mehr Romanautoren sie erkannten, desto empathischer waren sie. Und dieser Zusammenhang galt nicht in gleicher Weise für das Erkennen von Sachbuchautoren.
Das Lesen von Romanen fördert die Empathie, lautet die Schlussfolgerung des Forschers. Wenn Sie Zeit und Lust dazu haben, nehmen Sie sich die Lektüre von Theodor Fontanes *Effi Briest* vor, wenn Sie sich in die Gefühle einer unglücklichen und unterdrückten Frau einfühlen wollen. Dostojewskis *Der Spieler* versetzt Sie in die seelischen Abgründe eines Süchtigen. Kleists *Michael Kohlhaas* ist für jene, die spüren wollen, wie sich ein herausgeforderter Gerechtigkeitssinn auswirken kann. Herrndorfers *Tschick* oder Leberts *Crazy* lässt Pubertierende mitfühlen. Und wer sich mit den Leiden der Liebe auseinandersetzen möchte, kann sich Goethes *Werther* vornehmen. Beispiele gibt es unzählige, Literatur lebt schließlich von Gefühlen und von der Empathie der Leser. Achten Sie doch beim nächsten Buch einmal gezielt auf Ihr Mit-Empfinden.

Eine weitere Möglichkeit für Sie, Ihren *Mitfühler* zu optimieren, ist ebenso simpel wie spannend: Machen Sie ein Stimmungskaraoke. Wie das geht?
Sie besorgen sich zum Beispiel den Film *Der Gott des Gemetzels* von Roman Polanski. In dieser schwarzen Komödie

geraten zwei Ehepaare aneinander und zeigen dabei sämtliche emotionalen Facetten zwischenmenschlichen Umgangs. Die Schauspieler Jodie Foster, Kate Winslet, Christoph Waltz und John C. Reilly bringen große Gefühle auf die Leinwand. Am besten, Sie sehen sich den Film zu viert (zwei Frauen, zwei Männer wären optimal) an, dann macht die Übung mehr Spaß. Jeder von Ihnen wählt sich einen Schauspieler beziehungsweise eine Schauspielerin aus, den/die es fortan zu beobachten gilt. Konzentrieren Sie sich vor allem auf das Gesicht, auf die Mimik, und denken Sie über die Gefühle nach, die es ausdrückt. Nichts sollte Ihnen entgehen, kein Lächeln, kein Zucken der Mundwinkel, kein verlegenes Zu-Boden-Blicken, kein genervtes An-die-Decke-Schauen, keine zornig zusammengekniffenen Augen.

Es wird Ihnen sicher nicht schwerfallen, die Empfindungen der Protagonisten zu erkennen. Die nächste Stufe, das Mitempfinden, ist eine weitere Aufgabe der Empathie. Sie wird Ihnen besonders gut gelingen, wenn Sie das Gesicht Ihrer ausgewählten Person imitieren. Werden Sie für kurze Zeit selbst zum Schauspieler und ahmen Sie die beobachteten Regungen nach.

Auf diese Weise wird Ihre Empathie gesteigert, wie ein spannendes Experiment von Robert Levenson und Anna Ruef zeigte. Sie präsentierten ihren Probanden Videoaufzeichnungen von streitenden Paaren nebst sämtlichen Empfindungen, die ein heftiger Schlagabtausch mit sich bringen kann: Wut, Enttäuschung, Trauer. Die Versuchsteilnehmer sollten angeben, welche Empfindungen die Streitenden jeweils hatten. Interessanterweise konnten die Probanden die Gefühle dann besonders gut erkennen, wenn sie selbst das Verhalten der Streitenden imitierten.

Selbstverständlich muss es nicht *Gott des Gemetzels* sein, ein Clark Gable als Rhett Butler in *Vom Winde verweht,*

ein James Dean in *Jenseits von Eden* tut es auch. Und wenn Sie es gern gruselig haben, können Sie auch Jack Nicholson in *Shining* imitieren. Versetzen Sie sich bei Ihrem Stimmungskaraoke sowohl in sympathische als auch in unsympathische Personen.
Für jene unter Ihnen, die diese Übung lieber allein machen möchten, empfiehlt sich ein Kinobesuch. In der Dunkelheit des Kinos fällt es nicht auf, wenn Sie Gesichtskaraoke betreiben. Aber Sie werden sehen, das Kino wird dann für Sie zum wirklich »großen Kino«.

Eine weitere Möglichkeit, Empathie zu trainieren, sind Entspannungsübungen. Ebenso wie Muskeln im Fitnesscenter gestählt werden, kann Mitgefühl durch Meditation gesteigert werden. Auf der Basis von alten Meditationsübungen tibetanischer Buddhisten haben Wissenschaftler das sogenannte Cognitively-Based Compassion Training (CBCT) entwickelt. Drei Säulen stützen dieses meditative Empathietraining:

1. Entspannung und Stressreduzierung fürs Wohlbefinden
2. Stärkung der Konzentration
3. Emotionale Selbsterkenntnis, über die man zu einem besseren Verständnis für die anderen gelangt.

Dieses Programm kann in der Tat empathisches Vermögen deutlich verbessern, behaupten Wissenschaftler der Emory-Universität, nachdem sie ihre Versuchsteilnehmer dem CBC-Training unterzogen und anschließend per Hirnscanner auf Empathiesteigerung hin untersucht hatten. Meditieren dient folglich nicht nur der Entspannung, Bewusstseinserweiterung und dem Wohlgefühl, es verändert auch Hirnregionen, die unter anderem für die Empathie zuständig sind. Dafür ist bereits ein achtwöchiges Achtsamkeitstraining ausreichend, wie Wissenschaftler aus Boston nachgewiesen haben. Unter dem Titel »Mindfulness meditation« können Sie entsprechende Programme im Internet finden. Dem Selbst-Entwickler wird an dieser Stelle nochmals bewusst: Schöne Gedanken über das Selbst im L-Modus sind eine wesentliche Basis für Empathie.

Wir können unseren *Mitfühler* noch so bemühen: Wenn unser Gegenüber seine Emotionen unterdrückt und bestimmte Gefühle nur vortäuscht, benötigen wir eine besondere Wahrnehmungsfähigkeit. Diese lässt sich Paul Ekman zufolge durchaus trainieren. Der bekannte Emotionsforscher verweist auf die verräterischen Mikroausdrücke, auch »micromomentary expressions« genannt. Darunter versteht man winzige, schnelle Bewegungen, die spontan im Gesicht aufblitzen, sobald Gefühle unterdrückt werden. Wollen Sie Ihre Sensibilität für verräterische Gesichtsausdrücke schärfen, können Sie die Website von Paul Ekman besuchen (www.paulekman.com) und einige Trainingseinheiten absolvieren. Die Erfolgsquote gilt allgemein als hoch. Sie sollten jedoch bedenken: Die Gefühle anderer lesen zu können bedeutet noch lange nicht, mit ihnen mitempfinden zu können.

Kaltherzigkeit beziehungsweise fehlende Empathie wird oft als Rachemittel eingesetzt. Durchbrechen Sie die Spirale, indem Sie ungünstiges Verhalten von der Person entkoppeln. Diskutieren Sie über Tatbestände, aber niemals über das Selbst der Personen.

Wir sollten uns bewusst machen, dass der *Mitfühler* nur eingeschränkt arbeitet, wenn wir andere ablehnen, weil wir ihnen gegenüber Vorurteile haben oder von ihnen entwertet wurden.

Fehlendes Mitgefühl wird zum Rachegefühl, das uns in eine Spirale gegenseitiger Abwertung und Verletzung bringt: »Wenn du mich nicht verstehen willst, will ich dich ab sofort auch nicht mehr verstehen.« Mit einer solchen Einstellung, die meist mit dem Abschalten des *Mitfühlers* einhergeht, tun Sie einer Beziehung nichts Gutes.

Versuchen Sie, diese Spirale zu durchbrechen. Hierfür rate ich zu folgender Gegenstrategie: Diskutieren, streiten, kämpfen Sie ausschließlich über Tatbestände, Zustände, Vorwürfe. Aber niemals gegen das Selbst des anderen.

Besinnen Sie sich auf die Macht der Empathie – auch im Streit, auch nachdem Sie innerlich verletzt, enttäuscht und gedemütigt worden sind. Stets sollten Sie sich im Klaren darüber sein: Solange Sie anderen im Konfliktfall durch kleine Signale, Gesten, Worte zeigen, dass Sie trotz einer Auseinandersetzung mit ihnen mitfühlen, gefährden Auseinandersetzungen die Fortdauer der Beziehung nicht. Zu diesen Ergebnissen sind Psychologen in der Paarforschung gekommen. Bindungen halten umso länger, je empathischer Konflikte ausgeführt werden.

Gefühle sind ansteckend

Die Wirkung von Stimmungsviren ist ein weiterer Ausdruck von Verbundenheit. Ob wir wollen oder nicht, wir Menschen infizieren uns gegenseitig mit Stimmungsviren. Mal mit positiven, wenn ein Elmodist seine Fröhlichkeit verbreitet. Manchmal mit schmerzlichen, wenn wir es mit einem leidenden Menschen zu tun haben, wie es mir mit Chuck ergangen ist. Oftmals auch mit schlechten Viren, wenn ein grimmiger, grummeliger Amodist zur Hochform aufläuft. Froh können wir dann sein, wenn wir mit einer gesunden Widerstandskraft gegen ungute Viren ankämpfen können. Die nisten sich sonst nämlich in unserem Gehirn ein, wo sie es heimlich bearbeiten. Starke emotionale Erfahrungen mit unseren Mitmenschen verändern die Plastizität, Größe, Form, Anzahl unserer Neuronen und deren synaptische Verbindungen. Menschen, die uns über einen längeren Zeitraum emotionalen Halt, Kraft und Ermutigung vermitteln, können unser Gehirn ebenso formen wie Menschen, die uns verletzen, erniedrigen und quälen.

Wir lassen uns von den Stimmungen anderer nur dann infizieren, wenn wir einen entsprechenden Resonanzboden für sie haben.

Voraussetzung für eine Infektion ist ein entsprechender Resonanzboden, der die Schwingungen der Stimmungen verstärkt. Jeder von uns trägt seinen eigenen Resonanzboden mit sich herum. Gebildet hat der sich im Lauf des Lebens aufgrund all der Erlebnisse, die hinter uns liegen.
Am besten erkläre ich den Resonanzboden mit einem Mann namens Peter Müller. Er war ein talentierter Fußballspieler, ein erfolgreicher Stürmer, der aber leider nicht mehr stürmt. Sein eigener Resonanzboden hatte ihm ein Bein gestellt und Peter dabei so sehr verletzt, dass ihn der Trainer aus der Mannschaft nahm. Wie kam das?
Als Peter Müller in der Grundschule war, landete er öfter im Abseits. Zu stürmisches Betragen, befand die Lehrerin. Später zog Peter mit seinen Eltern von Hamburg nach Niederbayern, nach Passau. Auch hier stand er immer wieder im Abseits. Im Schulhof, denn niemand sprach mit ihm:

»Wos hot er g'sogt? Mia verstenga nix von dem, wos der Saupreiß sogt.«
Als der Junge 14 Jahre alt wurde, sollte er die Tanzschule besuchen. Bei der Damenwahl war keine Tanzpartnerin für ihn da. Da saß er, bis sich der Tanzlehrer seiner erbarmte und den Damenpart übernahm. Peinlich, peinlich! Und abseits, immer wieder im Abseits. Peters Resonanzboden war geformt von Du-bist-nichts-wert-Erlebnissen.
Später wurde Peter Fußballer, ein recht passabler eigentlich. Dennoch saß er, wie andere Spieler auch, zeitweise auf der Ersatzbank. In seinem Resonanzboden vibrierte es dann gewaltig! Durch die vielen vorangegangenen Entwertungen nahm er sein Dasein als »Ersatz« persönlich, reagierte verstockt und beleidigt. Seinen Trainer schaute er mit Dackelblicken an, die signalisieren sollten: »Sieh nur, du gemeiner Kerl, was du mir angetan hast.«
So geriet Peter immer tiefer in den emotionalen Sumpf seines Resonanzbodens, wurde betrübter und bockiger, bis der entnervte Trainer eines Tages entschied: So, und nun spielt er überhaupt nicht mehr! Herr Müller beendete seine Fußballerkarriere und wurde Mitarbeiter eines größeren Unternehmens, wo er hartnäckig und unaufhaltsam die Karriereleiter hinaufstürmte.

Wir achten zu wenig auf die Ursachen unserer Stimmungen.

Aus eigener Erfahrung kann ich sagen: Menschen achten viel zu wenig auf die auslösenden Momente für ihre inneren Befindlichkeiten. Und falls doch, führen sie ihre Stimmungen bevorzugt auf das zurück, was jemand zu ihnen gesagt hat.
Ich nenne Ihnen ein Beispiel.

Gestern waren Sie geknickt, weil der Chef Ihre Arbeit kritisiert und Ihnen gleichzeitig geraten hat: »Nehmen Sie sich ein Beispiel am Kollegen Müller!« Auch das noch! Sie wurden zum Amodisten. Als Sie von der Arbeit nach Hause kamen, flüsterte Ihnen Ihre Tochter ins Ohr: »Ich hab dich lieb.« Unverzüglich wechselten Sie zum Elmodisten. Abends, kurz vor dem Schlafengehen, überkam Sie der K-Modus, weil Ihre Frau Ihnen zum wiederholten Mal vorwarf, Sie hätten weder den Rasen gemäht noch die Garage aufgeräumt. Wechselnde Situationen bestimmen Ihre Gefühlslage.

Zwischen solchen Äußerungen und den dann folgenden Stimmungen erkennen wir unmittelbare Zusammenhänge. Insofern können wir uns auch gegen sie wehren, wenn sie uns belasten. Deutlich subtiler und meist auch unangenehmer als vorwurfsvolle oder verletzende Äußerungen wirken jedoch die wortlosen, anklagenden oder unwirschen Stimmungsbotschaften der anderen auf uns.
Ich denke an die unerträglichen Launen eines Miesepeters. In Gegenwart solch unzufriedener, griesgrämiger Amodisten, die gegen sich, die anderen und das Leben eingestellt sind, kann unsere Laune geradezu abstürzen. Da bedarf es keiner Worte, allein die unwirsche Miene oder die herabgezogenen Mundwinkel unseres Gegenübers reichen aus, um von seiner Stimmung infiziert zu werden. In Gegenwart von ausgeprägten Amodisten fühlen wir uns nicht nur unwohl, oftmals sind wir ratlos und überfordert, weil wir vergeblich gegen diese ungute Stimmung ankämpfen. Bei uns selbst und beim Gegenüber. Schlimmstenfalls rutschen wir dann in den K-Modus. »Mann, hey, deine Laune macht mich fertig«, brüllen wir dann. Und machen alles noch schlimmer.

Wir erleben die Stimmungen anderer umso stärker, je mehr wir uns mit unseren Mitmenschen identifizieren.

Unter Identifikation verstehen Psychologen einen Vorgang, bei dem wir manchmal bewusst, meist jedoch unbewusst die Werte, Eigenschaften, Gefühle und Stimmungen eines anderen als die eigenen erkennen. Oftmals versuchen wir mittels Identifikationen, die eigenen ungelösten Konflikte über den anderen zu lösen. Ein klassisches Beispiel ist die Identifikation zwischen Kindern und Eltern. Eltern identifizieren sich mit ihren Kindern, wenn sie über ihre Sprösslinge unerfüllte Träume ausleben und aufgestaute Frustrationen bekämpfen. Umgekehrt identifizieren sich Kinder mit ihren Eltern, wenn diese allmächtig und kaum erreichbar als große Vorbilder dienen. Kinder identifizieren sich so lange mit ihren engsten Bezugspersonen oder irgendwelchen Stars, bis sie ihr eigenes Selbst erschaffen haben.
Im Extremfall können wir mit einer anderen Person derart verschmelzen, dass sich unser Selbst im anderen auflöst. Das geschieht mitunter dann, wenn wir jemanden extrem bewundern, verehren oder leidenschaftlich lieben.
Menschen, mit denen wir uns identifizieren, wirken auf uns besonders gefühlsansteckend. Für ihre Stimmungen ist unser Resonanzboden endlos groß.

Wir können einfühlsam sein, ohne uns von den Stimmungen anderer anstecken zu lassen.

Die Gefühlsansteckung unterscheidet sich jedoch von der Empathie. Wenn wir empathische Gefühle für jemanden hegen, müssen wir uns nicht automatisch mit ihm und seinen Gefühlen identifizieren. Unser Resonanzboden für seine Stimmungen muss nicht zwingend vorhanden sein – empathisch können wir auch dann sein, wenn wir uns nur teilweise in eine Person hineinversetzen und mit dieser Person mitfühlen – ohne dass sich dabei unsere eigene Stimmung grundlegend verändert.

Werden Sie zum Beobachter von Stimmungsinfektionen und Resonanzböden.

Der übende Selbst-Entwickler

Durchleuchten Sie nun bewusst die eben beschriebenen Prozesse. Werden Sie drei Tage zum Beobachter von Stimmungen. Das ist anstrengend, rechnet sich aber für Sie!
Beginnen Sie morgens, wenn Sie aufwachen. Gleich neben dem Bett sollten Sie einen kleinen Block mit einem Stift liegen haben. Sie können auch Ihr Handy für die Aufzeichnungen verwenden. Wenn Sie also morgens aufwachen, ziemlich mies gelaunt und megaschlecht drauf sind, dann notieren Sie die Uhrzeit und dahinter eine 0 für die bodenlose Nullstimmung. Springen Sie dagegen euphorisch aus dem Bett, trällern im Bad ein Lied und freuen sich über sich und das Leben so sehr, dass es nicht schöner geht, dann notieren Sie 100. Für eine Hundertprozentstimmung. Bei weder noch, einfach so, ohne Hoch und Tief schreiben Sie 50 auf.
Machen Sie Ihre Aufzeichnungen morgens, mittags und abends, mindestens drei Mal täglich. Besser wäre natürlich öfter, jedes Mal, wenn es Stimmungsveränderungen gibt.

Zusätzlich sollten Sie die möglichen Gründe für Ihre jeweiligen Stimmungsmomente notieren: Um 11 Uhr Kollegen Müller getroffen, 20er-Stimmung, weil er Sie schräg angequatscht hat. Um 13 Uhr Anruf eines alten Freundes, von dem Sie lange nichts mehr gehört haben, 70er-Stimmung. Nachmittags geraten Sie schirmlos in einen Regenschauer, 40er-Stimmung. Abends empfängt Ihr Partner Sie mit einem großartigen Essen, 90er-Stimmung. Und dann kommt womöglich auch noch die 100er-Stimmung hinterher …

Nach drei Tagen werten Sie aus. Haben Sie die Tage häufig mit einer 20er-Stimmung begonnen? Wenn ja, woran lag es? Hatten Sie es mit vielen Blöcken zu tun? Wenn Sie sich überwiegend im unteren Bereich befunden haben, dürften Sie in diesen Tagen ein Amodist oder gar ein Kamodist gewesen sein. Dann waren Sie gegen sich, die anderen oder gegen das Leben. Sie steckten vor einem Block fest, fühlten sich ohnmächtig.

Und abends, hatten Sie da häufig gute Werte? So zwischen 70 und 90? Warum? Haben Sie dann liebe Menschen getroffen oder Sport getrieben?

Besonders wichtig ist die Frage, wie oft sich Ihre Stimmungen aus einem sozialen Kontext heraus entwickelt haben. Welche menschlichen Blöcke mussten Sie beiseiteschieben? Vor welchen sind Sie kraftlos stehen geblieben?

Überprüfen Sie auch Ihren Resonanzboden. Von welchen Stimmungen lassen Sie sich besonders stark anstecken? Vor allem aber: von welchen Personen? Vergessen Sie dabei nicht, dass starke Identifikationen zu starker Ansteckungsgefahr führen.

Beobachten Sie auch die Stimmungen Ihrer Mitmenschen. Sie können nach ein paar Tagen den Spieß dann umdrehen. Werden Sie zum Beobachter Ihrer Mitmenschen und deren Stimmungen. Überlegen Sie dabei auch, ob und wie Sie durch Ihre Aussagen, Ihr Verhalten oder Ihre eigenen Emotionen die Stimmung anderer beeinflusst haben.
Innerhalb weniger Tage werden Sie als Selbst-Entwickler Ihre zwischenmenschlichen Beziehungen in einem anderen Licht sehen. Sie werden erfahren, von welchen Stimmungen Sie sich mitreißen lassen und welche Sie weniger berühren – je nachdem, wie Ihr Resonanzboden beschaffen ist. Durch diesen Beobachterposten immunisieren Sie sich gegen die Launen von Amodisten und Kamodisten und können sich leichter für die ansteckenden, fröhlichen Launen eines Elmodisten öffnen. Die Bewusstheit, dass jegliche Infektion heimliche Veränderungen in Ihrem Gehirn auslösen kann, dürfte Sie bei Ihren Beobachtungen anspornen.

Das Selbst und die anderen

Blöcke beseitigen, soziale Intelligenz entwickeln, mit Gefühlsansteckungen umgehen – wir haben als soziale Wesen wahrlich viel zu meistern. Doch noch immer sind wir nicht weit genug, um für unsere anstehende Beziehung gerüstet zu sein. Zuvor möchte ich Ihnen aber den wichtigsten Faktor nennen, der unsere Beziehungen prägt. Es sind wir selbst, genauer gesagt, es ist unser Selbst.
Unser Selbst besteht in dem Wissen und den Gefühlen über uns selbst und in der persönlichen Überzeugung, etwas be-

wirken zu können. Für den Selbst-Entwickler bedeutet Selbst-Bewusstheit, durch achtsames und kritisches Betrachten eingefahrene Denkweisen und Reaktionsmuster zu erkennen. Gemachte und reflektierte Erfahrungen sind die Grundvoraussetzung für die eigene Veränderung und für einen erfolgreichen Umgang mit sich selbst und mit anderen.

Der Neurowissenschaftler Michael Gazzaniga sagt, unser Selbst sei eine Konstruktion unseres Gehirns. Alle Einzelheiten, die wir im Leben erfahren haben, werden gespeichert und wie bei einem Puzzle zu einem Selbst-Bild zusammengefügt. Darum sind wir alle auch so verschieden.

Wie steht es um Ihr Selbst? Wie viel Zeit schenken Sie ihm?

Ich meine, das Selbst kommt in unserem hektischen, schnellen, vor allem leistungsorientierten Leben viel zu kurz. Wir widmen ihm meistens nur dann Aufmerksamkeit, wenn es in Not geraten ist, wenn es uns geschwächt hat und zusammenbrechen ließ.

Schenken wir unserem Selbst zu wenig (Be-)Achtung und überfordern es, dann wehrt es sich, indem es sich einen schützenden Mantel überwirft. Es verkleidet sich mal als Burnout, mal als Magenschmerzen. Rücken- und Gallenleiden sind auch beliebt, ebenso wie Migräne und Hauterkrankungen. Doch da sage ich Ihnen gewiss nichts Neues. Sie wissen, wie sehr der Körper rebelliert, wenn die Seele geschunden wird.

Das bloße Wissen über Dinge und Sachverhalte bewirkt indes keine nachhaltigen neuronalen Verknüpfungen und schon gar keine Veränderungen. Sondern nur emotionales Erleben. Deshalb betone ich immer und immer wieder: Unser Selbst hat seinen Ursprung in den anderen.

Ohne die anderen sozialen Wesen können wir kein Gefühl unseres Selbst entwickeln. Vor dem Selbst steht nämlich die Liebe, die innige Beziehung zu unseren Eltern. Mit ihnen, vor allem mit der Mutter, sind wir so lange verschmolzen, bis wir allmählich unser Selbst kennenlernen. Dies erfolgt über gegenseitiges Nachahmen wie lächeln, das Gesicht verziehen, gähnen, Augen weit öffnen und schließen, Zunge herausstrecken. Mütter und Väter ahmen ihre Säuglinge nach und umgekehrt. Es ist ein wunderbares Wechselspiel von Signalen, über die Kinder während ihrer ersten beiden Lebensmonate erkennen, dass sie ein Selbst haben. Denn sie erfahren, wie sie etwas in Bewegung setzen können: die Mutter oder sonstige Bezugspersonen zum Nachahmen eigener Grimassen verleiten, ein Mobile anstupsen, Gegenstände fallen lassen.

> Selbst-Empfinden ist eine wichtige Voraussetzung für Empathie.

Unser Selbst entwickelt sich immer weiter, stets in enger Abhängigkeit von anderen. Mit ungefähr 18 Monaten erkennen sich die Kleinen im Spiegel selbst. Michael Lewis und Jeanne Brooks-Gunn ließen sich hierzu ein legendäres Experiment einfallen, den sogenannten Rouge-Test. Sie schmierten ihren kleinen Versuchsteilnehmern rote Farbe auf die Nase und stellten sie vor einen Spiegel. Wenn die Kinder versuchten, das Rot im eigenen Gesicht zu entfernen, hatten sie eine Ahnung von ihrem Selbst.
Ein bestandener Rouge-Test ist wie ein Führerschein. Erst zu diesem Zeitpunkt können sich Beziehungen formen. Mit der Entdeckung des Selbst beginnen die Kleinen, sich in andere hineinzuversetzen, sie können langsam mitfühlen, im Bedarfsfall sogar trösten.

Mit 24 Monaten zeigen sich die selbstbezogenen Emotionen wie Stolz, Scham, Neid, Verlegenheit und Schuld. Das Selbst beziehungsweise Selbst*bewusstsein* entwickelt sich weiter und weiter, niemals für sich allein, sondern stets mit und durch andere. So, wie diese mich sehen, wie sie auf mich reagieren, empfinde ich mein Selbst. Lieben und bestärken sie mich, steigt das Selbstwertgefühl, und es sinkt, wenn sie mich ablehnen oder gar demütigen. Das menschliche Selbstbewusstsein existiert nicht für sich allein, sondern es ist im Wesentlichen ein Produkt der Interaktion. Je nach den momentanen Umständen verändert es sich in einem fort. Für den Philosophen Thomas Metzinger ist das Selbst denn auch ganz folgerichtig kein Ding, sondern ein Vorgang.

Mal besser, mal schlechter als andere

Unser Selbst vergleicht uns mit anderen. Dabei schneiden wir mal besser, mal schlechter ab.
Diese enge Vernetzung unseres Selbst mit unseren Mitmenschen hat einen weiteren, nicht ganz unbedeutenden *heimlichen Begleiter* zur Folge: den *Vergleicher* mit seinen langen Antennen. Wo auch immer wir sind, wem auch immer wir begegnen, über die Antennen des *Vergleichers* laufen Signale, die nichts anderes tun, als zu vergleichen. Die Antennen erfassen nicht nur die gesellschaftlichen Werte, sondern auch die unseres unmittelbaren sozialen Umfelds, in dem wir uns befinden und durch das sich unser neuronales Gitterbett entwickelt hat. In diese Mixtur ordnen wir unser Selbst automatisch ein.

Werte und Normen verändern sich von Zeit zu Zeit, von Kultur zu Kultur, von Land zu Land. In Deutschland rangieren einer Untersuchung des Zukunftsforschers Horst Opaschowski zufolge Ehrlichkeit, Verlässlichkeit und Hilfsbereitschaft ganz oben auf der Werteskala, dicht gefolgt von Höflichkeit, Anstand, gutem Benehmen, Fleiß, Pflichterfüllung und Disziplin. Werte, die bei solchen Befragungen weniger zur Geltung kommen, weil Fragebögen wiederum mit einem entsprechenden Wertesystem erstellt und ausgefüllt werden, sind die scheinbar banalen, oberflächlichen Dinge wie Aussehen, Kleidung, Status. Für Psychologen und Biologen sind diese vermeintlich oberflächlichen Werte aber überaus wichtig, denn in ihnen stecken, wie ich bereits ausgeführt habe, heimliche Botschaften, Bekenntnisse, Signale.
Wer Werte erkennt und sie dann auch noch erfüllt, läuft weniger Gefahr, von anderen entwertet zu werden. Mit anderen Worten: Selbst-Wert entsteht bei vielen, wohlgemerkt nicht allen Menschen, wenn sie Werte einhalten.
Was gehört sich, was nicht, was ist *in*, was *out*, und bin ich hierin besser oder schlechter als andere? Unentwegt beschäftigt sich der *Vergleicher* mit Sozialvergleichen. Dabei sind seine Antennen mal nach oben zum Aufwärtsvergleich gerichtet und mal nach unten zum Abwärtsvergleich.

Menschen, die ihr Selbst durch andere aufwerten wollen, vergleichen sich mit Menschen, die vermeintlich »unter« ihnen stehen.

Die Antennen des *Vergleichers* spüren die erfolgloseren Kollegen, die dümmeren Bekannten, die unattraktiveren Konkurrenten im Wettbewerb um das andere Geschlecht auf, damit sie stolz vermitteln können: »Wie großartig bist du im Vergleich zu anderen!« Bei solchen Abwärtslern kommt zusätzlich der sogenannte Dunning-Kruger-Effekt ins Spiel. Der besagt: Wenn der Kollege Müller Ihre (objektiv) bessere Leistung nicht anerkennt und seine eigene (objektiv suboptimale) Leistung in den Himmel lobt, dann kann er seine (objektive) Inkompetenz auch nicht erkennen. Der Selbst-Entwickler denkt sich bei solchen Kollegen: »Das hat doch nichts mit mir zu tun, wenn Müller mal wieder im Dunning-Kruger-Modus ist, er braucht das für sein Wohlgefühl.« Oder mit den Worten des norwegischen Dichters Henrik Ibsen ausgedrückt: »Nehmen Sie einem Durchschnittsmenschen die Lebenslüge, und Sie nehmen ihm gleichzeitig das Glück.« Wie recht Ibsen hat: Eine übersteigert positive Selbstwahrnehmung verschafft dem Träger gute Laune. Und schützt sein Selbst.

Haben Sie im Beruf viel mit Kollegen zu tun? Dann sollten Sie sich einmal jene Momente ins Gedächtnis rufen, in denen Sie im Rahmen eines Projekts mit ihnen kooperieren mussten.

Wie verhältnismäßig groß und wichtig war Ihr Anteil an der Arbeit? Rein statistisch betrachtet, werden Sie jetzt nahezu unweigerlich zum Abwärtsler und denken: Keine Frage, mein Part war und ist meistens größer, bedeutsamer und arbeitsintensiver als der meiner Kollegen. Denken Sie ruhig weiter so, schließlich kann eine leicht (!) überzeichnete Selbstwahrnehmung zum L-Modus führen, in dem Sie besser drauf sind, überzeugter von sich sind, mehr wagen, weniger verzagen. Männer sind hierin wahre Meister. Und das weltweit! Anders als Frauen pimpen sie ihr Ego durch Abwärtsvergleiche ordentlich auf. Vor allem, wenn es um soziale Kompetenzen geht. 95 Prozent aller Männer sind der festen Überzeugung, dass sie in Bezug auf ihre Fertigkeit im Umgang mit anderen Menschen zur besseren Hälfte

gehören. Anders ausgedrückt: Nahezu alle Männer meinen, sozial kompetenter zu sein als die andere Hälfte der Männer. Wenn ich Ihnen – Achtung, Männer, Sie sind gemeint! – jetzt verrate, dass sich diese Studie nur auf amerikanische Männer bezieht, dann bin ich, rein statistisch betrachtet, auf der sicheren Seite, wenn ich Folgendes behaupte: 95 Prozent der deutschen Männer lehnen sich nun zurück. Sie sagen: »Ha, die Amis, typisch, ich kenn sie doch, die Burschen, die neigen überall zur Übertreibung, big is beautiful und so weiter. Alles Abwärtsler. Aber wir deutschen Männer, nein, nein, so etwas passiert uns nicht. Wir sehen uns realistisch, sind insofern kompetenter als die Amis. Also ich zumindest. Denn ich würde mich im Mittelfeld ansiedeln. Ja, das ist die wahre soziale Kompetenz.«
Dann aber, auch das verrät die Untersuchung des Psychologen Cameron Anderson, können die deutschen Männer nicht so glücklich sein wie die »Amis«. Denn die fleißigen Ego-Pimper, die Abwärtsler, sind im Schnitt tatsächlich besser drauf als die Aufwärtsler oder die knallharten Realisten.
Nehmen wir das Autofahren als weiteres Beispiel. Ein überaus beliebtes Terrain für positive Illusionen. Haben Sie jemals eine Person kennengelernt, die freimütig zugibt, sie sei hinter dem Steuer eine richtige Niete? Mir zumindest kommt niemand in den Sinn. Kann auch nicht, denn die Wahrscheinlichkeit, eine solche Person im Bekanntenkreis zu haben, ist gering. 95 Prozent der deutschen Autofahrer halten sich nämlich für einen guten bis sehr guten Fahrer. Und 85 Prozent sind der festen Überzeugung, besser als der Durchschnitt fahren zu können. Was rein mathematisch schlicht und einfach unmöglich ist.
Autofahren, Kochen, Beliebtheit, Bildung, Erfolg, Geld und Status: Die Antennen des *Vergleichers* erstrecken sich auf

viele Bereiche. Bevorzugt vergleichen sie uns auf den Gebieten, die uns wichtig sind und auf denen wir unsere Stärken sehen. Denn dort können wir uns getrost ein wenig abwärts vergleichen.

Frauen neigen zu Understatement; sie senken ihren Status künstlich durch Aufwärtsvergleiche.

Ganz anders die Frauen. Wenn es etwa um die Beurteilung der eigenen Intelligenz geht, liegen sie in ihrer Selbsteinschätzung meist fünf Prozent unter ihren tatsächlichen Werten. Auf diese Weise spielen sie ihren Status künstlich herunter.

Spieglein, Spieglein, wer ist die Schönste im Land? Ich selbst oder die andere? Auf diesem Terrain sind Frauen besonders fleißige Aufwärtslerinnen, wenn sie sich untereinander vergleichen. Die anderen sind schöner, schlanker, haben die volleren Haare, die glänzenderen Augen, besitzen mehr Sexiness.

Der übende Selbst-Entwickler

Reflektieren Sie über Ihr Selbst. Wie sehen Sie sich? Was bewegt Sie? Wohin wollen Sie? Wer und wie sind Sie? Aber Vorsicht! Verwenden Sie keine Attribute wie schüchtern, starrsinnig, verschlossen, dumm, faul, egoistisch. Also keine Wörter, durch die Sie Ihr Selbst abwerten. Solche Begriffe stabilisieren Ihr Problem, und Sie bleiben darin gefangen. Fragen Sie sich vielmehr: Was bewegt mich? Was leitet mich und wofür stehe ich? Was ist mir bedeutsam?
Was sind meine Träume, was vermisse ich im Leben?

Um hierauf Antworten zu finden, schicke ich meine Klienten gern auf eine Zeitreise in die Zukunft: »Bitte schließen Sie die Augen und stellen Sie sich die Situation vor, in der ich Ihnen fünf Jahre später zufällig auf der Straße begegne. Weil Sie so fröhlich dreinblicken und so entspannt dahinschlendern, merke ich sofort, dass sich in Ihrem Leben etwas zum Positiven gewendet hat. ›Sie sehen ja blendend aus!‹, sage ich. ›Erzählen Sie doch, wie Ihr Leben nach unserem Treffen weiter verlaufen ist. Wohnen Sie denn noch hier in der Stadt?‹«

Meine Klienten beschreiben dann meist sehr ausführlich und mit viel Freude, wie unglaublich positiv sich ihr fiktives Leben verändert hat. Sie erzählen Geschichten wie: »Ach ja, ich wohne noch hier, habe aber inzwischen auch ein Haus auf Kreta, wo ich die Hälfte des Jahres bin. Ich habe in der Firma gekündigt und bin jetzt Reiseleiter für Kulturreisen. Es ist wunderbar, denn ich habe endlich Zeit für mich.« Ich frage detailliert nach, wie das Haus aussieht, welche Reisen ihn am meisten erfreuen, wie er seine Freizeit verbringt, welche Freunde er hat … und was sich sonst noch alles geändert hat.

Begeben Sie sich doch mal mit einem Freund oder mit Ihrem Partner auf eine solche Zukunftsreise. Nehmen Sie sich dabei viel Zeit, damit Ihre Bilder lebendig werden und Sie Ihren schönen Gefühlen Raum geben können.

Dieses Phantasiespiel kann wahrhaft beflügeln. Unser Gehirn liebt nämlich Reisen in die Zukunft. Ungefragt begibt es sich immer wieder dorthin; dem Psychologen Daniel Gil-

bert zufolge verbringt es durchschnittlich 12 Prozent unserer wachen Zeit dort.
Mal versetzt es sich in eine nahe Zukunft. Wenn wir auf eine Party eingeladen sind, sehen wir vor uns, wie es dort aussehen könnte, wer da eingeladen ist, was es zum Essen gibt, wie es wohl werden wird etc. Mal reist unser Gehirn in eine ferne Zukunft: wie wir nach Bali in den Urlaub fliegen und imaginär durch die Reisfelder streifen.
Und tatsächlich sind die Vermutungen, die wir über unsere Zukunft anstellen, ein wichtiges Fundament für unsere Handlungsfähigkeit.
Wichtig ist, dass Sie sich bei Ihrer Zeitreise vorher in eine gehobene Gestimmtheit gebracht haben, andernfalls fallen Ihre Visionen weniger traumhaft aus. Der Psychologe Norbert Schwarz ließ seine Probanden über ihr zukünftiges Leben sinnieren, eine Gruppe bei düsterem Regenwetter, eine andere bei herrlichem Sonnenschein. Erwartungsgemäß bewerteten die Teilnehmer ihre Zukunft bei sonniger Stimmung besser als in einer Schlechtwetterlaune.
Egal wie weit wir unsere Zukunftsphantasien schweifen lassen, auch wenn es bis ins hohe Alter ist, stets schwingen Erinnerungen mit. Anders ausgedrückt: Die Zukunft speist sich aus der Vergangenheit. Dies ist ein überlebensnotwendiger Mechanismus, da wir aus dem Erlebten für die Zukunft lernen und sie so kontrollierbarer für uns machen.
Nachdem ich meine Klienten in ihren Gedanken fünf Jahre vorausgeschickt und im Schönen habe schwelgen lassen, frage ich sie, wie sie es geschafft haben, dorthin zu gelangen, und welche inneren und äußeren Hindernisse sie dabei beseitigt haben. Meistens erzählen sie dann, sie hätten mehr gewagt und sich zugetraut, den gewohnten, geraden Weg zu verlassen.
Zum Schluss der Zeitreise lasse ich meine Klienten erzählen, warum sie ihre Lebensträume bis jetzt noch nicht rea-

lisiert haben und warum sie immer noch da sind, wo sie eigentlich gar nicht sein wollen. In diesem Moment sprechen sie von sämtlichen Hindernissen und Blöcken, die sie auf dem Weg zum Ziel vermuten und die sie aufhalten. Meist handelt es sich dabei um moralische, zeitliche, finanzielle oder soziale Bedenken. »Ich muss an meine Mutter denken, die Familie kostet so viel, ich muss noch das Haus abbezahlen«, klagen sie dann. In Wirklichkeit sind diese Leute bereits dort angekommen, wo sie sein wollen oder können.

Der Selbst-Entwickler besinnt sich in solchen Momenten auf zwei wichtige Gedanken.

Der erste lautet: »Wo ich bin, will ich sein. Alles andere war mir bis jetzt zu teuer.«

Der zweite besagt: »Ich habe mein Bestes gegeben, mehr war in meinem derzeitigen Angst- und Denksystem und neuronalen Gitterbett nicht möglich.«

> Wie wohl fühlen Sie sich in Ihrem Selbst? Ist es selbst gewählt oder fremdbestimmt? Sind Ihre Werte und Ziele die Ihres Selbst oder die anderer?

Nach der Zeitreise in eine erträumte Zukunft mit Ihren Zielen und Vorstellungen für Ihr Selbst sind Sie bereit für die schwere, aber wichtige Frage: Ist Ihr Selbst das Selbst, in dem Sie sich wohl fühlen? Denken Sie zunächst darüber nach, inwiefern Ihr Selbst durch die Erwartungen anderer geprägt wurde. Entspricht es eher den Vorstellungen, die Ihre Eltern von Ihnen haben, oder denen anderer Autoritäten? Den Vorstellungen Ihres Partners und Ihrer Freunde? Fühlen Sie selbst sich in Ihrer Haut unwohl, eingeengt, nicht authentisch oder gar innerlich gespalten und zerrissen?

Wir machen Kompromisse, weil wir uns nach Sicherheit, Verständnis und emotionaler Geborgenheit sehnen.

Wenn Ihr Grundgefühl so aussieht, dann macht Ihr Selbst Kompromisse, weil es sich vor allem nach Liebe und Geborgenheit sehnt. Es hat im Lauf seines Lebens erfahren und in seinem neuronalen Gitterbettchen abgespeichert, dass es besonders geliebt wird, wenn es so funktioniert, wie andere es wollen.
Derart im erlernten Angst- und Denksystem gefangen, vergeht ihm allmählich der Mut für neue Erfahrungen. Solche Menschen plagt die ständige Ungewissheit: »Mache ich auch alles richtig? Und was passiert, wenn ich mich falsch verhalte?« Sie verbringen ihr Leben wie auf einer Loipe, immer der Spur folgend, sie nie spontan verlassend, und zwar aus einem einzigen Grund: weil sie als soziale Wesen am Ende des vorgegebenen Weges ihr wesentliches Ziel wähnen – Gemeinschaft, Schutz und Anerkennung.

Offen sein für Neues

Damit wir in unserem Leben und in unserem Miteinander neue Wege gehen können, müssen in uns drei Systeme zusammenwirken: unser Sicherheitssystem, unser Erregungssystem und unser Autonomiesystem.
Aber was treibt uns an, neue Wege zu gehen? Ich möchte Ihnen drei weitere *heimliche Begleiter* vorstellen, die von Natur aus in jedem von uns stecken. Es sind drei Motivationssysteme, die Norbert Bischof zufolge beeinflussen, ob und wann wir alte Pfade verlassen und uns aufmachen zu

neuen Ufern. Der Schweizer Psychologe hat sie in seinem sogenannten Zürcher Modell zusammengefasst. Diese drei Begleiter arbeiten Hand in Hand. Mal ist der eine aktiver, mal der andere.

Der erste ist der *Beschützer*. Er bemüht sich um Ihre Sicherheit und Geborgenheit. Besonders aktiv ist er unmittelbar nach Ihrer Geburt, wenn Sie ohne andere Menschen nicht überleben können. Dann lässt er Sie schreien, wenn Sie Hunger haben, er schenkt Ihnen das sogenannte Engelslächeln, ein reflexartiges Lächeln, das die Herzen Ihrer Eltern höher schlagen lässt. Im späteren Verlauf Ihres Lebens wird er immer dann tätig, wenn Sie sich unsicher fühlen. Sie ziehen sich zurück, stecken den Kopf in den Sand, trauen sich nichts mehr. Kommt der Beschützer andauernd zum Einsatz, ist Ihr Leben nicht besonders spannend.

Der zweite ist der *Erreger*. Er ist voller Neugier auf neue Wege und andere Menschen. Mit seiner Unternehmungslust strebt er ständig nach Abwechslung. Hat der Erreger zu wenig zu tun, wird ihm langweilig. Bei einem Zuviel an Neuem beginnt er sich allerdings zu fürchten. Der Erreger wird nur dann aktiv, wenn der Beschützer seine Arbeit vorher ausreichend getan hat. Sie sind eher offen für Neues, wenn Sie sich sicher und geborgen fühlen.

Der Dritte im Bunde ist der *Behaupter*. Er bemüht sich um Ihre gute Position und um Ihre Interessen innerhalb einer Gruppe beziehungsweise Gesellschaft. Getrieben vom Streben nach Macht und Dominanz, spornt er Sie zur Leistung an. Dafür aber benötigt er ausreichende Unterstützung des *Beschützers* und des *Erregers*. Nur wenn Ihre gefühlte Sicherheit und Ihr Wunsch nach Neuem ausgeprägt sind, kann der *Behaupter* dafür sorgen, dass sich Ihr Selbst im sozialen Umfeld behauptet. Kommt der *Behaupter* zu kurz, versucht er sich künstlich in Szene zu setzen. Er neigt dann

zu Tricks und Schwindeleien, um Sie besser dastehen zu lassen.
Wenn er sich gar nicht mehr zu helfen weiß, kann der *Behaupter* durchaus auch aggressiv werden. Merkt er hingegen, dass er überhaupt nicht zur Geltung kommt, weil der *Beschützer* seinen Job nicht gut macht und der *Erreger* infolgedessen auch untätig bleibt, dann gibt er irgendwann auf. Haben Sie einen handlungsunfähigen *Behaupter* als *heimlichen Begleiter,* so neigen Sie im sozialen Miteinander zur Unterwerfung und suchen Auswege, um Ihr geschwächtes Selbst zu stärken.
Diese drei *heimlichen Begleiter* wirken je nach Lebensabschnitt unterschiedlich stark, sind aber stets in einem Regelkreis miteinander verbunden.
Zur Verdeutlichung kommt nun wieder Kollege Müller ins Spiel. Sie erinnern sich: Sie hatten erwartet, auf der Karriereleiter einen Schritt weiter klettern zu können. Ihr heimlicher Begleiter, der *Behaupter,* hat Sie bis zum Tag der erhofften Beförderung eifrig angetrieben. Sie wollten nach oben, haben alles dafür gegeben. Nun aber hat Kollege Müller den Posten bekommen, weil er mit dem Chef besser konnte oder weil der mit Ihrer Arbeit unzufrieden war. »Nehmen Sie sich ein Beispiel an Ihrem Kollegen Müller«, hatte er gesagt. Weil Sie einen entsprechenden Resonanzboden für Entwertung haben, fühlt sich Ihr Selbst unmittelbar nach dem Verlassen des Chefbüros auf dem Nullpunkt. Jetzt wird der *Beschützer* aktiv. Er kümmert sich um Ihr Selbst. »Still halten, Mund halten, nichts mehr riskieren, nicht auffallen, bloß keinen weiteren Ärger«, sagt er Ihnen. »Ansonsten fliegst du noch ganz raus.«
Dem *Erreger,* der eigentlich nach neuen Wegen suchen sollte, ist jedwede Lust dazu vergangen. »Bringt ja eh nichts, wird eh nicht gewürdigt«, sagt er zu Ihnen. Und der *Be-*

haupter, der Ihre Ziele verfolgt, der gerät komplett aus dem Gleichgewicht und schwankt zwischen zwei Möglichkeiten. Entweder rät er zur Demut, dann schleichen Sie geduckt als Amodist durch die Gänge. Oder er schlägt einen ordentlichen Krawall vor, dann poltern Sie als Kamodist ins Büro von Herrn Müller und brüllen: »Super eingefädelt, werter Kollege!« Wenn Sie Pech haben, lehnt sich Herr Müller in seinem Bürostuhl entspannt zurück und sagt mit süffisantem Grinsen: »Tja, Pech gehabt, der Bessere und Effektivere von uns hat halt gesiegt.«
Wie auch immer Sie sich verhalten: Ein geschwächtes Selbst hat eine fatale Kettenreaktion zur Folge. Das bestimmt der Regelkreis unseres Motivationssystems im Umgang mit anderen.

Nur wenn Sie Ihr Sicherheitssystem durchbrechen, sind Sie offen für neue Wege – und stärken dabei auch noch Ihr Selbst.

Als Selbst-Entwickler hadern und wüten Sie in einem solchen Fall zunächst einmal. Das dürfen Sie auch, und das brauchen Sie auch. Allerdings nur eine überschaubare Zeit lang.
Damit es im Leben weitergehen kann, packen Sie das Übel an seiner Wurzel: beim Selbst beziehungsweise bei dessen *Beschützer.* Erst wenn Sie ihn aus seiner Rund-um-die-Uhr-Versorgung entlassen, hören Sie auf, Ihre Wunden zu lecken. Verlassen Sie bewusst die schützende Höhle, in die Sie der *Beschützer* hinbeordert hat, und gehen strammen Schrittes, mit hoch erhobenem Kopf zum *Erreger.* Er ist da und wartet auf Ihre Anleitung. Und die heißt: »Tu was! Such dir ein neues Ziel! Suche, was dir guttut, und stelle dich dem, was dir nicht guttut. Suche das Selbst, mit dem du dich wohl fühlst.«

Seien Sie sich dabei stets darüber im Klaren, dass die drei Begleiter im Verbund arbeiten, in einem Regelkreis. Der *Behaupter*, der Sie im sozialen Miteinander weiterbringt, kann nur dann zur vollsten Zufriedenheit wirken, wenn der *Beschützer* keine Oberhand mehr über den *Erreger* hat.

Gehen Sie neue Wege, bei dem Ihr Selbst mit seinen Sehnsüchten und Wünschen die Hauptrolle spielt. Neue Ziele wiederum ermöglichen die Weiterentwicklung und Stabilisierung des Selbst. Der Selbst-Entwickler marschiert im Regelkreis in umgekehrter Richtung: Er wird, indem er handelt.

Aufwärtsler oder Abwärtsler?

Weiter geht es mit der Selbst-Reflexion. Im Mittelpunkt stehen dabei die *heimlichen Begleiter* mit den Sozial-Antennen, die fortwährend in Aktion sind.

Machen Sie sich nun jene Momente bewusst, in denen Sie sich mit anderen vergleichen. Und schauen Sie sich an, welche Resultate gewöhnlich dabei herauskommen.

Neigen Sie zum Aufwärtsler?

Denken Sie so: »Im Job werde ich mich nie gegen meine Kollegen durchsetzen, die verhalten sich auf der Karriereleiter einfach geschickter!« Oder so: »Nach einem Klassentreffen 20 Jahre nach dem Abitur fällt mir wie Schuppen von den Augen, was für ein Versager ich bin. Alle ehemaligen Mitschüler haben es geschafft. Haben alle einen super Job und ein Haus. Und ich? Ich sitze in einer Mietwohnung mit einem abgespeckten Geldbeutel.«

Oder unter Umständen so: »Wenn ich mir die Kinder meiner Bekannten anschaue, stelle ich fest, die sind in der Schule alle viel besser als mein fauler Jonas, der gerade mal wieder die Versetzung versemmelt hat.«
Möglicherweise auch so: »Mein Chef hat mich wieder nicht zu seinem Sommerfest eingeladen, den Kollegen Müller aber schon. Hm, der scheint was zu haben, was ich nicht habe. Mehr Umsatz? Besseren Umgang? Mehr Glück? Herrje, was bin ich bloß für ein Versager!«
Sind alle Menschen um Sie herum in Ihren Augen besser, schöner, erfolgreicher, hadern Sie mit Ihrem Selbst. Plagen Sie häufiger solche Gedanken, dann nehmen Sie eine Gegenposition zu Ihrem Selbst ein. Damit landen Sie unweigerlich im A-Modus, weil Sie von der Überzeugung durchdrungen sind: Das Leben ist ungerecht. Im ungünstigsten Fall, wenn Neid und Wut Sie übermannen, katapultieren Sie sich mit Ihren Aufwärtsvergleichen in den K-Modus. Sie ballen die Faust in der Tasche und denken: »Wenn dieser Müller nicht sein dämliches Dauergrinsen ablegt, dann ist er demnächst fällig!«
Notorischen Aufwärtslern sei gesagt: Solche nach oben orientierten Gedanken entwickeln Sie nicht weiter. Sondern schwächen Sie und drängen Sie in eine ungünstige Position. Aufwärtsler, die ihr Selbst als zu gering betrachten, mutmaßen, den Ansprüchen anderer Menschen nicht genügen zu können. Sie fürchten, deshalb ausgegrenzt zu werden. Ihre Geborgenheitsgefühle entstehen auf Kosten eines von anderen zu stark beeinflussten Selbst. Solchen Menschen mangelt es an Autonomie in den gesetzten Schranken.
Dieses hemmende System überschüttet uns mit Zweifeln. In jedem Einzelnen von uns steckt mehr, und es würde auch mehr rauskommen, wenn wir uns hinreichend mit unseren hinderlichen und selbstzweifelnden Gedanken konfrontie-

ren und sie auch überwinden würden. Betrachten Sie die Menschen um sich herum überwiegend als Taugenichtse und Loser, sollten Sie an Ihrem Selbst arbeiten.
Nun zu den Abwärtslern unter Ihnen. Wenn Sie meinen, dass Ihre Kollegen, im Gegensatz zu Ihnen, überwiegend grenzdebile Faulenzer sind oder dass alle Menschen um Sie herum Ihnen das Wasser nicht reichen können, schlechter aussehen, weniger rücksichtsvoll sind, schlechter Auto fahren, weniger gebildet sind, dann täte es Ihnen gut, sich dieser nach unten gerichteten Gedanken bewusst zu werden. Sie sollten sich um eine Metaebene bemühen, von der aus Sie sich selbst – distanziert, wohlwollend, kritisch und ehrlich – beobachten. Chronische Abwärtsler werden mit der Zeit unbeliebt. Denn auch sie verändern sich unweigerlich zu Amodisten und begegnen dabei ihren Mitmenschen bisweilen mit Arroganz. »Ja, er schon wieder! Kriegt aber auch so was von gar nichts auf die Reihe!« Wenn sie dann andere auch noch runtermachen, demoralisieren, entwürdigen, rutschen Sie in den K-Modus. Kampf ist angesagt. Und wann kämpfen wir Menschen? Wenn wir uns bedroht fühlen.
Sie sehen, der Kreis schließt sich. Wenn die Abwärtsvergleiche extreme Ausmaße annehmen, sind sie eigentlich ein Ausdruck von Schwäche und Unsicherheit. Die Mitmenschen von Vollblutabwärtslern spüren irgendwann, dass hier Egopimper am Werk sind, die ihr Selbst aufwerten, indem sie andere abwerten.

Ihre Wirkung auf andere hat nichts mit Ihrem Selbst zu tun!

Stellen Sie sich niemals diese Fragen: »Bin *ich* schlechter, bin *ich* dümmer, bin *ich* erfolgloser als andere?« Dann nämlich zielt Ihr Fragen auf Ihr Ego ab. Koppeln Sie Ihr

Verhalten und dessen Wirkung von sich als Person ab. Wenn Sie sich mit anderen vergleichen, dann tun Sie das ab heute nicht mehr als Person, sondern nur in Ihrer Wirkung.

Wir haben einander kennengelernt, die ersten Worte gewechselt, gegenseitige Sympathie geweckt. Bevor wir gedanklich in eine Beziehung getreten sind, haben wir uns vorher noch bewusst gemacht, was es heißt, ein soziales Wesen zu sein. Alles in uns ist auf ein Miteinander ausgerichtet. Wir sind mit sozialen Gehirnen bestückt, die sich aufeinander beziehen und einander beeinflussen. Von klein an müssen unsere Hirne Blöcke beseitigen, die andere und wir selbst uns in den Weg gelegt haben.
Wir wissen nun auch, dass unser Selbst durch den Umgang mit anderen entstanden ist und sich stets im Wandel befindet. Das Bewusstwerden dieser Prozesse erleichtert unser Miteinander, da wir uns und die anderen von einer höheren Ebene aus beobachten. Mit diesem Abstand sind wir gut gerüstet.
Nun ist es so weit. Wir treten in eine Beziehung, Freundschaft, Partnerschaft, was auch immer. Die Mechanismen, die innerhalb von Beziehungen wirken, sind nicht minder komplex als jene vor der Kontaktaufnahme und während der Sympathiegewinnung. Die Zahl der *heimlichen Begleiter,* die ohne unser Wissen dafür Sorge tragen, dass wir verbindende und gelingende Beziehungen führen können, ist immens.
Die meisten dieser Begleiter sind aus der Komplexität von Gruppen entstanden. Sie dienen dem Zusammenhalt und somit der Arterhaltung sowie dem Überleben der einzelnen Individuen. Wir finden diese Begleiter auch bei Tieren, insbesondere bei unseren nahen Verwandten, den Affen. Wir finden sie in allen Kulturen dieser Erde. Und wir finden sie bei kleinen Kindern in Form einer angeborenen Verhaltensgrammatik, die gelingenden Beziehungen dienen soll.

Aus Erfahrung wissen wir indes, dass unser Miteinander mitnichten die reine Harmonie ist. Auch wenn Beziehungen, Liebesbeziehungen, insbesondere in ihren Anfangsstadien, beflügelnd sein können, kommen später meist Enttäuschungen und Ärger hinzu. Die *heimlichen Begleiter,* die Beziehungen aus dem Lot bringen, die verwirren und zerstören, sind mindestens ebenso zahlreich wie jene Begleiter, die verbinden.
Um diese verbindenden Mechanismen, die Beziehungen Kraft, Stabilität verleihen, soll es im Folgenden gehen. Es sind jene *heimlichen Begleiter,* auf die wir bauen können, wenn wir dazugehören und geliebt werden wollen. Und wenn eine Beziehung ins Wanken geraten ist, können sie sogar als Retter einspringen. Lassen wir diese bindenden Begleiter in unserem Miteinander nicht genügend zur Geltung kommen, fehlt es an Harmonie, und es kommt zum Konflikt – schlimmstenfalls zur Trennung.

Wann gelingen Beziehungen?

Seit Beginn meiner beruflichen Tätigkeit als Verhaltenstherapeut beobachte ich es wieder und wieder, bei Seminaren, bei Firmenworkshops und nach Vorträgen: Irgendwann kommen meine Gesprächspartner unweigerlich beim Thema Beziehungen an. »Eigentlich geht es mir insgesamt recht gut. Ich verdiene anständig, meine Arbeit läuft im Großen und Ganzen passabel. Was mich quält, ist Kollege Müller. Irgendwie haben wir seit Monaten Probleme miteinander. Und da wir gerade reden, würde ich Ihnen gern auch noch erzählen, was mich zu Hause belastet. Also, meine Frau …«

Und dann wird sich beschwert, wird geklagt, geschimpft, man fühlt sich nicht verstanden, weder akzeptiert noch respektiert, geschweige denn geliebt. Oder es geht um die dickköpfigen Kinder, die stur ihren eigenen Weg gehen, weshalb die Beziehung zu ihnen bisweilen als strapaziös empfunden wird. Manchmal erzählen die Menschen auch von einer heimlichen Geliebten, die zu viel fordert. Frauen klagen über gefühlsarme Partner oder Ehemänner, die immer zu spät kommen, wortlos vom Frühstückstisch aufstehen, selten bis niemals danke sagen, alles für selbstverständlich halten und niemals fragen: »Sag mal, Schatz, wie geht es dir?« Oder: »Hattest du einen schönen Tag?«
Die Gespräche weichen kaum von denen ab, die ich vor längerer Zeit als Beziehungsberater im Radio mit jungen Menschen geführt habe.
Ob 15 oder 70 Jahre alt, meist berichten die Ratsuchenden über Ratlosigkeit und Ohnmacht in Beziehungen, unabhängig davon, wie viele Erfahrungen die Menschen im Lauf ihres Lebens gesammelt haben. Viele von ihnen haben Ratgeberbücher gelesen, kennen Beziehungstipps aus Zeitschriften, chatten im Netz mit Leidensgenossen. Sie alle wissen eigentlich bestens, wie Beziehungen funktionieren. Ich bin mir sicher, auch Sie, liebe Leserin und lieber Leser, haben klare Vorstellungen davon, was eine Beziehung harmonisch und schön macht.

> Wir wissen zwar, wie Beziehungen gut funktionieren. In den entscheidenden Momenten können wir dieses Wissen aber nur schwer umsetzen.

Ich schlage vor, Sie gehen im Geist jene Faktoren durch, die eine gute Beziehung ausmachen. In meinen Seminaren, in denen ich die Teilnehmer vor die gleiche Aufgabe stelle, sprudeln die Antworten nur so hervor. Genannt werden immer wieder die gleichen Faktoren: Respekt, Empathie, Zuhören, Hilfsbereitschaft, Faszination, Loyalität, Verlässlichkeit, gemeinsam Hindernisse beseitigen, Anziehungskraft, Geborgenheit, Akzeptanz, den anderen so sein lassen, wie er ist, Vorhersehbarkeit, Erotik, Gemeinsamkeit von Interessen, Zielen, Gewohnheiten und Visionen, Rituale, gleiche Augenhöhe, Toleranz, Zuwendung und so weiter und so fort.

Viele der genannten bindenden Faktoren sind jedoch etwas schwammig, weil unterschiedlich auslegbar – je nachdem, aus welcher Perspektive man sie betrachtet.

Nehmen wir als Beispiel den Begriff »Zuwendung«. Was könnte »Zuwendung« konkret bedeuten? Ich nehme mir Zeit für den anderen? Ich schaue den anderen an, wenn er mit mir spricht? Ich nehme ihn ernst? Oder bedeutet es: Ich berühre ihn häufig, nehme ihn in den Arm?

Auch wenn sich beide Partner darin einig sind, dass sie in ihrer Beziehung zuwendend sein wollen, kann ihnen die subjektive Wahrnehmung ein Schnippchen schlagen.

Er sagt: »Ich wende mich dir doch zu, täglich, vor und nach der Arbeit. Und ich bringe dir immer wieder kleine Geschenke mit.« Sie sagt: »Aber du könntest auch öfter während der Arbeit an mich denken und mich anrufen.« Und schon wird das Thema Zuwendung zum Konflikt.

Geborgenheit ist ein ähnlich individuell ausleg- und dehnbarer Begriff. Manche Männer fühlen sich geborgen, wenn sie abends nach Hause kommen und Kinderlachen hören, wenn der Tisch gedeckt ist und die Frau sie mit einem Kuss empfängt. Andere Männer fühlen sich in den Armen einer Geliebten geborgen, in denen sie dann von dem Druck erzählen, den die Familie auf sie ausübt. So jedenfalls ist es in vielen Filmen zu sehen. Manche Frauen fühlen sich geborgen, wenn die Geldtasche des Mannes prall gefüllt ist. Anders, aber ebenfalls geborgen wähnen sie sich in den starken Armen des Tennislehrers, den der Mann mit dem dicken Geldbeutel bezahlt. Auch ein Klischee, das die Filmindustrie bedient. Zu Recht. Derartige Filmstoffe lassen mitfühlen.

Wenn wir genau wissen, wie Beziehungen eigentlich funktionieren, warum sind dann so viele Beziehungen unbefriedigend? Warum bestehen sie so häufig aus Missverständnissen und sind durchdrungen von Misstrauen? Wie viele Menschen leiden und trauern in Beziehungen, von gefühlter Einsamkeit trotz äußerlicher Zweisamkeit ganz zu schweigen? Und wie viele Menschen verletzen sich gegenseitig mit ihrem abweisenden oder aggressiven Verhalten?

> Solange wir uns im A- oder K-Modus befinden, können die heimlichen Begleiter, die eine Beziehung binden, nicht ausreichend wirken.

Gerät eine Beziehung in die Schieflage, dann sind auch wir aus dem Gleichgewicht geraten und umgekehrt. Wir befinden uns nicht mehr im L-Modus, sondern im ablehnenden, zurückgezogenen A-Modus. Wir lehnen ab, schmollen, schweigen oder nörgeln. In solchen Momenten haben es die bindenden *heimlichen Begleiter* überaus schwer. Sie dringen kaum zu uns durch, denn in uns toben die anderen heimlichen Begleiter, die uns in eine Verteidigungshaltung versetzen, um unser Selbst zu schützen. Noch schwieriger für die Begleiter wird es, wenn wir im aggressiven, kämpferischen K-Modus gelandet sind. Sobald eine Beziehung den Zustand erreicht hat, in dem wir uns gegenseitig beschimpfen, wüst beschuldigen, herabsetzen und demütigen, sind wir nahezu blind für die bindenden *heimlichen Begleiter*.

Unser Mitgefühl für den anderen ist auf dem Nullpunkt angelangt, wenn nicht gar ausgeschaltet. Die Spiegelneuronen feuern kein Mitgefühl mehr. Stattdessen dominieren starke Emotionen wie Neid, Wut, Rachegelüste, oftmals auch Angst: Emotionen, die mit uns durchgehen, die wir kaum mehr im Griff haben. Meist sind wir dann in unserem neuronalen Gitterbett gefangen, dem Netzgeflecht vorangegangener Erfahrungen, Enttäuschungen und Verletzungen durch unsere Mitmenschen, die Eltern oder Kinder, Freunde oder Kollegen, aber auch durch Fremde. In solchen schwer kontrollierbaren Momenten verletzen wir den anderen oftmals ganz bewusst und mit voller Absicht.

Beziehungen gelingen, wenn wir die bindenden heimlichen Begleiter nutzen und die zerstörerischen überlisten. Dazu müssen wir sie zunächst einmal bewusst wahrnehmen und wertschätzen lernen.

Zuverlässige und sich gegenseitig nährende Beziehungen sind für uns soziale Wesen überlebensnotwendig. Deshalb sind wir von Natur aus mit Mechanismen ausgestattet, die ein harmonisches Miteinander ermöglichen beziehungsweise erleichtern. Gerade weil sie langsam mit dem zunehmend komplexer werdenden Gruppenleben gewachsen sind, wurzeln die Bindungsmechanismen tief in uns. Als *heimliche Begleiter* sind sie kampferprobt, unermüdlich, effektiv, indem sie wie ein sozialer Schmierstoff und Kitt wirken.

Vor allem sprechen sie eine gemeinsame Sprache, werden in allen Kulturen und von allen Menschen verstanden. In Beziehungen wirken sie von Mensch zu Mensch unterschiedlich. Mal mehr, mal weniger, hin und wieder gar nicht mehr, weil wir vergessen oder verdrängt haben, dass es sie überhaupt gibt. Von Natur aus sind wir alle mit diesen guten *heimlichen Begleitern* ausgestattet. Wie präsent und wirksam sie im Verlauf unseres Lebens wirken, hängt von unterschiedlichen Faktoren ab: der Persönlichkeitsstruktur, dem sozialen Umfeld, der Erziehung und vielem anderen mehr.

Wenn wir diese Mechanismen gezielt als Helfer für gelingende Beziehungen wahrnehmen und ihren Wert für unser Miteinander schätzen lernen, können wir sie umso wirkungsvoller einsetzen oder wirken lassen.

> Nachdem wir uns die heimlichen Begleiter bewusst gemacht haben, lassen wir sie in uns erstarken.

Im nächsten Schritt lernen wir, mit den *heimlichen Begleitern* in einer Weise umzugehen, dass sie ihre Wirkungskraft so gut wie möglich entfalten können.

Das Wissen über die *heimlichen Begleiter* und deren Wertschätzung mag intakte Beziehungen bereichern und festigen. Konfliktträchtige und stressige Beziehungen können die *heimlichen Begleiter* jedoch nicht zum Guten wenden, solange wir im A- oder im K-Modus sind. Nach der Bewusstwerdung lernen wir folglich, wie wir die bindenden Mechanismen zu Hilfe nehmen, um aus dem Verteidigungs- oder Kampfmodus herauszufinden.

Da sich die bindenden *heimlichen Begleiter* im Lauf der Evolution herausgebildet haben und infolgedessen auch in der Tierwelt, insbesondere bei den Primaten zu finden sind, werden an dieser Stelle die Verhaltensforscher zu Wort kommen.

> Bei Freundschaften und Beziehungen sind wir automatisch Preisvergleicher und Schnäppchenjäger.

Biologen zufolge sollten Beziehungen gewisse Vorteile für die Beteiligten und einen positiven Effekt auf ihren Überlebenserfolg haben. Sinn und Zweck von Bindungen sind also die Vorteile gefühlsmäßiger, gedanklicher und materieller Art, die sich für uns aus dem Zusammensein mit anderen ergeben. Allerdings ist der Zusammenhang zwischen den Kosten, die wir für eine Beziehung aufbringen müssen – Gefühle, Zeit, Geld –, und dem Nutzen, den wir daraus ziehen beziehungsweise erwarten, nicht immer klar ersichtlich.

Ein Beispiel: Erna bringt Erwin von Montag bis Mittwoch den Kaffee ans Bett, weil sie an diesen Tagen früher zur Arbeit geht als er. Steht hingegen Erwin früher auf als Erna, von Donnerstag bis Sonntag, sitzt er allein in der Küche, genießt die Ruhe, liest Zeitung und denkt nicht im Traum daran, Erna Kaffee ans Bett zu bringen. Hier hat Erna eindeutig höhere Kosten als Nutzen.

Sie könnte sich nun aufregen: »Hör mal, Erwin, irgendwann wär's an der Zeit, mir Kaffee zu bringen, meinst du nicht?« Da sie jedoch ahnt, dass Erwin dann nur mault, sagt sie nichts. Stattdessen denkt sie an all die vielen anderen Dinge, die Erwin zu ihrem gemeinsamen Leben beisteuert. Hin und wieder kocht er abends, räumt den Keller auf, wechselt im Frühling und im Herbst die Autoreifen, bringt Blumen mit.

Solche innerlichen Aufrechnungen wirken wahrhaft ernüchternd. Noch unromantischer mutet die Vorstellung des Biologen Hans Kummer an, wenn er die wesentlichen Voraussetzungen für Beziehungen in etwa so beschreibt:

1. B, nennen wir ihn hier Bernd, zu dem Sie eine Beziehung haben, sollte ähnliche Qualitäten wie Sie aufweisen. Diese beziehen sich auf Geschlecht, Alter, Erfahrung und Fä-

higkeiten. (Erinnern Sie sich an das Prinzip des »Gleich und Gleich gesellt sich gern«?)

2. Bernds Kurzzeit- und Langzeittendenzen in Bezug auf seine Handlungen spielen ebenfalls eine Rolle. Wird er Dinge tun, die Ihrem Erfolg beim Überleben zuwiderlaufen? Wie hoch ist die Wahrscheinlichkeit, dass Bernd gegen Sie kämpfen oder Ihnen Nahrung wegnehmen wird? Je kräftiger und fähiger Bernd ist, umso wichtiger sind seine Tendenzen für Sie.
3. Bernds Erreichbarkeit ist natürlich auch wichtig. Er muss in Ihrer Nähe sein, wenn Sie ihn brauchen. (Selbstverständlich gibt es Ausnahmen, wenn man beispielsweise bewusst Fernbeziehungen eingeht, weil man Nähe scheut.)

Mit anderen Worten: Bei Bindungen, Partnerschaften, Freundschaften verhalten wir uns wie Schnäppchenjäger. Wir bauen Beziehungen meistens nur zu solchen Menschen auf, deren zukünftiges Verhalten wir in etwa einschätzen können und deren Handeln uns Vorteile bringt, seien es emotionale Nähe, Wärme, Geborgenheit, Sicherheit oder Status, Karriere und Geld, was auch immer. In der Regel halten wir diese Beziehungen aufrecht, solange wir einen höheren Nutzen als Kosten sehen.

> Die heimlichen Begleiter müssen im Gleichgewicht und im Team arbeiten, ansonsten verfehlen sie ihre positive Wirkung auf Beziehungen.

Entsprechend berechnend agiert der eine Teil der bindenden Begleiter, entsprechend drückebergerisch oder verletzlich der andere. Wirken sie jedoch im Gleichgewicht, kommen alle gleichermaßen zum Tragen, dann sind sie ein wun-

derbares Team und Garanten für gute, erfolgreiche berufliche Beziehungen und schöne, harmonische Beziehungen im Privatbereich.
Und hier ist sie, die glorreiche Binder-Fünferbande:

- *Gerechtler* heißt der erste. Seine Aufgabe: Gerechtigkeit in Beziehungen. Seine Devise ist knallhart: Wie du mir, so ich dir. Das Gefälligkeitskonto muss ausgeglichen sein.
- Der *Teiler* ist eng mit dem Gerechtler verbunden. Er bekräftigt die Beziehungen, indem er (ab-)gibt. Manchmal hat er ein schweres Leben, vor allem, wenn er sich der Frage stellen muss: Lohnt es sich? Und später die Antwort erhält: »Nein, das war eine ungünstige Investition.«
- Dann ist da der *Helfer* zu nennen. Er macht einen wichtigen Job, auch wenn er manchmal auf beiden Augen blind zu sein scheint. Und taub auf den Ohren. Voll funktionstüchtig aber wirkt er in Beziehungen wahre Wunder.
- Auch der *Vertrauer* ist ein sehr wichtiges Mitglied im Team. Er geht stets in Vorleistung und ahnt nicht immer, worauf er sich einlässt, insofern ist er ein bedeutsamer Ausgleichsspieler für den Gerechtler. Hin und wieder wird er nach getaner Arbeit enttäuscht. Dann trollt er sich in die hinterste Ecke und schmollt so lange, bis er vergessen hat, was ihm widerfahren ist.
- Der *Lauser* ist der Fünfte im Bunde. Er ist der Schmeichler und Besänftiger, bisweilen gilt er in Beziehungen auch als ausgebuffter Stratege. So wichtig er auch ist, so selten wird er eingesetzt. Andere »lausen« erfordert nämlich Zeit und Gefühle, manchmal auch ein klein wenig Demut und insofern auch Überwindung.

Geben und nehmen

Gute Beziehungen zeichnen sich durch eine Balance zwischen Geben und Nehmen aus.

Stefan ist ein guter Freund und Nachbar. Sie laden sich gegenseitig ein und leihen sich gegenseitig aus, was gerade fehlt. Wenn sein Rasenmäher nicht anspringt, helfen Sie mit Benzin, hin und wieder auch mit Ihrem technischen Sachverstand. Fahren Sie in den Urlaub, füttert Stefan Ihre Katze. Seine Frau bringt Ihnen ein Stück Kuchen, wenn sie gebacken hat. Sie wiederum laden die beiden öfter zum Abendessen ein. Es ist ein Hin und Her, ein Geben und Nehmen.

Doch im Lauf der Zeit fällt Ihnen auf, dass Ihr Nachbar Ihre Großzügigkeit als selbstverständlich betrachtet und nahezu täglich vor Ihrer Tür steht. Er will mehr und mehr. Mal braucht er nicht nur Benzin für den Rasenmäher, sondern gleich Ihren Rasenmäher, weil es sich damit besser mähen lässt. Öfter borgt er sich das Fonduegeschirr aus (»Habe heute nette Gäste«), dann die Geflügelschere (»Habe heute viele Gäste«), dann die Paellapfanne (»Habe heute wichtige Gäste«). Irgendwann leiht er sich Ihr Fahrrad aus, weil seines einen Platten hat.

Als Sie aber irgendwann mit Ihrer kranken Katze vor seiner Tür stehen, damit er Sie zum Tierarzt fährt, und Stefan dafür leider keine Zeit hat, weil er mit (Ihrem!) Rasenmäher den Rasen mäht, gerät die Beziehung in eine Schieflage. Ganz automatisch.

Dafür sorgt ein weiterer *heimlicher Begleiter,* den jeder von uns verinnerlicht hat. Es ist der *Gerechtler.*

Der *Gerechtler* achtet sorgsam darauf, dass ein gewisser Ausgleich zwischen Ihnen und den anderen besteht, und

zwar auf allen Ebenen: der des Vertrauens, des Teilens, der Ehrlichkeit, der Hilfsbereitschaft.
Das Aufrechnen von Geben und Nehmen geschieht meist unterschwellig. Befindet der *Gerechtler,* dass das Gleichgewicht des Miteinanders aus der Balance gerät, grummelt er vor sich hin, wird langsam grollend, schließlich auch wütend. Und versetzt Sie dabei zunächst in den A- und irgendwann auch in den K-Modus.
Der *Gerechtler* hat ungemein feine Antennen. Insgeheim verwaltet er ein Gefälligkeitskonto und achtet akribisch darauf, dass Soll und Haben im Gleichgewicht sind. Die Währung des Gefälligkeitskontos lautet: »Wie du mir, so ich dir.« Im Fachjargon nennt man dies die Tit-for-Tat-Strategie, und die beschreibt folgenden Prozess: Sie tun Ihrem Nachbarn Gutes. Sie leihen ihm sämtliche Accessoires für sämtliche Abendessen und sämtliche Gäste. Zu denen Sie niemals zählen, ganz nebenbei gesagt. Der *Gerechtler* achtet, für Sie selbst meist noch unbewusst, darauf, ob Stefan auch Ihnen Gutes tut – in welcher Form auch immer. Und zwar in einem überschaubaren Zeitrahmen.
Tut Nachbar Stefan nichts, lehnt er sich nur noch zurück und genießt Ihre Großzügigkeit und guten Taten, dann wird sich der höchst wachsame *Gerechtler* melden und sagen: Stopp, das Gefälligkeitskonto ist deutlich überzogen. In dem Moment, in dem Ihr Nachbar und Freund einsieht, dass auch er mal wieder an der Reihe ist, Ihnen Gutes zu tun, und sich entsprechend verhält, helfen Sie ihm auch weiterhin mit Ihrem halben Hausstand aus.
»Wie du mir, so ich dir« bedeutet also: Eine Person geht in Vorleistung, hilft, leiht, schenkt, kooperiert. Und kopiert anschließend das Verhalten der anderen Person. Erwidert der andere die Vorleistung positiv, befinden sie sich in einer ausgeglichenen Beziehung von Geben und Nehmen, so als

säßen sie auf einer Wippe, die sich gleichmäßig mal auf der einen, mal auf der anderen Seite hebt und wieder neigt. Diese Strategie ist sanft, weil sie Züge von Selbstlosigkeit trägt, vor allem dann, wenn Sie Ihrem Nachbarn ausreichend lange Zeit für seinen Beitrag zu Ihrer gemeinsamen Beziehung lassen. Der bekannte Evolutionsbiologe Robert Trivers nennt diesen Vorgang »reziproken Altruismus«.

Nachbar Stefan hingegen bricht aus dem System des reziproken Altruismus aus, indem er lieber nimmt als gibt. Auch solche Charaktere finden sich unter den sozialen Wesen. Wir nennen sie Egoisten. Deren Strategie zielt in ihrer Ich-Bezogenheit auf Eigennutz, ohne auf die Bedürfnisse anderer Rücksicht zu nehmen. Bis zu einem gewissen Maß ist Egoismus gesund und auch normal, solange man sich darüber im Klaren ist, dass man selbst-bezogene Ziele hat, und versucht, diese in Einklang mit anderen Menschen zu realisieren.

Im Fall von Stefan zieht Ihr heimlicher *Gerechtler* aber irgendwann die Reißleine. Er sorgt dafür, dass Sie Ihr selbstloses Verhalten allmählich zurückfahren. Die Abwärtsspirale in Ihrer Beziehung zum Nachbarn beginnt: keine Fahrt zum Tierarzt – also zukünftig auch kein Benzin mehr und schon gar keinen Rasenmäher. Kein Sonntagskochen von Stefans Frau im Gegenzug – und selbstverständlich gibt es dann für Stefan auch kein Fonduegeschirr mehr, vom gemeinsamen Abendessen ganz abgesehen.

Die Abwärtsspirale einer Beziehung beginnt schleichend und nimmt Fahrt auf, wenn die Beziehung ohnehin instabil oder konfliktbeladen ist. Krisen erschweren den reziproken Altruismus gewaltig. Und irgendwann ist Schluss. Irgendwann bemerkt auch der geduldigste Geber, dass er im Vergleich zum anderen zu viel in die Beziehung investiert. Wird die Ungerechtigkeit derart groß, dass sie kaum mehr zu

ertragen ist, wird man sich aus der Beziehung zurückziehen.
Wie du mir, so ich dir.
Erst wenn einer der Beteiligten über seinen Schatten springt und dessen *Gerechtler* ein Auge zudrückt, anstatt fortwährend auf ein ausgeglichenes Gefälligkeitskonto zu pochen, kann die Beziehung aus der Abwärtsspirale gerettet werden. Die Bereitschaft hierzu steigt umso mehr, je höher wir die zukünftige Bedeutung eines harmonischen Miteinanders einschätzen.
Wenn Sie also ahnen, dass Nachbar Stefan ohnehin vorhat, mit seiner Frau weit weg in ein Hochhausapartment zu ziehen, werden Sie kaum noch versuchen, Ihren *Gerechtler* in seinem Anspruch zu zügeln.
Über den Schatten springen, ein unausgeglichenes Gefälligkeitskonto einfach mal so stehen lassen – das gelingt, wenn wir darauf vertrauen können, dass Änderung eintreten wird.
Ich möchte Ihnen die Geschichte einer Frau erzählen, die eines Tages zu mir kam, weil sie große Probleme an ihrem Arbeitsplatz hatte. Nennen wir sie Erika Zimmer. Frau Zimmer war Chefsekretärin in einem großen Unternehmen. An den jährlichen Weihnachtsfeiern durfte sie stets zwei Plätze rechts von ihrem Chef sitzen. Im achten Jahr organisierte ein neuer Mitarbeiter diese Weihnachtsfeier. Man hatte ihm nicht mitgeteilt, wie die Sitzplätze für gewöhnlich verteilt waren. Und so saß auf Frau Zimmers Stammplatz die neue Assistentin des Chefs. Frau Zimmer saß acht Plätze von ihrem Chef entfernt, nicht nur weit weg von ihm und damit weit weg vom Zentrum der Aufmerksamkeit, sondern ausgerechnet auch noch hinter einem Pfeiler, von wo aus sie die Bühne nicht sehen konnte.
Unverzüglich legte der *Gerechtler* von Frau Zimmer ein Rabattmarkenheft an. Vorn drauf stand: »Mein Chef hat

jetzt eine neue Favoritin, und zwar die neue Assistentin.« Die erste Rabattmarke trug die Aufschrift: »Ich bin hier nicht mehr wichtig.« Zwei Wochen später ging Frau Zimmer zum Friseur. Der Chef hatte es immer bemerkt, wenn sich an seiner treuen Seele etwas verändert hatte. Doch dieses Mal blieb seine Reaktion aus. Frau Zimmer klebte eine zweite Marke ins Heft: »Ich werde vom Chef übersehen.« Zwei Tage später bat der Chef sie, nach Dienstschluss noch eben mal sieben Briefe zu schreiben. Und schon war die dritte Rabattmarke fällig: »Aha, die andere schont er, ich hingegen muss abends noch schuften.« So klebte Frau Zimmer Woche für Woche weiter. Und schwieg. Niemals beklagte sie sich bei ihrem Chef, kein einziges Wort kam ihr über die Lippen, wenn sie sich ungerecht behandelt fühlte.

Mit ihrem Rabattmarkenheft im Hinterkopf wollte sich Frau Zimmer in ihrer Annahme bestätigen, dass sie beim Chef keine Rolle mehr spielte. Mit Blick auf all die anklagenden Marken wollte sie sich der Angemessenheit ihrer Absicht versichern: Kündigung.

An dem Tag, an dem der Chef sie kurz darauf hinwies, dass in einem Brief ein Komma fehlte, klebte sie die letzte Marke ein. Das Rabattmarkenheft war voll. Frau Zimmer knallte es ihm auf den Tisch und sagte: »Chef, ich will nicht mehr, ich kündige!«

Frau Zimmer hatte nicht gewagt, gegen die vermeintlichen Ungerechtigkeiten und Abwertungen des Chefs vorzugehen. So hielt sie den Mund und erlaubte sich auch nicht, sofort zu kündigen, sondern nahm eine vermeintliche Kränkung nach der anderen hin.

Rabattmarken-Kleben macht auf die Dauer krank, weil man schweigt, anstatt zu reden.

Wer sich gegen empfundene Ungerechtigkeit nicht wehrt, stattdessen Marken klebt und schweigt, läuft irgendwann Gefahr, unter psychosomatischen Störungen wie Rückenschmerzen, Migräneattacken, Hautausschlägen oder Magengeschwüren zu leiden.
Aber Rabattmarken-Kleben ist nicht nur schädlich für uns, es ist auch unfair. Und zwar dem anderen gegenüber. Wenn wir nicht reden und unsere Gefühle hinter dem Berg halten, hat der andere keine Chance, sein Verhalten zu ändern.
Es gibt übrigens Rabattmarken-Kleber, die sich bewusst ins Aus kleben, um sich einer Aufgabe und einem Ziel nicht mehr stellen und keine Verantwortung mehr tragen zu müssen. Sie entziehen sich so mit einem künstlich heruntergeklebten Selbst den Anforderungen, die an sie gestellt werden könnten. Eine dieser Rabattmarken könnte heißen: »Ich bin blöd.« Eine weitere: »Ich kann das nicht.« Eine andere: »Das lerne ich nie.« Und noch eine: »Jeder weiß, dass ich zu dämlich dafür bin.« Und so weiter und so fort.

Werden Sie nicht zum verdrucksten Rabattmarken-Kleber. Lernen Sie, in Beziehungen rechtzeitig »Nein« zu sagen, wenn der Gerechtler in Ihnen rumort. Andernfalls neigen Sie zu Überreaktionen. Das schadet Ihnen, den anderen – und Ihren Beziehungen.

Viele von uns können nicht, oder genauer, wollen nicht »Nein« sagen, wenn sie Menschen wie Stefan begegnen. Wir wollen nicht kleinlich wirken, scheuen zudem den Konflikt, der sich durch ein »Es reicht jetzt« ergeben könnte. Letztlich wollen wir auch weiterhin gemocht und geliebt werden.
Der Selbst-Entwickler besinnt sich auf das, was er eigentlich will. Im Fall von Stefan: Gerechtigkeit. Werden Sie sich des *heimlichen Begleiters* bewusst, der so lange in Ihnen rumort,

bis Sie eine für Sie zufriedenstellende Entscheidung getroffen haben. Hören Sie auf ihn, wenn er Ihnen klarmachen will: Du hast die gleichen Rechte wie andere. Andernfalls werden Sie zum rechthaberischen und verbitterten Rabattmarken-Kleber nach dem Motto: »Das Leben ist ungerecht!«

> Vermeiden Sie lange Begründungen für Ihr entschiedenes »Nein«. Lernen Sie stattdessen, mögliche Konflikte auszuhalten – und bleiben Sie konsequent.

So sollten Sie es auf keinen Fall machen: »Weißt du, Stefan, ich würde dir ja gern meinen Rasenmäher leihen, aber irgendwas stimmt zurzeit am Vergaser nicht. Ich werde aber morgen nachsehen, dir dann sofort Bescheid geben, bis wann ich ihn richten kann, dann kannst du ihn selbstverständlich gern haben, ich bin ja nicht so. Kann ich dir stattdessen schon mal die Geflügelschere, das Fonduegeschirr und die Paellapfanne mitgeben – für den Fall, dass Gäste kommen? Ach ja, und mein Rad steht in der Garage, falls du mit einem Gast einen Ausflug machen möchtest.«
Stehen Sie zu Ihren Entscheidungen! Hören Sie auf, Ihre Haltung aufwendig zu begründen oder sich dabei schlecht zu fühlen.
Der andere spürt nämlich Ihr unnötig schlechtes Gewissen. Er spürt auch Ihre Angst vor Zurückweisung und die Scheu vor einem möglichen Konflikt, und das macht ihn noch dreister. Üben Sie sich stattdessen in einem entschiedenen und freundlichen Nein. Ohne Wenn und Aber. Und verweisen Sie dabei auf das unausgeglichene Gefälligkeitskonto.

> Seien Sie in Ihren Entscheidungen konsequent, damit Sie Ihre Position innerhalb der Beziehung unmissverständlich zum Ausdruck bringen.

Egoisten werden immer wieder versuchen, an Ihre Selbstlosigkeit zu appellieren. Sprechen Sie Ihre Irritationen, Ihre Gedanken und Ihre Stimmung möglichst rasch aus. Sie können nicht davon ausgehen, dass der andere weiß, worum es Ihnen eigentlich geht. Wenn Sie selbstlos handeln, stellen Sie sich unbedingt die Frage: »Will ich das wirklich? Könnte ich mich hinterher ärgern? An welches Verhalten des anderen knüpfe ich mein Verhalten?«
Der *Gerechtler* in uns kann Beziehungen festigen und intensivieren. Er kann sie aber auch zerstören. Werden Sie sich seiner Macht immer wieder bewusst, nicht erst dann, wenn eine Beziehung unter Konflikten leidet. Machen Sie sich lieber auch während eines harmonischen Miteinanders Gedanken darüber, ob der *Gerechtler* an der Balance zwischen Geben und Nehmen etwas zu meckern haben könnte. Denken Sie dabei nicht nur an Ihren *heimlichen Begleiter*, sondern auch an den des anderen.

> Wir freuen uns über einen gerechten Umgang, sollten jedoch nicht erwarten, dass andere diese Erwartung auch erfüllen.

Schreiben Sie sich auf einen Zettel und behalten Sie ihn bei sich: »Mit mir *muss* keiner anständig umgehen – aber *ich* gehe mit anderen anständig um!«
Es ist eine irrationale Annahme, wenn wir davon ausgehen, andere müssten sich im Sinne unseres Gerechtigkeitsgefühls verhalten. Zu häufig führt diese Annahme zu Ohnmachtsempfindungen. Auch wenn sich der Selbst-Entwickler Gerechtigkeit wünscht, setzt er sie nicht zwingend voraus und fordert sie deshalb auch nicht vehement ein. So befreit er sich aus der Ohnmacht und gewinnt Eigenmacht.

Lassen Sie mich noch eine Geschichte erzählen, damit Sie verstehen, was ich meine: Ich hatte mal einen Tennispartner, der gern schummelte, wenn es nicht gut für ihn stand. »Aus!«, hat er dann gerufen. »Aus, der Ball war im Aus.« Ich jedoch wusste genau, dass der Ball gut war. Sofort zurückschummeln! Mein erster Impuls folgte der Tit-for-Tat-Strategie, so, wie es mein *Gerechtler* gern gehabt hätte. Ich habe mich jedoch an mein Commitment erinnert: »Mit mir *muss* keiner anständig umgehen – aber *ich* gehe mit anderen anständig um!« Und dann habe ich einfach weitergespielt, mich nicht gerächt und vermeintliche Aus-Bälle unkommentiert gelassen.

Auf diese Weise habe ich einige Punkte verloren, dafür aber Erstaunliches bewirkt: Der andere bemerkte mein vorgegebenes Nichtbemerken seines Schummelns. Das war ihm peinlich. Als sein Ball mal wieder deutlich außerhalb des Feldes gelandet war, fragte er mich vorsichtig: »Sag mal, war der Ball nicht grad im Aus?« Ich antwortete als gelassener Selbst-Entwickler: »Habe ich nicht genau gesehen, aber im Zweifelsfall sagen wir mal lieber drinnen als draußen.« Nach wenigen Spielen hörte er mit seinen kleinen Betrügereien auf. Seine Laune stieg, meine auch.

Spiel.

Satz.

Sieg für die Fairness.

Fairness macht nämlich glücklich. Sie aktiviert unser Belohnungssystem, wie der Psychologe Golnaz Tabibnia mittels Gehirnscans nachweisen konnte. Ein zufriedener *Gerechtler,* so die Konsequenz, ist wie ein Geschenk.

Teilen und schenken

»Schenken ist ein Brückenschlag über den Abgrund der Einsamkeit«, sagte der Schriftsteller Antoine de Saint-Exupéry einmal.

Es ist an der Zeit, dass sich der bemühte und engagierte Selbst-Entwickler etwas schenkt. Er hat es sich verdient, nach dem Lesen all der vielen Informationen, nach intensivem Nachdenken über sein Selbst und die anderen.

Schenken Sie sich etwas, was Sie noch nie geschenkt bekommen haben und was Sie auch noch niemandem geschenkt haben: Schenken Sie sich einen Geschenketag.

Sie werden sehen, dieser Tag ist etwas Besonderes. Wählen Sie ihn bewusst aus. Am besten wäre ein Tag, an dem Sie viel unterwegs sind. Machen Sie sich dann gleich nach dem Aufwachen bewusst: »Heute ist mein Geschenketag.«

Am Morgen dieses Tages gehen Sie bitte in einen Laden und besorgen sich eine Tüte Bonbons. Stecken Sie die Tüte in Ihre Hand-, Hosen- oder Jackentasche. Dann machen Sie sich auf den Weg und schenken. Und das stets freundlich.

Wenn Sie mit öffentlichen Verkehrsmitteln unterwegs sind, bieten Sie Ihrem Nachbarn ein Bonbon an. Wenn Sie in einem Laden sind, fragen Sie die nette Verkäuferin, ob ihr nach etwas Süßem zumute ist. Beschenken Sie Ihren Briefträger, die Kassiererin an der Tankstelle, meinetwegen auch den Kollegen Müller, wer auch immer Ihnen in die Quere kommt, auch die auf dem Gehweg entgegenkommenden Passanten.

Zählen Sie insgeheim mit, wie viele Personen Ihr kleines Geschenk annehmen und wie viele ablehnen. Achten Sie vor allem auf den Gesichtsausdruck der Beschenkten. Zeigen sie sich überrascht? Freudig? Möglicherweise ernten

Sie auch Blicke, die Ihnen sagen wollen, dass Sie wohl nicht richtig ticken.
Achten Sie auch auf sich selbst. Wie fühlen Sie sich, wenn Sie schenken? Sicherlich gut, wenn Ihr Bonbon dankend angenommen wird. Und im Fall einer Ablehnung sind Sie als Selbst-Entwickler ja mittlerweile desensibilisiert.

> Der Geschenketag soll Ihr Bewusstsein fürs Schenken, Geben, Teilen schärfen, denn die Dynamik, die Großzügigkeit zwischen Menschen auslösen kann, ist ein weiterer heimlicher Begleiter im Miteinander.

Schenken ist bei uns Menschen vorwiegend ein ritualisierter Akt. Wir beschenken uns zu Weihnachten, zu Ostern, an Geburtstagen und Hochzeiten. Wir schenken auch, wenn wir uns bedanken oder entschuldigen wollen. Oftmals schenken wir, weil es sich so gehört, weil wir uns hierzu moralisch verpflichtet fühlen. Gerade an Weihnachten, wo die Menschen mit schweren Tüten durch die Fußgängerzonen hasten.
Schenken und Teilen ist jedoch mitnichten ein typisch menschlicher Akt. Auch unsere nahen Verwandten, die Menschenaffen, üben sich im sogenannten Objekttransfer, wie Verhaltensforscher das Geben und Nehmen bezeichnen. Wahre Meister im Objekttransfer sind die Bonobos, Zwergschimpansen, die in den tropischen Regenwäldern des Kongos leben. Um ihre sozialen Netzwerke zu vergrößern, teilen sie großzügig ihr Futter. Das Besondere daran ist: Sie teilen es eher mit vollkommen fremden als mit vertrauten Artgenossen.
Bonobos gelten als die Pazifisten unter den Menschenaffen. Zärtlichkeit untereinander ist wichtig für ihr Wohlgefühl und den Zusammenhalt in der Gruppe. Das erreichen die Affen ebenfalls durchs Teilen. Wer vom anderen gestreichelt werden will, teilt mit ihm das Futter. Bonobos teilen

nicht nur, sie schenken auch. So versuchen die Männchen, begehrte Weibchen zu »bezirzen«, indem sie ihnen Zuckerrohrstangen schenken.
Das Schenken der Bindung (und dem Sex) zuliebe beobachten Verhaltensforscher sogar bei Vögeln, etwa bei den Eisvogelmännchen, die den Weibchen Fische schenken.

Die Neigung, mit anderen zu teilen oder sie zu beschenken, ist uns in die Wiege gelegt. Schenken dient unseren sozialen Bindungen.

In allen Kulturen dieser Welt wird geschenkt und geteilt, bei den indigenen Völkern ebenso wie in hoch entwickelten Gesellschaften. Überall wirkt hier ein *heimlicher Begleiter*, der uns fast von Geburt an folgt: der *Teiler*.
Kinder beginnen bereits mit zehn Monaten zu teilen, erwarten aber zunächst noch, dass das Geschenkte unmittelbar wieder zurückgeschenkt wird. In diesem Alter geht es vor allem um den Akt des Gebens und Nehmens. Für den Verhaltensbiologen Bernhard Hassenstein ist das Schenken – neben dem Lachen, Bitten und Helfen – bei Kindern ein grundlegendes Verhalten, um Bindungen zu initiieren und zu festigen. Die Neigung zum Geben ist uns sozialen Wesen zwar in die Wiege gelegt, sie benötigt jedoch etwas Zeit, bis sie zur vollen Entfaltung kommt.

Wir teilen ungern, wenn von uns erwartet wird, dass wir teilen.

Allerdings schenken wir nicht gern, wenn wir Druck von außen verspüren. »Jetzt gib doch dem Leo mal eins von deinen Förmchen, damit er auch spielen kann!« Gut gemeinte elterliche Erziehungsmaßnahmen zur Großzügigkeit helfen nicht weiter. Kleine Kinder wollen – ebenso wie wir Erwachsene – freiwillig geben.

Außerdem – auch wenn es paradox klingt – ist das Teilen für die Kleinen immer dann besonders reizvoll, wenn es ihnen schwerfällt. Die beiden Psychologinnen Nadia Chernyak und Tamar Kushnir verteilten bunte Aufkleber an ihre drei- bis vierjährigen Versuchsteilnehmer und zeigten ihnen dann einen kleinen Stoffhund, Doggie, der sehr traurig war. »Wollt ihr den armen Doggie nicht ein wenig trösten?«, baten die Forscherinnen die Kinder. Ein Drittel der 72 Kids wurde direkt aufgefordert, Doggie ein paar Aufkleber zu schenken. Alle Kinder bis auf eines traten ihre Sticker an den traurigen Hund ab. Eine andere Gruppe Kinder stellten die Forscher vor die Wahl: »Wollt ihr lieber teilen oder die Sticker wegwerfen?« Auch hier teilten die Kleinen bis auf eine Ausnahme mit Doggie. Die dritte Gruppe konnte wählen, ob sie alle Sticker behalten oder mit dem Hund teilen wollte. Hier teilten nur 19 Kinder von 24, somit war die Großzügigkeit bei der letzten, der Gruppe der freiwilligen Teiler, am geringsten.

Interessant wurde es, als die Kinder erneut eingeladen wurden. Dieses Mal galt es, mit den Aufklebern einen armen Plüschelefanten zu trösten. Interessanterweise teilten jetzt jene Kinder am bereitwilligsten, die sich bei Doggie am schwersten getan hatten.

Die Ergebnisse zeigen, wie wichtig freiwilliges Geben ist. Teilen, das durch Druck beziehungsweise durch Aufforderung eingefordert wird, basiert auf einer anderen Motivation: Es geschieht weniger aus Anteilnahme als aus der Befürchtung heraus, andernfalls könnte eine schlechte Stimmung aufkommen. Da helfen dann auch keine Belohnungen, wenn geteilt werden soll. Denn bleiben diese aus, wird das Teilen auch schnell eingestellt. Im Übrigen bereitet es dann auch weniger Spaß. Es fehlt, wie Psychologen sagen, die intrinsische Motivation. Schwächt man die intrinsische Motivation, rückt die Belohnung in den Vordergrund. Das Teilen oder Schenken ist dann weniger selbstbestimmt. Auch wir Erwachsenen reagieren sensibel, wenn sich unser Tun nicht freiwillig vollzieht.

> Nicht nur die Geschenke erfreuen, sondern die Wertschätzung, die dadurch ausgedrückt wird.

Als Selbst-Entwickler schenken Sie in besonderer Weise, wenn Sie spontan schenken. Sie schlendern durch die Stadt, machen einen Schaufensterbummel. Plötzlich bleiben Ihre Augen an irgendetwas haften. Warum auch immer. Sie sehen etwas und überlegen, wem dieses Etwas gefallen könnte. Gehen Sie dann in den Laden und kaufen es! Nur weil Sie in diesem Moment etwas Schönes mit jemand Liebem verknüpft haben. Eine kleine Randbemerkung an dieser Stelle: Werden Sie derart lieb und spontan beschenkt, schenken Sie auf keinen Fall etwas zurück. Das würde den Schenker kränken!
Besondere Geschenke sind auch solche, die mit einem großen Aufwand und starkem Bemühen verbunden sind. Ein Millionär geht in einen Laden und kauft seiner Angebeteten einen Diamantring. Gut, sie wird sich freuen, der Ring sieht schön aus, glitzert, ist einiges wert, und sagt: »Ich hab dich lieb.« Steht der Millionär jedoch eines Tages mit einem Edelweiß in der Hand vor ihrer Tür und sagt: »Ich war hoch oben in den Bergen und bin eine Felswand hochgeklettert, um es für dich zu pflücken«, wird sie dieses Geschenk niemals vergessen, vor allem wenn sie weiß, dass ihr Freund nicht schwindelfrei ist. Aber das Geschenk und die Beschenkte waren ihm die Anstrengung wert.

Teilen setzt Gerechtigkeitsgefühle sowie einen empathischen, fairen und respektvollen Umgang miteinander voraus.

Teilen und Schenken bedeuten nicht nur, dass etwas von Person A zu Person B weitergegeben wird. Es ist viel komplexer. Bei kleinen Kindern setzt Schenken voraus, dass sie eine Vorstellung von Besitz und Gerechtigkeit haben. Andernfalls würde sich der Stärkere beim Schwächeren einfach bedienen, wie es bei niederen Lebewesen der Fall ist. Schon bei Dreijährigen scheint das Teilen einem gewissen Gerechtigkeitsgefühl zu gehorchen. Sie teilen ihr Spielzeug bevorzugt mit jenen Kindern, die ihnen zuvor geholfen haben, es zu bekommen. Jene, die faul danebenstanden, gingen hingegen leer aus, wie die Psychologin Katharina Hamann festgestellt hat.

Teilen kann Machtstrukturen offenbaren und festigen.

Schenken kann aber auch dunkle Seiten haben. Wer schenkt, gibt und bindet, wer beschenkt wird, nimmt und wird verpflichtet, schreibt Martin Lintner in seinem Buch über die Ethik des Schenkens. Wer besitzt und gibt, ist dem Nehmenden gegenüber im Vorteil.
Nicht selten wird Schenken auch als Machtmittel eingesetzt. Das begreifen Kinder bereits im Kindergartenalter, wenn sie ihr Spielzeug einsetzen, um Macht über andere zu gewinnen.
Geschenke können auch einen manipulativen Touch haben. Wenn Sie dem werten Kollegen Müller ein Buch schenken mit dem Titel *Der Arschloch-Faktor: Vom geschickten Umgang mit Aufschneidern, Intriganten und Despoten in Unternehmen* (das Buch gibt es wirklich, es wurde sogar

ein Beststeller), setzen Sie die bindenden Aspekte des Schenkens außer Kraft. Im Gegenteil, hier provozieren Sie und rächen sich mit dem Geschenk.

Wenn Sie darüber nachdenken, wann Sie das letzte Mal geschenkt haben, fallen Ihnen da zunächst Gegenstände ein? Blumen, Bücher, Pralinen? Ich vermute, ja. Als Sie ans Teilen dachten, hat es sich sicherlich ebenso verhalten. Sie teilten eine Pizza, teilten sich vielleicht die Zeitung, ein Auto.

Ich möchte Sie nun dafür sensibilisieren, dass es auch noch eine andere, meines Erachtens mindestens ebenso wichtige Ebene des Schenkens und Teilens gibt. Wenn Sie mit jemandem Ihre Aufmerksamkeit, Ihre Zeit teilen, wenn Sie ihm Gehör schenken und Hilfe anbieten. Wenn Sie dann auch noch die Meinung des anderen teilen, seine Interessen, Ziele und Visionen, dann wirkt der *Teiler* am allerstärksten. Durch diese Art des Teilens bestätigen sich zwei Selbst mit ihren Werten und Bedürfnissen gegenseitig.

Ausgesprochen wichtig ist auch das Teilen von Informationen, denn es beweist Vertrauen, macht berechenbar und verstärkt das gegenseitige Gefühl: Mir ist an deiner Anteilnahme und an deinem Wohl gelegen. Auch Tiere teilen Informationen. Bei unseren Verwandten, den Bonobos, stehen offenbar die Infos rund ums Fressen im Vordergrund. Mit einem zufriedenen Grunzer benachrichtigen sie ihre Artgenossen, wenn sie Futter gefunden haben. Je nachdem, wie schmackhaft die Nahrung ist, variieren sie ihre Töne. Bei Kiwis, den absoluten Favoriten auf dem Speiseplan, kommt es zu wahrhaft überschwenglichen Lauten.

Das Teilen beziehungsweise Verbergen von Informationen ist bei uns Menschen häufig ein Mittel zur Machtdemonstration. Sie kennen sicherlich das Phänomen in Unternehmen, dass jene Mitarbeiter, die in Ungnade gefallen sind, erst einmal vom E-Mail-Verteiler gestrichen werden. Wer keine Informationen mehr bekommt, weiß sofort, dass man ihm nicht mehr vertraut, dass er nicht mehr dazugehört.

Wenn Sie andere an Ihrem Innenleben und an Ihren Emotionen teilhaben lassen, können Sie Verbundenheit zu ihnen aufbauen.

Sobald Sie sich gänzlich verschließen und Ihr Selbst als großes Geheimnis zelebrieren, wird dies auf Ihre Mitmenschen ausschließend, beunruhigend, nicht selten auch enttäuschend und schmerzlich wirken. Achten Sie deshalb auf ein ausgeglichenes gegenseitiges Teilen Ihrer inneren Regungen. Es dient der Harmonie in Ihren Beziehungen.
Wir Menschen ticken diesbezüglich sehr unterschiedlich. Manch einer oder eine schießt gern übers Ziel hinaus und lässt jeden, ob Freund, Kollege oder Partner, bisweilen auch den Friseur an nahezu allem teilhaben, was ihn oder sie bewegt. Solche Menschen haben weder Zeit noch Interesse an den Regungen ihres Gegenübers. Andere wiederum neigen zur Verschlossenheit, sind introvertiert, sprechen nur ungern über sich selbst und über das, was sie bewegt.

Geraten Sie nicht ins Jammern, wenn Sie mit anderen über die »Ungerechtigkeiten des Lebens« sprechen. Lassen Sie stattdessen Ihre Gefühle sprechen.

Wenn Sie über Ihre Gefühle sprechen, achten Sie darauf, dass Sie dabei nicht ins Klagen geraten. Natürlich, Sie können Ihren Unmut ausdrücken, Ihre Trauer oder Wut. Aber Sie geraten dabei in den A- oder K-Modus, wenn Sie es klagend tun! Vermeiden Sie also Sätze wie: »Das gibt es doch nicht!« – »Das darf doch nicht wahr sein!« – »Warum passiert das ausgerechnet mir schon wieder!« Sobald Sie jammern und sich beschweren, teilen Sie dem anderen nicht mehr Ihre Gefühle mit, sondern bewerten die ungünstige Lebenslage, in der Sie sich gerade befinden. Menschen, die sich ständig übers Leben aufregen, hört man auf Dauer nicht gern zu und meidet sie.

Wie sehr wir unser Selbst mit anderen teilen, hängt auch davon ab, wie wir zu unserem Selbst stehen. Sind wir geneigt, es zu verbergen, weil wir meinen, das, was wir denken und fühlen, das, was uns ausmacht, würde bei anderen nicht besonders gut ankommen, ist Schweigen die Folge.

Üben Sie keinen Druck aus, wenn Menschen sich nicht offenbaren wollen.

Ein »Sag doch endlich, was los ist! Nun rede schon, was geht in dir vor?« fordert zum Teilen auf. Bevor Sie zurückhaltende Menschen zur Selbstenthüllung zwingen, erinnern Sie sich an das vorhin beschriebene Experiment mit den kleinen Kindern und dem traurigen Doggie. Werden wir zum Teilen gedrängt, verringert und verändert das unsere Motivation des Gebens. Das gilt auch für das Teilen unserer Gefühle.

Ein weiterer möglicher Grund für geringe Mitteilungsbereitschaft ist die Befürchtung, von anderen nicht verstanden, nicht ernst genommen oder gar ausgelacht zu werden. Dieser Angst können wir aber gut entgegenwirken.

Wenn Sie erreichen wollen, dass sich Menschen Ihnen gegenüber mitteilen, beherzigen Sie zuallererst die Regel: Jeder hat recht in seinem Angst- und Denksystem.

Diese Einstellung hat der Selbst-Entwickler inzwischen verinnerlicht: »Jeder hat recht in dem, was er denkt und fühlt.« Sie ist die Basis für einen empathischen und interessierten Zuhörer, weil sie nicht wertet. Eine solche innere Haltung hilft uns, die *ungünstigen Vier* zu vermeiden:

- etwas einreden
- etwas ausreden
- ungefragte Kommentare abgeben
- ungebetene Ratschläge erteilen

Wenn Kollege Müller sich Ihnen in einer schwachen Minute offenbart, nachdem auch er mal vom Chef kritisiert worden ist, dann nutzen Sie die Wirkkraft des *Teilers* zur Verbesserung Ihres Miteinanders.
Falls Herr Müller also klagt: »Ich muss schon sagen, der Chef ist in letzter Zeit ziemlich ungerecht geworden, vor allem mir gegenüber, obwohl ich mich abrackere. Nichts kann ich ihm recht machen. Dann gab es auch noch einen Riesenkrach«, dann nehmen Sie als geschulter Selbst-Entwickler Anteil und halten Ihren Mund. Außer einem »Aha, erzählen Sie doch mal«, sagen Sie nichts. Schenken Sie Ihrem Kollegen stattdessen Ihre ungeteilte Aufmerksamkeit und teilen Sie seine Emotionen, indem Sie auf sich wirken lassen, was er sagt. Aber hüten Sie sich vor den *ungünstigen Vier:*

- »Was, Herr Kollege, ich fasse es nicht! Da sollten Sie aber mal dringend mit dem Chef reden. Lassen Sie sich das bloß nicht gefallen!« – Achtung, nichts einreden!
- »Ach, Herr Müller, ist doch nicht schlimm, wenn der Chef mal Krach schlägt. Das besagt doch gar nichts!« – Vorsicht, nichts ausreden!

- »Kann ich nicht verstehen, Herr Müller, der Chef ist Ihnen doch sonst so wohlgesinnt.« – Verkneifen Sie sich ungefragte Kommentare!
- »Also, werter Kollege, wenn Sie mich fragen (hat er aber nicht), dann sollten Sie kündigen. Wenn der Chef jemanden erst mal auf dem Kieker hat, sieht's übel aus.« – Bitte niemals ungebetene Ratschläge!

Die *ungünstigen Vier* sind aus drei Gründen ungünstig:

1. Sie haben etwas Elternhaftes, Autoritäres an sich. Wer sie benutzt, fällt in eine fürsorgliche Diktion und redet mit seinem Gegenüber so, wie besorgte Eltern mit ihren Kindern reden.
2. Sie vermitteln dem anderen das Gefühl, Sie seien schlauer als er. Das führt leicht zu Beziehungsstörungen.
3. Wenn Sie dem Kollegen Müller raten, er solle dem Chef mal ordentlich die Meinung sagen oder gar kündigen, stiften Sie ihn zu etwas an, was Sie unter Umständen selber gern täten, sich aber nicht trauen.

Helfen

Ein Film: Ein kleines rotes Holzmännchen schleppt sich einen steilen Hügel hoch. Auf dem Weg dorthin steht ein blaues Männchen. Das hilft dem roten Männchen nach oben. Doch da taucht plötzlich ein drittes Männchen auf, ein grünes. Das stellt sich dem roten Männchen in den Weg und will es wieder nach unten schubsen.
Das blaue Männchen ist ein liebes, denn es hilft.

Das grüne Männchen ist böse, denn es hilft nicht, sondern ist gemein.
Nochmals von vorn: Da schleppt sich ein armes kleines rotes Holzmännchen einen steilen Hügel hoch. Auf dem Weg dorthin steht ein blaues Männchen …
Und nochmals von vorn. Da schleppt sich …
Ein spannender Film ist das, so spannend, dass ihn sich die Zuschauer immer wieder anschauen und dabei aufgeregt am Schnuller nuckeln. Als dann die drei kleinen Holzmännchen plötzlich nicht mehr im Film den Hügel hinaufklettern, sich helfen oder runterschubsen, sondern leibhaftig vor ihnen auftauchen, ist klar, wer der Star unter den Männchen ist. Das blaue, das Männchen, das geholfen hat. Die Zuschauer können ihre Blicke nicht mehr von ihm wenden. Das böse grüne Männchen hingegen wird mit Nichtbeachtung bestraft.
Die Zuschauer sind besondere Zuschauer. Sie können noch nicht richtig sprechen, außer »Pa-pa«, »Ma-ma-ma« und diversen Gurrlauten. Sie verstehen auch bei weitem noch nicht alles, was man ihnen sagt. Sie nehmen alles in den Mund, was sie in die Hände bekommen, oder lassen es fallen. Sie machen in die Windeln und können gut krabbeln, aber kaum laufen.
Aber sie können Gut und Böse unterscheiden. Böse ist, wer jemanden von seinem Ziel abhält. Und gut ist, wer hilft.
Der Psychologe Paul Bloom hat sich dieses faszinierende Experiment ausgedacht. Seine jüngsten Versuchsteilnehmer waren gerade einmal sechs Monate alt, die ältesten ein Jahr. Mit ihnen konnte er nachweisen, dass die Natur uns sozialen Wesen den *Helfer* als *heimlichen Begleiter* mitgegeben hat.
Es ist wichtig, sich dessen Bedeutung für unser beziehungsförderndes Verhalten klarzumachen. Das gilt vor allem für

jene unter uns, die sich ungern helfen lassen. Weil sie der Annahme sind, man könne ihnen ohnehin nicht helfen, oder weil sie nicht den Anschein von Bedürftigkeit erwecken wollen.

Nutzen Sie das gegenseitige Helfen nicht nur um des Helfens willen, sondern auch zur Festigung von Bindungen.

Kinder helfen zumeist Freunden, mit denen sie schon seit einem längeren Zeitraum zusammen spielen, wie der Verhaltensforscher Karl Grammer beobachtet hat. Bemerkenswert ist dabei, dass das Helfen die Beziehung der Spielkameraden intensiviert. Wer sich gegenseitig hilft, spielt hinterher noch mehr zusammen. Helfen bringt uns einander näher.

Bevor wir jemandem helfen, müssen wir erkennen, dass der andere Hilfe benötigt. Das klingt banal, ist es aber nicht. Im Kindergartenalter macht sich dies noch an Äußerlichkeiten fest. Die Kleinen helfen, sobald sie merken, dass andere scheitern, zum Beispiel, wenn der Bauklötzchenturm zusammenkracht oder der Sandeimer zu schwer ist. Diese Art des Helfens ist dem Alte-Dame-über-die-Straße-Führen oder dem Einkaufstüten-Abnehmen bei erwachsenen Menschen vergleichbar.

Helfen bezieht sich jedoch nicht nur auf solche kleinen manifesten Situationen. Wir helfen auch aus Solidarität, wenn andere in Not geraten sind. Denken Sie nur an die enorme Hilfsbereitschaft bei Naturkatastrophen. Diese Art von Hilfe ist vollkommen uneigennützig, sie folgt keinem »Wie du mir, so ich dir«-Prinzip.

Die Tatsache, dass wir helfen, ohne einen eigenen Nutzen im Hinterkopf zu haben, ist nicht nur uns Menschen vorbehalten. Dieses Phänomen finden wir auch bei vielen Tierarten, insbesondere bei den Affen. Nur brauchen die entsprechende Hilferufe von ihren Artgenossen als Anstoß. Andernfalls wird nicht geholfen. Wir Menschen hingegen können auch auf stumme Hilferufe reagieren. Dafür sorgt der *Mitfühler*, der uns Mitleid empfinden lässt und so den *Helfer* antreibt.

Indes: Auch wenn der *Helfer* von Natur aus in uns steckt, auch wenn wir wissen, welch wichtige Funktion er im sozialen Miteinander hat, lassen wir ihn nicht immer zum Zuge kommen.

Werden Sie in Konfliktfällen sensibel für die kleinen Hilferufe Ihres Gegenübers.

Bisweilen schalten wir unser Einfühlungsvermögen aus und erkennen weder die eindeutigen noch die stummen Hilferufe. Stattdessen sehen wir weg und hasten am Hilfesuchenden vorbei. Es ist ein trauriges Phänomen, wenn, wie so häufig, Menschen die Notsituation anderer ignorieren. Wer kennt sie nicht, die diversen Tests, in denen Menschen vermeintlich in Gefahr schwebten, die Passanten untätig herumstanden oder vorübergingen. Auf diese Sachverhalte näher einzugehen würde den Rahmen dieses Buches sprengen. Bleiben wir deshalb bei den persönlichen Beziehungen, beim engen Miteinander.

Hier wird unser *heimlicher Begleiter* zwar häufig aktiv, dennoch gibt es auch hier Situationen, in denen er Aussetzer hat. Die Gründe dafür sind vielfältig. Ich habe an anderer Stelle bereits darauf hingewiesen, dass wir unsere Empathie abschalten können: bei Vorurteilen oder wenn man uns übel mitgespielt hat (das gilt allerdings hauptsächlich für Männer, Sie erinnern sich?).

Oft sind wir mit uns selbst so sehr beschäftigt, dass wir nicht erkennen wollen oder erkennen können, wann andere Menschen unsere Hilfe brauchen. Achten Sie deshalb auf die Signale Ihrer Mitmenschen.

Mangelnde Zeit und daraus resultierender Stress spielen eine entscheidende Rolle, wenn wir Hilfsbedürftige übersehen. Die Sozialpsychologen John Darley und Daniel Batson haben diesen Zusammenhang mit einem wahrhaft erschreckenden Experiment demonstriert.
Ihre 47 Probanden waren ausgerechnet Theologiestudenten, bei denen davon auszugehen ist, dass sie sich allein schon des angestrebten Berufs wegen mit Barmherzigkeit und Nächstenliebe beschäftigen. Diese Studenten wurden gebeten, einen Vortrag vorzubereiten. Einer Gruppe wurde als Thema die biblische Geschichte vom barmherzigen Samariter vorgegeben, bei der anderen ging es um allgemeine Karrierechancen von Theologen. Anschließend wurden die Probanden in ein anderes Gebäude geschickt, wo sie den Vortrag halten sollten. Für den Weg dorthin erhielten die Probanden unterschiedliche Zeitvorgaben. Einer Gruppe wurde gesagt, sie brauchte sich nicht zu beeilen. Einer anderen Gruppe teilte man mit, sie könnte dann gleich mit dem Vortrag beginnen, die dritte Gruppe wurde unter Stress gesetzt, indem man den Teilnehmern mitteilte, drüben warte man schon ungeduldig auf den Vortrag. Das eigentliche Experiment begann auf dem Weg zum anderen Gebäude, denn dort befand sich ein Mann, in sich zusammengesunken, scheinbar dringend hilfsbedürftig. Er stöhnte und hustete, sobald die Studenten vorbeikamen. Wer von ihnen hält an, um dem Mann zu helfen, wer nicht?, lautete die zentrale Frage der Forscher.
Das Ergebnis überraschte. Wenn Sie annehmen, dass die Studenten, die sich vorher mit der Geschichte des barmher-

zigen Samariters befasst hatten, hilfsbereiter waren als jene, die einen Vortrag über Karrierechancen zu halten hatten, irren Sie. Das Maß an Hilfsbereitschaft hing allein von der Zeitvorgabe ab. Je weniger Zeit die Theologen in spe hatten, desto eher ignorierten sie den bedürftigen Mann. Gerade einmal 10 Prozent der besonders eiligen Studenten kümmerten sich um ihn – gegenüber 63 Prozent derjenigen Studenten, die es gemächlich angehen konnten.
Zahlreiche Experimente bestätigen, dass Helfen weniger eine Frage der Persönlichkeit ist als eine der äußeren Umstände. Wer im Stress ist, hilft auch weniger.
Eine besondere Stressform stellen Streitmomente dar. Wenn wir als Kamodist mit anderen im Clinch liegen, werden wir schnell blind für mögliche Hilferufe unseres »Kontrahenten«, die dem Konflikt ein Ende setzen sollen. Meist sind es kleine Gesten, Signale wie das Senken des Kopfes, das Schließen der Augen, ein kurzes Zucken um die Mundwinkel, die andeuten sollen: Bitte hilf mir, ich möchte mich nicht mehr mit dir streiten, ich kann so nicht mehr weiter.

Blicken wir nun zurück auf das Wirken des Trios *Gerechtler, Teiler* und *Helfer,* so wird klar:

Wir sind von Natur aus prosoziale, kooperative Wesen.

Vertrauen

Nehmen wir einmal an, Sie werden auf der Straße von einer wildfremden jungen Frau angesprochen. Sie bittet Sie, an einem kleinen, vollkommen harmlosen, aber durchaus lukrativen Experiment teilzunehmen. »Wenn Sie gerade Zeit haben, dann kommen Sie doch gleich mit. Der Ort, wo dieses Experiment stattfindet, ist um die Ecke«, sagt die Frau. Sie haben Zeit, irgendwie sind Sie auch etwas neugierig. Sie mustern die Frau, stellen ihr ein paar Fragen. Hm. Sie sind unschlüssig.

Können Sie ihr vertrauen?

»Keiner wird betrogen als der, welcher traut. Man darf sich nur im Notfall jemandem anvertrauen, und zwar im Augenblick der Tat.«

Diese beiden Sätze stammen von dem italienischen Philosophen, Dichter, Diplomaten und »Menschenbeobachter« Niccolò Machiavelli. Er lebte und wirkte am Ende des 15. und am Anfang des 16. Jahrhunderts. Das ist lange her. Kein Wunder, dass damals gefährdet war, wer vertraute, schließlich ging es in dieser Epoche wüst zu. Zahlreiche Kriege erschütterten Europa, es gab Bauern- und Fürstenaufstände, Ritterkriege, dann drohten auch noch die kämpferischen Osmanen, und Martin Luther spaltete die Kirche. Es war eine Zeit der Giftmorde und der Machtkämpfe, unter anderem zwischen den Familien der Borgia und der Medici.

Irgendwann während dieser unruhigen Epoche, so die Etymologie, entstand das Wort »Vertrauen«. Althochdeutsch hieß es *fertruen*, mittelhochdeutsch *vertruwen*, beide haben das gotische Wort *trauan* als gemeinsamen Vorfahren. *Trauan* wiederum bedeutet »treu« im Sinne von »stark«, »fest«, »dick«. Vertrauen ist somit entstehungshistorisch eng verknüpft mit Schutz und Geborgenheit. Ursprünglich bezog sich das Bedeutungsfeld von Vertrauen auf das »Gottvertrauen«, das Gemeinschaften zusammenhielt und Sicherheit verlieh.

Später wurde der Vertrauensaspekt psychologisiert. Urvertrauen bildete in dem Zusammenhang die Voraussetzung für einen erfolgreichen zwischenmenschlichen Umgang und ein erfülltes Leben.

So weit die Entstehungsgeschichte des Namens für einen weiteren *heimlichen Begleiter:* den *Vertrauer.* Auch wenn er spät seinen Namen erhielt, ist er doch seit Beginn der Menschwerdung in uns!

Vertrauen wirkt bei sozialen Wesen gruppenbindend. Dabei werden regelrechte Vertrauenstests durchgeführt, anhand derer die Qualität von Beziehungen überprüft wird. Um die tiefe Verwurzelung des *Vertrauers* in uns zu verdeutlichen, wenden wir uns kurz gemeinsamen unseren Ururvorfahren, den Kapuzineraffen, zu. Die Anthropologin Susan Perry beobachtete bei ihnen ganz eigene Vertrauensprüfungen. Zwei Äffchen, die testen wollen, wie es um ihre Loyalität und das gegenseitige Vertrauen steht, setzen sich irgendwo abseits der Gruppe hin und beginnen mit dem Stocher-Spiel.

Dieses Spiel geht ganz einfach: Die Äffchen stochern sich gegenseitig mit den Fingern in diversen Körperöffnungen herum. In den Nasenlöchern beispielsweise, was weh tun kann, wenn der Stocherer zu tief eindringt. Manchmal führen sie die Finger auch zwischen Augenlid und Augapfel des anderen, was besonders unangenehm werden könnte, wenn dabei eine falsche Bewegung erfolgt. Oder sie stecken die Finger in den Mund des anderen, woraufhin der leicht zubeißt, gerade so, dass es dem Stocherer keine Schmerzen bereitet. Dieses Stochern bedeutet ein Sich-Ausliefern und gegenseitiges Vertrauen.

Wie wichtig der *Vertrauer* für unser Zusammenleben ist, wird auch daran ersichtlich, dass er auf Hormone reagiert, genauer gesagt auf *Oxytocin.* Dieses Hormon wird besonders stark beim Gebären eines Kindes und beim Orgasmus ausgeschüttet und löst Bindungsverhalten und Liebesgefühle aus. Die Schweizer Forscherin Beate Ditzen bezeichnet es deshalb auch als Vertrauenshormon. Im Internet kann man *Oxytocin* unter dem Namen »Liquid Trust« beziehen. Bevor Sie jedoch in Versuchung geraten, Ihren Beziehungen ein wenig nachzuhelfen, indem Sie Ihrem Kunden etwas davon unter die Nase sprühen oder dem Kollegen Müller ein paar Tropfen auf den Anzug träufeln, sollten Sie wissen, dass das Hormon nur bei engen Gruppenmitgliedern eine vertrauensfördernde Wirkung ausübt, wie der Psychologe Carsten de Dreu nachweisen konnte.

Wie ungemein wichtig Vertrauen für unser soziales Zusammenleben ist, wird allein schon dadurch deutlich, dass sich im Lauf der Evolution in unserem Hirnbereich ein eigenes Areal dafür entwickelt hat. Vertrauen, so die jüngste Forschungsarbeit des Psychologen Brooks King-Casas, sitzt vor allem im *Nucleus caudatus* – auch Schweif- oder Schwanzkern genannt. Dieser Gehirnbereich empfängt und verarbeitet nicht nur Informationen, die sich auf Fairness und Vertrauenswürdigkeit des Partners beziehen. Er spiegelt zudem die eigene Absicht wider, der Reaktion des Spielpartners Vertrauen beziehungsweise Misstrauen entgegenzubringen.

Der *Nucleus caudatus* unterliegt einer starken Beeinflussung durch *Oxytocin*. Es ist also davon auszugehen, dass eine physiologische und hormonelle Basis für die Entstehung von Vertrauen existiert. Vertrauen ist eng an positive Gefühle, an Liebe und Geborgenheit gekoppelt.

Zurück zu der Straße, auf der Sie der jungen Frau gegenüberstehen. Ob Sie ihr vertrauen oder nicht, hängt Forschern zufolge in erster Linie von ihrem Aussehen und Auftreten ab, weniger davon, was sie Ihnen erzählt. Sie überlegen eine Weile und beschließen dann: »Ich vertraue.«

Entweder weil Sie ohnehin über ein starkes Grundvertrauen verfügen, oder weil Sie in diesem Moment dieser speziellen Person trauen. Nicht zuletzt sind Sie auch offen für Neues und wollen etwas erleben.
Gemeinsam betreten Sie ein großes Gebäude. Dort wartet ein Mann in einem Raum. »Guten Tag, schön, dass Sie sich Zeit für uns nehmen«, begrüßt er Sie. Nachdem er Ihnen einige Fragen zu Alter, Wohnort, Beruf usw. gestellt hat, kramt er in einer Geldbörse und hält Ihnen einen 10-Euro-Schein hin. »Hier«, sagt er. »Den schenke ich Ihnen fürs Kommen.«
Sie nehmen den Schein an und bedanken sich. »Wie geht es weiter?«, wollen Sie wissen.
»Nun ja«, sagt der Mann. »Im Prinzip können Sie jetzt wieder gehen.« Er macht eine kurze Pause. »Es sei denn, Sie wollen das Geld vermehren.« Und erzählt Ihnen dann, dass sich im Nebenraum ein Mann namens Tom aufhält. Selbstverständlich kennen Sie Tom nicht, woher auch. »Diesem Tom könnten Sie das Geld zukommen lassen: alles oder einen Teil davon. Den Betrag, den Sie Tom geben, verdopple ich. Wenn Sie Tom Ihre 10 Euro geben, gebe ich ihm 10 Euro dazu. Tom wiederum kann dann entscheiden, ob und wie viel Geld er Ihnen zurückgibt. Dieses zurückgeschickte Geld werde ich Ihnen dann abermals verdoppeln.«
»Was für ein merkwürdiges Spiel ist das denn?«, denken Sie. Was tun? Sie überlegen hin und her. Was rät Ihnen Ihr *Vertrauer?*
Etwa das: »Gib dem unbekannten Menschen dein Geld und hoffe, dass er dir genügend zurückgibt.«
Oder das: »Bist du wahnsinnig, du weißt doch gar nicht, wer dieser Tom ist, also steck die 10 Euro ein, verabschiede dich und geh mit dem Geld in ein Café.«

Handeln Sie wie der Durchschnitt, würden Sie Tom etwas mehr als 5 Euro zukommen lassen. Der allerdings würde Sie enttäuschen, weil er Ihnen nur 4,66 Euro zurückschickt. So jedenfalls stellte es sich bei einem bekannten Vertrauensexperiment der Ökonomin Joyce Berg und ihren Kollegen heraus.
Würden Sie daraufhin schmollend oder enttäuscht den Raum verlassen? Oder weiterspielen, darauf vertrauend, dass Tom irgendwann großzügiger wird – weil Sie es sind?
Es wäre hilfreich, wenn Sie wüssten: Je mehr Runden Sie mit Tom spielen, je öfter Geldbeträge hin- und hergeschickt werden, desto stärker wächst das gegenseitige Vertrauen, und umso lukrativer wird das Spiel für Sie beide. Auch wenn Sie stets vor dem Dilemma stehen, einerseits so viel wie möglich von dem Spiel profitieren zu wollen, andererseits den Mitspieler bei Laune halten zu müssen.
Stellen Tom und Sie sich als wahre Meister in diesem Vertrauensspiel heraus und schert weder der eine noch der andere aus dem harmonischen System des Gebens und Nehmens aus, dann geschieht in Ihren Gehirnen etwas Faszinierendes. Es werden nicht nur die Belohnungssysteme aktiviert, sie beginnen auch allmählich, im Gleichklang zu takten. Je vertrauter Sie sich werden, desto schneller und zuverlässiger können Sie die Reaktion des Gegenübers vorausahnen.

Es lohnt sich, wenn wir anderen unser Vertrauen schenken – solange der andere auch uns vertraut.

Das Fazit sämtlicher Vertrauensstudien lautet: Grundsätzlich sind wir alle im Sinne eines harmonischen Miteinanders mit einer gesunden Vertrauensbasis ausgestattet.

Gleichzeitig müssen wir uns vor möglichen Schmarotzern schützen, die unser Vertrauen missbrauchen, um daraus eigene Vorteile zu ziehen. Besonders kritisch wird es, wenn sich die Schmarotzer geschickt tarnen, indem sie andere manipulieren. Manipulationsstrategien führen im Lauf der Evolution zwangsläufig zu Gegenstrategien, weil wir als soziale Wesen alles, was wir wahrnehmen, auf seine Richtigkeit hin überprüfen. Wir sind misstrauisch, um nicht getäuscht zu werden. Misstrauen als Gegenpol zu Vertrauen ist folglich auch stammesgeschichtlich in uns angelegt.

Bei allen langfristig angelegten Beziehungen ist sogenanntes »wehrhaftes Vertrauen« die optimale Strategie. Ohne das Bewahren der eigenen Position besteht die Gefahr, ausgenutzt zu werden. Vertrauen bedeutet somit nicht automatisch einen Verzicht auf Rückversicherungen.

Gerade weil Vertrauen so leicht verletzbar ist, ist der *Vertrauer* ein hochsensibler und empfindlicher Begleiter.

> Auch wenn wir von Geburt an vertrauensfähig sind, ist unsere Vertrauenskraft abhängig von den Erfahrungen, die wir mit unseren Mitmenschen machen.

Die ersten, ungemein wichtigen (Vertrauens-)Erfahrungen machen wir unmittelbar, nachdem wir das Licht der Welt erblickt haben. Während unserer ersten Lebensmonate entwickelt sich unser Urvertrauen durch eine liebevolle, zuverlässige und konstante Beziehung zu unseren Eltern. Sukzessive baut dann unser Vertrauen auf all jenen Erfahrungen auf, die wir mit verschiedenen Personen in unterschiedlichen Situationen erleben.

Die beiden großen Stützpfeiler des Vertrauens sind Empathie und Wertschätzung. Damit meine ich nicht nur die

Wertschätzung unseres Gegenübers, sondern auch die unseres Selbst.
Zuverlässigkeit und Loyalität sind Ausdruck von Wertschätzung, ebenso wie Offenheit, Ansprechbarkeit und das Einhalten von Versprechungen – das ist allesamt unerlässlich, wenn wir von Vertrauen sprechen. Hinzu kommt die Transparenz dessen, was wir tun, wie wir entscheiden und wie wir uns verhalten.
Befinden wir uns im A- oder K-Modus, können wir weder uns noch die anderen wertschätzen, geschweige denn mitfühlen. Meist sind wir dann auch nicht wirklich ansprechbar. Vertrauen lässt sich in diesen Zuständen weder aufbauen noch halten. Gleiches gilt, wenn wir Vertrauen manipulierend einzusetzen versuchen.
Ich weiß, dass man lange versucht hat, zum Beispiel in Verkaufsgesprächen, vertrauenerweckende Maßnahmen in Rollenspielen einzuüben, um Kunden in Kauflaune zu versetzen. Die Erfahrung indes lehrt, dass dies so gut wie nie zum Erfolg führt. Viele Menschen spüren intuitiv, wenn sie in eine bestimmte Richtung manipuliert werden. Inzwischen bemühen sich Verkäufer vermehrt, die Bedürfnisse, Einstellungen und Werte ihres Gegenübers durch empathische Gespräche zu ermitteln. Mit Erfolg.

> Wer das Vertrauen in andere verloren hat, erlebt nichts mehr.

Wenn Sie das Vertrauen anderer nicht brauchen, weil Sie verlernt haben, es wertzuschätzen, oder weil es Ihnen kraft Ihres Amtes egal ist – ich meine jene Chefs, denen ihr hoher sozialer Status zu Kopf gestiegen ist –, dann halten Sie sich an folgende simple Regeln:

- Missachten Sie die Bedürfnisse des anderen.
- Halten Sie Versprechen auf keinen Fall ein. Seien Sie lieber auf ganzer Linie unzuverlässig. Ihr eigenes Verhalten sollte sprunghaft sein. Bemühen Sie sich unter anderem um Unpünktlichkeit.
- Demonstrieren Sie Ihrem Gegenüber, dass Sie in dessen Gegenwart Wichtigeres zu tun haben, als ihn wahrzunehmen. Endloses Telefonieren in seiner Gegenwart ist eine gute Methode, Lesen ebenfalls. Lassen Sie das Display Ihres Handys keineswegs aus den Augen. Damit demonstrieren Sie Ihrem Gegenüber ausreichend Missachtung.
- Beharren Sie unbedingt auf Ihrer Sicht der Dinge und unterstreichen Sie das mit einer ausreichenden Portion Zynismus.
- Bevormunden Sie den anderen, sooft Sie können, vor allem aber schränken Sie ihn in seiner Entscheidungsfreiheit möglichst weit ein.
- Ach, und noch etwas: Halten Sie unbedingt Maß, wenn es ums Loben geht.

Ich beschreibe diese Momente, in denen Vertrauen zerstört wird oder erst gar nicht entstehen kann, so drastisch, damit der Selbst-Entwickler die Empfindsamkeit des *Vertrauers* in seinem Handeln zu berücksichtigen lernt. Einmal verlorenes Vertrauen ist schwer zurückzugewinnen. Dabei ist das spezifische Vertrauen leichter erschütterbar als das generelle, welches auf einem größeren Erfahrungsschatz aufbaut. Allgemeines Misstrauen reduziert die so erfolgreichen Win-win-Situationen.

Der Selbst-Entwickler beobachtet an sich selbst, wann, wem und wie er anderen vertraut. Dabei macht er sich bewusst, dass Vertrauen auf seine zwischenmenschlichen Bindungen stärkend und Misstrauen schwächend wirkt.

Wie steht es um Ihre Fähigkeit, anderen zu vertrauen?
Wenn Sie an Ihre engeren Freunde denken: Wie häufig und wie bereitwillig vertrauen Sie ihnen Ihre Sorgen, Ängste, Wünsche und Hoffnungen an – und umgekehrt?
Sind Sie berufstätig, könnten Sie darüber sinnieren, wie es um Ihr Vertrauen in die Kollegen bestellt ist. Kooperieren Sie vertrauensvoll, geben Sie Informationen weiter, sind Sie in der Lage, zu delegieren, oder zählen Sie zu jenen Menschen, die meinen, nur sie könnten alle Aufgaben erledigen?
Die Eltern unter Ihnen könnten darüber nachdenken, ob und in welchen Bereichen sie ihren Kindern misstrauen. Welche Gedanken plagen Sie dabei? Machen sie wirklich alle Hausaufgaben? Rauchen sie heimlich? Surfen sie vielleicht auf schlechten Internetseiten? Was treiben sie eigentlich auf Facebook? Haben sie die richtigen Freunde? Nehmen sie Drogen? Schaffen sie die Ausbildung, das Studium? Und werden sie später gute Beziehungen haben, vielleicht auch gute Eltern sein?

Wer sich selbst nicht über den Weg traut, misstraut auch seinen Mitmenschen.

Der übende Selbst-Entwickler

Das Vertrauen zu sich selbst lässt sich mit einfachen Mitteln trainieren. Nehmen Sie sich selbst ein Versprechen ab. Ein kleines, das Sie auch einhalten können. Wer Erfolg hat, macht weiter! Zum Beispiel:

Ich trinke zwei Tage lang keine andere Flüssigkeit außer Wasser. Keinen Kaffee, keinen Tee, keinen Saft. Nur Wasser. Diese Trainingseinheit muss Sie nicht gleich »weiterbringen«. Sie darf auch sinnfrei sein, Hauptsache, Sie halten sich an die Abmachung, die Sie mit sich selbst getroffen haben!
Sie könnten sich auch vornehmen, Ihr Auto fünfmal zu umkreisen, bevor Sie losfahren. Oder, was ich persönlich seit zwölf Jahren praktiziere: die Stuhl-Übung. Ich stelle mich jeden Tag sofort nach dem Aufstehen auf einen Stuhl, exakt zwei Minuten lang. Was ich da mache? Nur stehen. Mehr nicht. Ja, und was ist der Sinn? Weil ich es mir vorgenommen habe!

Tu das, was du sagst. Der Selbst-Entwickler steigert seine Vertrauenswürdigkeit, indem er wenige Versprechen macht, diese aber unbedingt einhält.

»Ich melde mich die Tage …« – »Ja, mal sehen, ich mach das …« – »Ich bring dir was mit …« – »Ich ruf dich kommende Woche an …« Wie oft machen wir derartige Zusagen und ahnen bereits, während wir sie ankündigen, dass wir sie wahrscheinlich nicht einhalten werden? Zählen Sie zu den Menschen, die ihre Versprechen anderen gegenüber leichtfertig abgeben, dann sollten Sie Ihre Ankündigungen auf ein Minimum reduzieren – um sie dann auch bedingungslos einzulösen.

Lausen

Ich gehe gern in den Münchener Tierpark Hellabrunn. Der Rundgang durch die geballte Artenvielfalt lässt mich immer wieder staunen, was die Evolution so alles hervorgebracht hat. Am liebsten halte ich mich bei den Pavianen auf, jenen Äffchen mit dem markant roten Hinterteil. Da ist am meisten los. Sie sitzen auf einem großen Felsareal und wuseln hin und her. Kleine Babyäffchen lassen sich von ihren Müttern durch die Gegend tragen. Die etwas größeren, noch nicht erwachsenen Äffchen verhalten sich wie Rowdys. Sie rangeln untereinander oder ärgern die Erwachsenen, indem sie ihnen das Futter klauen oder sie ins Fell zwicken. Nicht zu vergessen die Männchen, die sich um die Gunst der Weibchen fetzen. Andere streiten sich ums Fressen. Dabei wird gekreischt, gezetert und geschrien. Es gibt auch ein paar ruhige Kameraden, die irgendwo auf einem Felsen hocken und Ausschau halten, ob ein Feind in Sicht ist. Was mich aber am meisten bei dieser Affenhorde begeistert, ist das Lausen. Die Großen lausen die Kleinen, die Kleinen die Großen, Untertanen den Chef. Da sitzen sie und lausen, scheinbar voller Inbrunst wühlen sie sich gegenseitig im Fell und suchen nach Läusen.

Zur Laus. Sie ist ein flügelloses Insekt, das trotz winziger Körpergröße arge Beschwerden verursacht. Als Blattlaus plagt sie Pflanzen, als Fischlaus Fische, als Algenlaus Algen, als Loriots Steinlaus Steine, um nur die wichtigsten zu nennen. Auch wir Menschen haben Läuse, solche beispielsweise, die uns bisweilen über die Leber laufen.

Läuse sind unangenehm, weshalb wir ein nasskaltes Wetter »lausig« nennen. Oder das Benehmen. Wir nennen es »lausig«, wenn jemand rotzig und pampig daherkommt. In den Lausbubengeschichten von Wilhelm Busch verhalten sich Max und Moritz wie Ungeziefer und landen nach ihren Streichen fein geschrotet und in Stücken vor Müllers (ausgerechnet!) Federvieh.

Hin und wieder tauchen bei uns Menschen die sogenannten Menschenläuse auf, unter anderem in Gestalt von Kopf- oder Kleiderläusen. Der Lausgeplagte bedarf sofortiger Hilfe. Ein medizinisches Shampoo genügt schon, ein paar Chemikalien im Waschpulver ebenso.

Doch wie ist es dem von Parasiten Befallenen in grauer Vorzeit ergangen? So wie den Pavianen, Schimpansen und sonstigen mehr oder weniger nahen Artverwandten auch: Er war auf die Hilfe anderer angewiesen. Auf die *Lauser*, womit wir beim nächsten bindenden *heimlichen Begleiter* angekommen wären.

Haben Sie schon mal Ihren Chef gelaust?

»Was soll diese Frage?«, werden Sie vielleicht antworten.

Haben Sie schon mal einen Arbeitskollegen gelaust? »Ich, Herrn Müller lausen?«, stöhnen jene, die von Arbeitskollegen umgeben sind. Vielleicht wünschen Sie dem Kollegen im K-Modus eine paar Läuse. Aber ihn lausen? Nein danke!

Wann haben Sie das letzte Mal Ihren Partner oder Partnerin gelaust – im klassischen Sinn? Einige von Ihnen mögen sich an Szenen am Strand oder im Schwimmbad erinnern, wo Sie dem anderen Hautunreinheiten »abgelaust« haben. Waren das Zeiten! Herrlich, beide im höchsten L-Modus, wahnsinnig verliebt, voller Endorphine.

Lausen ist wichtig für den Gruppenzusammenhalt, für Allianzen, für die Karriere und gut gegen Konflikte.

Beim Lausen geht es jedoch nur vordergründig um die Laus. Würde man den Pavianen alle Läuse, Flöhe oder was auch immer entfernen, so dass der *Lauser* nichts mehr findet, würde er dennoch unbeirrt weiterlausen. Und das ganz systematisch, berechnend und alles andere als uneigennützig. Affen erlausen sich Allianzen innerhalb einer Gruppe. Wer sich gegenseitig laust, kommt sich später im Notfall auch zur Hilfe. Häufig werden auch Profite erlaust. Einen speziellen Laus-Vorteil erzielen Paviane, wenn sie Mütter von Pavianbabys lausen. Nach getaner Lauserei dürfen sie deren Babys in den Armen halten – was ihnen offenbar großen Spaß macht.
Lausen wird auch in Konfliktsituationen eingesetzt, zudem ist es ein Zeichen von Demut. So verwundert nicht weiter, dass vorzugsweise die Ranghohen von den Rangniedrigen gelaust werden, die damit kundtun wollen: »Ja, ich akzeptiere dich als Chef und hoffe, dass du mir, dem treuen Lauser, wohlgesinnt bist.«

> Lausen hat eine vielfältige Funktion und Wirkung. Durchs Lausen bekräftigen wir unsere Position innerhalb einer Gruppe und entwickeln unsere Beziehungen.

Gelaust werden ist herrlich. Es setzt Glückshormone frei. Schimpansen, denen man Endorphinblocker verabreicht hatte, um ihr Wohlgefühl zu unterdrücken, lausten sich daraufhin geradezu exzessiv, um endlich wieder Freude zu empfinden. Durchs Lausen steigt auch der Oxytocinpegel. Das festigt die Bindungen zwischen Lauser und Gelaustem, allerdings nur dann, wenn beide vorher miteinander kooperiert haben.
Eine besonders wichtige Funktion des Lausens ist die Enttarnung von Schmarotzern – nicht jener, die sich im Fell

tummeln, sondern jener, die sich innerhalb der Gruppe finden: Wer niemanden laust, tut nichts für andere. Umso schlimmer ist es, wenn er sich ausgiebig lausen lässt. Nichtlauser können ein derart lausiges Verhalten nicht lange an den Tag legen – schnell werden sie als Parasiten enttarnt. Die Folgen sind absehbar.

Ich begeistere mich so für das Lausen, weil auch wir Menschen großartige »Lauser« sein können, und weil wir andere mit kaum einem anderen Verhalten so schnell in eine gehobene Gestimmtheit versetzen wie mit fürsorglichem und – zugegebenermaßen – nicht ganz uneigennützigem Lausen.

Doch wie lausen wir?

In seiner reinsten und ursprünglichsten Form bedeutet Lausen körperliche Berührung. Wir Menschen haben diese Art des Lausens ziemlich verkümmern lassen, sieht man von Zärtlichkeiten zwischen Liebenden und zwischen Eltern und Kindern ab. Sicher, es gibt ein paar professionelle Berühr-Lauser. Und weil sie in uns ein so herrliches Wohlgefühl auslösen, lassen wir sie uns einiges kosten. Ich denke da an Masseure. Aber auch unsere Friseurbesuche sind eine spezielle Form des Lausens. Wie sehr genießen wir es, wenn das Haarewaschen mit einer Kopfmassage verbunden wird. Am Beispiel der *!Kung San,* einem indigenen Volk im südlichen Afrika, wird besonders ersichtlich, wie wichtig Kopfberührungen für den Gruppenzusammenhalt sein können. Dort gibt es bei den Frauen Haircare-Cliquen, in denen genau festgelegt ist, wer wem die Haare macht, so hat es der Anthropologe Kazuyoshi Sugawara beschrieben.

Warum das Lausen in seiner ursprünglichen Form bei uns nahezu verschwunden ist, erklärt die Zahl 150. Es ist die Dunbar-Zahl. Benannt ist sie nach Robin Dunbar, der sich mit der Gruppengröße von Menschen befasst. Die durchschnittliche Anzahl unserer stabilen Beziehungen, so der Evolutionsbiologe, beläuft sich auf 150, mehr kann unsere Großhirnrinde nicht verkraften. Was die Dunbar-Zahl mit dem Lausen zu tun hat? 150 Freunde kraulen und lausen und von ebenso vielen zurückgelaust werden – stellen Sie sich das einmal vor! Vor lauter Lausen kämen wir nicht mehr zum Arbeiten, wir hätten keine Zeit mehr für unsere sonstigen Interessen, nicht einmal für einen Zoobesuch. Früher lebten wir in Kleingruppen, die aus durchschnittlich zwölf Menschen bestanden. Der zeitliche Aufwand für das Lausen war hier überschaubar. Mit zunehmender Gruppengröße verliert man jedoch schnell die Übersicht. Wen hat man schon gelaust, wen noch nicht, wer sollte bald mal wieder gelaust werden? Wer hat zurückgelaust, wer nicht? Um ein paar Zahlen zu nennen: Affen können bis zu 80 Gruppenmitglieder lausen. Das allerdings bedeutet, ein Fünftel ihrer Wachzeit ist Lauszeit.

Weil der *Lauser* für den Gruppenzusammenhalt unersetzlich ist, begann er bei uns Menschen, allmählich auf eine neue Form des Lausens auszuweichen: die Sprache.

Lausen setzt zunächst voraus, dass wir wahrnehmen, wer gelaust werden will, soll oder darf. Dazu müssen wir uns mit anderen Menschen auseinandersetzen. Von Personalchefs höre ich in letzter Zeit vermehrt, wie wichtig es für Mitarbeiter ist, dass sie sich gesehen fühlen, und zwar nicht nur in ihrer Funktion, sondern auch als Menschen in ihrer Individualität. Viele Mitarbeiter warten also darauf, dass sie vom Chef gelaust werden, in Form eines Lobes oder sonstiger Anerkennung – häufig zu Recht. Doch wie sieht es mit den Chefs aus? Das Lausen von Ranghohen als Zeichen der Anerkennung kommt in vielen Betrieben ebenfalls zu kurz.

Lasst uns heute mal den Chef für sein erfolgreiches Handeln lausen, ihn loben, ihm danken, und zwar mit ehrlichen Worten! Solches Tun könnte für die Mitarbeiter in manch einem Unternehmen eine Win-win-Situation schaffen. Denn in einem wertschätzenden Umfeld gedeihen Engagement und Kreativität. Wenn wir den anderen in seiner Einzigartigkeit empathisch wahrnehmen, ihn in seinem Sein, Denken und Tun respektvoll annehmen und uns bewusst auf seine Stärken konzentrieren, setzen wir die höchste Form des Lausens ein.

Versuchen Sie das als Selbst-Entwickler mal: Lassen Sie die möglichen Schwächen Ihrer Mitmenschen links liegen und fokussieren Sie sich auf deren soziale, angenehme und besondere Seiten. Und, was besonders wichtig ist, teilen Sie das den anderen auch mit. Bestätigende Worte, Komplimente und Anerkennung für Geleistetes kann es gar nicht genug geben.

> Wenn wir uns auf die Stärken des anderen konzentrieren und ihm das auch mitteilen, wecken wir in ihm Wohlgefühl und Selbst-Vertrauen.

Häufig lausen wir mit Sätzen, deren Inhalte oberflächlich sind. Der Verhaltensforscher Desmond Morris prägte hier den treffenden Begriff des *grooming talk*. Darunter versteht er Aussagen wie »Schönes Wetter heute« oder »Wie geht es dir?«. Gleiches gilt für Abschiedsgrüße wie »Schön, dich getroffen zu haben« oder »Ich hoffe, wir sehen uns wieder«.

Dieser Small Talk ist auch eine Form des Lausens. Es bedeutet Zuwendung und Aufmerksamkeit im Dienste des sozialen Networkings. Weil Small Talks meist langweilig sind und abgedroschen klingen, tendieren viele von uns dazu, sie zu vermeiden, wo immer es möglich ist. Das ist verständlich, dennoch wäre es im Sinne gelingender zwischenmenschlicher Beziehungen, wenn wir den Small Talk nicht vernachlässigen oder gar verachten würden. Gute Smalltalker erfreuen sich allgemeiner Beliebtheit, weil sie andere wahrnehmen und ihnen Zeit und Interesse schenken. Diese unkomplizierte Gesprächsführung wirkt als soziales Schmieröl.

Klatsch und Tratsch sind weitere Erscheinungsformen des *Lausers*, allerdings mehrheitlich negativ besetzt. Zu Unrecht, wie viele Wissenschaftler finden. Wir tratschen, um unsere sozialen Bindungen zu sortieren und zu festigen. Ob Mann oder Frau macht dabei keinen Unterschied.

Durch Tratsch-Lauserei wird nicht nur Nähe und Vertrauen zwischen den Ratschenden aufgebaut – »Ganz unter uns, haben Sie schon bemerkt, dass Kollege Müller immer dies und jenes macht?« –, es werden auch eigennützige Egoisten enttarnt, die der Gruppe schaden könnten.

Durch Tratsch über auffallendes Verhalten anderer entstehen stark emotionalisierende Gerüchte. Auch die haben eine bindende Wirkung, erklärt der Evolutionsbiologe Ralf Sommerfeld, weil so die Werte einer Gruppe gefestigt werden. Je mehr Leute eine Tratschgeschichte bestätigen, desto mehr Glauben wird ihr geschenkt, davon ausgehend, es könnte ein Körnchen Wahrheit in ihr stecken. Durch das Reden über den anderen werden auch die eigene Bekanntheit und der Marktwert gemessen. Tratsch als soziales Lausen kann insofern durchaus karrierefördernd wirken. Menschen glauben nämlich den Tratschgeschichten oft mehr als dem tatsächlichen Verhalten! Bei einem Experiment von Manfred Milinski spendeten die Versuchsteilnehmer Geld für den Klimaschutz, wenn sie wussten, dass das öffentlich gemacht wird. Für einen guten Ruf plündert man sogar den eigenen Geldbeutel.

Mehr noch: Kommt der *Lauser* im Tratschgewand daher, steigert er tatsächlich die Produktivität. Das zumindest stellten Forscher bei einer Untersuchung mit Krankenhauspersonal fest. Durch Tratschen bauten die Mitarbeiter Frust und Wut ab und konnten sich danach besser auf die Arbeit konzentrieren.

Eine ganz neue Form des Lausens findet im Internet statt, in den sozialen Netzwerken wie Twitter, Facebook und so weiter. Da wird geliked, getagged und retweeted, dass es eine Wonne ist. Forscher der Universität Berlin fanden anhand diverser Hirnmessungen heraus, dass der Like-Button auf Facebook ein Hinweis darauf ist, dass andere gut finden, was man postet, und Menschen glücklich macht. Häufiges virtuelles Lausen bewirkt eine neuronale Aktivität im Belohnungszentrum.

Die Inhalte sind meist von erstaunlicher Belanglosigkeit. Da wird gepostet, was man gerade isst, welchen Wein man genießt, dass man glücklich ist, weil die Sonne scheint. Viele teilen ihren beruflichen oder persönlichen Erfolg mit: »Bin soeben 15 Kilometer gelaufen.« Mit einem Klick können wir anderen mitteilen: »Toll, was du gemacht hast, super, wie du aussiehst, hey, ich freu mich für dich.« Aber auch: »Ich leide mit dir.«

Übrigens gilt auch hier die Dunbar-Zahl, selbst bei jenen, die in sozialen Netzwerken deutlich mehr als 150 »Freunde« haben. Informatiker der Indiana University werteten 381 652 990 Tweets aus, die innerhalb von sechs Monaten versandt worden waren. Mittels aufwendiger statistischer Verfahren wurde ermittelt, dass die Nutzer zwischen 100 und 200 stabile Kontakte hatten.

Es soll hier allerdings nicht unerwähnt bleiben, dass das Tratschen auch enorm negative Wirkungen haben kann, wenn durch böse Worte Menschen in seelische Nöte gestürzt werden oder durch unheilbringende Gerüchte ihr Ruf ruiniert wird. Mobbing ist heute ein viel beachtetes und häufig diskutiertes Thema. Ich will ihm hier kein eigenes Kapitel widmen, weil sich dieses Phänomen im abschließenden dritten Kapitel selbst erklärt. Darin geht es um die *heimlichen Begleiter*, die Beziehungen (zer)stören.

GEGENEINANDER

Beziehungen leben von dynamischen Prozessen, andernfalls werden sie langweilig. Zweifellos sind Reibereien und Auseinandersetzungen wichtige Bestandteile des Miteinanders, sehr wichtige sogar. Intensives Erleben wird schließlich erst durch Abwechslung und Veränderung ermöglicht. Alle Beziehungen unterliegen einem Auf und Ab, einem Hell und Dunkel. Stellen Sie sich eine Beziehung vor, die tagaus, tagein im Gleichklang taktet. »Meine Güte«, werden Sie wahrscheinlich eines Tages denken, »wie langweilig!« Langeweile ist übrigens ein häufiger Grund für Scheidungen.

Gleichzeitig bedarf es eines Feingefühls, wie viel Dynamik, Unruhe, Aufregungen und Stress eine Beziehung – zum Partner, zu den Kindern, zum Chef oder zu den Mitarbeitern – verträgt, ohne gänzlich aus dem Gleichgewicht zu geraten.

Auch für die Wechselfälle des Beziehungsgeschehens sind wir mit *heimlichen Begleitern* ausgestattet, die uns helfen, ein Gespür für die Balance einer Beziehung zu entwickeln. Darüber hinaus gibt es aber auch jene *heimlichen Begleiter*, die in und zwischen uns zerstörerisch wirken können, weil sie uns in den K-Modus versetzen.

Diese *heimlichen Begleiter* sind auf unser Überleben programmiert. Ohne sie wären wir kaum in der Lage, unsere Bedürfnisse und Interessen durchzusetzen. Insofern wollen und dürfen wir sie auch nicht verleugnen und verdrängen. Aber wir sollten sie bewusst wahrnehmen, um sie als einen Teil von uns anzunehmen. Nur auf diese Weise lernen wir, mit ihnen umzugehen.

Macht ist verführerisch

Kennen Sie zufällig den Film *Das Experiment*? Er handelt von dem legendären Stanford-Gefängnis-Experiment, mit dem der Psychologe Philip Zimbardo auf wirklich erschreckende Weise vorgeführt hat, wie sehr ein *heimlicher Begleiter*, den ich den *Machthaber* nenne, in uns wirkt.
Zimbardo teilte seine sorgsam ausgewählten Probanden, Studenten aus der Mittelschicht, nach dem Zufallsprinzip in zwei Gruppen ein: in Gefängniswärter und Gefangene. Die Wärter wurden mit Uniformen und Gummiknüppeln ausgestattet. Die Studenten, die als Gefangene ausgewiesen waren, wurden von echten Polizisten verhaftet, durchliefen eine typische Befragungsprozedur, wurden anschließend entlaust, in Sträflingskleidung gesteckt und dann mit schweren Fußfesseln ins Gefängnis gebracht.
Dieses Gefängnis bestand aus drei Zellen, die täuschend echt im Keller der Universität nachgebaut worden waren. Die Bedingungen in diesem »Knast« waren hart. In den engen Zellen, die jeweils mit drei Personen belegt waren, gab es keine Toiletten, die Inhaftierten waren auf Gedeih und Verderb der Willkür ihrer Wärter ausgeliefert.

Was im Lauf der nächsten Tage geschah, die Dynamik zwischen den »Machthabern« und den »Ausgelieferten«, übertraf die schlimmsten Erwartungen der Wissenschaftler. Die Wärter-Studenten, deren Persönlichkeit, das hatten vorangegangene Tests erfasst, alles andere als auffällig war, entwickelten sich binnen kürzester Zeit zu brutalen, herzlosen Machthabern. Wenn sie meinten, die Kameras seien ausgeschaltet, wurden manche von ihnen zu Sadisten, so dass die Versuchsleiter eingreifen mussten.
Die Gefangenen-Studenten wiederum waren einem extremen psychischen Stress ausgesetzt. Am sechsten Tag musste Zimbardo das Experiment abbrechen lassen. Es war außer Kontrolle geraten. Die Gefangenen konnten ihre Situation psychisch nicht mehr ertragen. Die Wärter verloren in ihrem Machtrausch jegliche Empathie, jeden Respekt und Anstand. Das Experiment führt auf erschreckende Weise vor Augen, dass in jedem von uns ein »Machthaber« stecken kann. Selbst wenn Sie, liebe Leser, an dieser Stelle den Kopf schütteln und denken mögen »In mir nicht!«, so verweist allein schon die Statistik der zahlreichen machtbezogenen Experimente darauf, dass die meisten von uns dem Reiz der Macht unterliegen.

Machtstreben ist ein Teil unseres Verhaltens in der Gruppe. Soziale Wesen müssen sich mit Rang und Hierarchie auseinandersetzen, andernfalls sind soziale Gruppen nicht funktionsfähig. Eine klare Machtverteilung, bei der es Mitläufer und Anführer gibt, bedeutet für die Gruppenmitglieder, dass sie nicht mehr um Macht kämpfen müssen und insofern auch besser kooperieren können. Hierarchien steigern die Produktivität, stellte der Psychologe Richard Ronay fest.
Fraglich, bedenklich, wenn nicht gar gefährlich wird es, wenn Machtstreben und Machterhalt Empathie und Re-

spekt in die Bedeutungslosigkeit abdrängen, wenn wir uns wie im Rausch in Machtgefühlen baden und suhlen.
Ich finde, wir sollten uns dessen stets bewusst sein. Vor allem, wenn wir eine Führungsposition erlangt haben.

Wie kommt man in eine Machtposition?
Der *Machthaber* in uns will nach oben. Von klein auf ist er um eine gute, möglichst ranghohe Position bemüht. Er tut alles, um dieses Ziel zu erreichen. Im Tierreich agiert der *Machthaber* ausschließlich im K-Modus: Kampf, Kontrolle, Kraft. Da werden Konkurrenten weggebissen, getreten, gestoßen. Drohgebärden und manipulative Signale unterstreichen den Wettstreit um eine gute Position in der Hierarchie.
Menschenaffen und Homo sapiens agieren anders. Wer in der Hierarchie nach oben gelangen will, benötigt den *Helfer,* den *Mitfühler,* den *Gerechtler* und den *Vertrauer.* Kurz gesagt, er muss sämtliche *heimlichen Begleiter* zur Verfügung haben, die bindende Funktionen besitzen. Mit deren Hilfe pflegt er erfolgreiche Beziehungen. In eine hohe Position gelangen wir nicht, weil wir körperlich die Stärksten sind, auch nicht, weil wir große Sprüche klopfen. Wir kommen mit Hilfe von zwischenmenschlichen Allianzen, die wir geknüpft haben, nach oben. Ohne Freunde und Wohlgesinnte führt kein Weg in eine gehobene Position. Schon im Kindergarten sind diejenigen die Mächtigsten, die erfolgreich in Konflikte anderer eingreifen, die anderen helfen und viel kooperieren. Folglich korreliert Status bereits bei kleinen Kindern mit sozialer Intelligenz – und nicht mit Kraft und Ellbogen.
Mit anderen Worten: Macht bekommen wir zum großen Teil von anderen *verliehen.* Inzwischen ist diese Erkenntnis im Bewusstsein vieler Führungspersonen auch angekommen. Während meiner Coachingstunden höre ich immer

wieder von Menschen in Führungspositionen, ihre Karriere hätten sie fördernden Mentoren oder unterstützenden Mitarbeitern zu verdanken. Oder dem Zufall, zur richtigen Zeit am richtigen Ort gewesen zu sein. »Ego, nein danke« – so also lautet die offizielle Devise.

Die Wirklichkeit sieht allerdings anders aus. Wölfe kämpfen sich im Schafspelz nach oben. Denn insgeheim zweifeln einige dieser Mächtigen an ihrer hohen Position, glauben, sie hätten sie eigentlich nicht verdient und würden ihr nicht gerecht. Oft entsteht aus dieser Unsicherheit eine Aggression, die den Angstgefühlen entgegengesetzt wird. Trotz großer Macht werden solche Menschen von quälenden Ohnmachtsgefühlen heimgesucht, weil sie sich von den vielen Unwägbarkeiten in ihrem Verantwortungsbereich bedroht fühlen. Ich habe bei Klienten erlebt, dass dieses Ohnmachtsgefühl als persönliche Niederlage oder als niederschmetternde Selbstwertkränkung erlebt wird.

Dass Macht *verliehen* wird, bedeutet aber auch: Hat man erst einmal einen hohen Status erreicht, sollte man sich keinesfalls darauf ausruhen. Sowohl im Tierreich als auch bei uns Menschen werden die Ranghohen von ihren Gruppenmitgliedern beobachtet und an ihrer Leistung gemessen. Sobald schwerwiegendere Fehler entdeckt werden, wird am Thron gerüttelt. Letztlich steht es in der Macht der Gruppe, die Machtposition ihrer »Alphatierchen« zu stützen oder zu zerstören.

Je höher man in der Hierarchie steht, desto schneller und tiefer der Fall, das ist hinlänglich bekannt. Bei Personen in einer Alphaposition verlangt dies die ständige Aufmerksamkeit hinsichtlich der Frage, wie zufrieden und vertrauensvoll die anderen sind (was nicht selten durchs »Lausen« zum Ausdruck kommt). Es erfordert gleichzeitig eine kritische Selbstreflexion, mittels derer erkannt wird, wenn etwas aus dem Ruder läuft. Heutige Machtinhaber, vor allem jene, die sich auf einem globalen Parkett bewegen, sind dies oft nur noch auf dem Papier. Beherrscht werden sie von Einflussfaktoren wie Wirtschaftskrisen, Presse, Neidern. Faktoren, die die meisten schon gar nicht mehr überblicken. Aufgrund ihrer abgehobenen Position können sie sich nur noch schwer ihrer unmittelbaren sozialen Netzwerke versichern und bedienen, geschweige denn so viele Variablen unter Kontrolle bekommen, wie sie es aus ihrer Sicht für ihren Erfolg wollen und brauchen. Aus diesem Grund müssen Machtinhaber den Kontakt zur Basis suchen. Nur durch die Unterstützung loyaler Mitarbeiter kann ein Ranghoher seine Position auf Dauer halten. Das allerdings wird auf der »abgehobenen« Ebene leider zu oft vergessen.

Wesentlich gelassener lebt es sich, wenn man sich in einer zwar hohen, aber deutlich weniger angreifbaren Position befindet. Mit einem Augenzwinkern empfehle ich jenen, die keine Lust auf permanente Kämpfe und politische Strategien haben und dennoch ein angenehmes Leben führen wollen: Machen Sie es zahlreichen Lebewesen aus dem Tierreich nach, werden Sie zum Satellitenmännchen oder -weibchen. Satellitenwesen halten sich in der Nähe eines Ranghohen auf, umkreisen ihn, ohne seine Position angreifen zu wollen. Dabei stauben sie sämtliche Vorteile ab, die sich aus der Nähe ergeben, sonnen sich im Licht, genießen den Schutz, haben (im Tierreich, wohlgemerkt!) in einem unentdeckten Moment Zugang zu dessen Weibchen … Ach, es ist eine herrliche Strategie, die die Evolution hier hervorgebracht hat!

Macht im L-Modus

Macht kann bekanntermaßen unterschiedlich ausgelebt werden. Wir können in ihr schwelgen, sie nach außen demonstrieren, indem wir uns von anderen bewusst abgrenzen oder sie gar erniedrigen. Wir können Macht festigen, indem wir unsere Mitmenschen sanktionieren und jedem drohen, der uns angreift. Wir können Macht aber auch in einem harmonischen und respektvollen Miteinander erleben. Wie wir mit Macht umgehen, hängt vor allem von dem Modus ab, in dem wir uns befinden.

Ich bin der Überzeugung, positive Machtausübung im Sinne eines harmonischen Gruppenlebens und gemeinsamen Erfolgs kann bei uns Menschen vor allem im L-Modus stattfinden. Nur in diesem Zustand nehmen wir unsere Mitmenschen mit ihren Eigenschaften und Bedürfnissen wahr. Nur als Elmodist können wir Dankbarkeit für die Unterstützung, die Loyalität und das Vertrauen anderer empfinden und mit Empathie und Verantwortung reagieren. Als Elmodist sind wir auch in der Lage, anderen aus der Position der Stärke heraus zu dienen. Es ist dies eine neue Form des Hedonismus gemäß dem Motto: Ich nutze meine Macht aus, indem ich mich um den Erfolg und die Freude des anderen kümmere. Damit bereite ich mir selbst eine Freude, denn ich kann meine gehobene Gestimmtheit mit dem anderen teilen. Meine Klienten bestätigen mir diesen Effekt des Dienens aus einer gehobenen Position heraus immer wieder – auch wenn sie ihre anfängliche Unlust erst einmal besiegen mussten. Umso stärker werden sie für ihre Überwindung belohnt.

Der Selbst-Entwickler verfolgt nicht eigenmächtig sein eigenes Wohlbefinden, sondern das des anderen. Dienen als Hedonismus lautet das Motto!

Sollten Ihre Versuche beim anderen aus welchen Gründen auch immer abperlen, wirkt schon Ihr beseeltes Tun wie ein Stimmungsaufheller.

Macht im A-Modus

Ein Merkmal von Amodisten ist die zurückhaltende oder ablehnende, manchmal auch geringschätzende und abwertende Haltung Mitmenschen gegenüber. Leider ist immer wieder zu beobachten, wie Menschen ihre Machtposition mit einem A-Modus verbinden. Sie begegnen dann anderen mit Misstrauen und lassen deren Meinung nicht gelten. Probleme, Sorgen und Ängste von Mitmenschen werden übergangen oder nicht ernst genommen.
Ein weiteres Merkmal sind allerlei Psychospielchen, bei denen die direkte Konfrontation gemieden wird. Ich meine das Verhalten von Menschen, die ständig die Strategie des schmollenden Rückzugs betreiben. Solche Amodisten »machen nicht mehr mit« beim allgemeinen Geschehen. Auf diese Weise üben sie indirekt Macht auf andere aus.
Schuldzuschreibungen zählen ebenfalls zum Machtverhalten eines Amodisten. Menschen, die eigene Fehler gerne anderen zuschieben, dabei uneinsichtig und anklagend sind, machen ihr Gegenüber zum Opfer, das sich verteidigen will. Als Selbst-Entwickler bemühen Sie sich, diese »Schuldstrategie« zu durchbrechen, indem Sie sich denken: »Willkommen in deiner Welt.«

Macht im K-Modus

Im K-Modus ringen wir um die Macht. Hier steht das K für Kampf, Kraft, Konflikt, Kosten, manchmal auch für Katastrophe, wenn der Kampf mit einem Kontrollverlust einhergeht. Verbale Beleidigungen sind dann an der Tagesordnung, ebenso wie hinterhältige Denunziationen.

Machtkämpfe in zwischenmenschlichen Beziehungen – bei Paaren, in der Familie, unter Kollegen – sind alltäglich und auch wichtig, wenn sie zu einem ausgeglichenen Kräfteverhältnis beitragen. Unter Kollegen steigern sie den Wettbewerb und das Bemühen um die beste Lösung. Sie können durchaus motivieren, wenn sie auf eine gemäßigte Weise stattfinden.

Allerdings begeben wir uns bei Machtkämpfen meist auf eine riskante Gratwanderung. Schnell nämlich kippen sie in einen zerstörerischen Bereich, sobald der gegenseitige Respekt auf der Strecke bleibt.

> Machtkämpfe werden zerstörerisch, wenn wir den Respekt vor dem anderen verlieren.

Machtkämpfe dienen nicht nur dem Wettbewerb und der Festigung der Hierarchie, sondern auch dem Ausloten von Grenzen. Das gilt vor allem bei Kindern, untereinander und den Eltern gegenüber. Es sind sozusagen erkundende Machtkämpfe, und im Wesen dieser Art von Auseinandersetzung liegt es, dass es zur Eskalation kommt, wenn keine Grenzen gesetzt werden. Je länger wir zusehen, wie sich jemand in einem erkundenden Machtkampf befindet, desto schwieriger wird es, etwas dagegen zu unternehmen.

Als Selbst-Entwickler sollten Sie umgehend reagieren und ein entschiedenes Nein sagen, sobald Sie merken, dass jemand mit Hilfe von Machtkämpfen seine Grenzen ausloten will.

Eine ebenso subtile wie häufig angewandte Machtausübung von Kamodisten ist die Zuckerbrot-und-Peitsche-Strategie. »Vor allem beim Menschen«, schreibt der Psychologe John Cacioppo in seinem Buch *Einsamkeit*, »geht Manipulation nicht selten mit extremer Grausamkeit einher, etwa wenn er wieder dieselbigen Höflinge willkürlich und brutal terrorisiert, um die Illusion von seiner unermesslichen, ja sogar gottgleichen Macht zu unterstreichen.« Ein Zuckerbrot-und-Peitsche-Verhalten, das Belohnungen und Bestrafungen gezielt einsetzt, ängstigt und verunsichert den Betroffenen vehement, da er stets im Ungewissen ist, ob er mit Belohnung oder Bestrafung zu rechnen hat. Diese Unvorhersehbarkeit macht Gegenstrategien, mit denen man sich gegen die Wechselbäder wehren kann, nahezu unmöglich. Chefs und Vorgesetzte, die ihre Angestellten am Montag vor versammelter Mannschaft demontieren, dieselben Leute am Dienstag freundlich mit Komplimenten versehen, am Mittwoch aber wieder maßregeln und rügen, müssen damit rechnen, dass sich die so gegängelten Menschen zurückziehen, eine Trotz- oder Schutzhaltung einnehmen, geringere Leistung zeigen und innerlich kündigen. Sie werden zu Rabattmarken-Klebern auf Ungerechtigkeit oder wirkliche Kündigung.
Machtausübung durch Wechselbäder gibt es auch zwischen Eltern und Kindern, was fatale Folgen für die Kleinen haben kann. In Angstsituationen suchen wir Menschen bekanntlich Schutz bei anderen, das gilt insbesondere für Kinder. Wenn ausgerechnet die Beschützer zum Auslöser

für die Angst werden, führt das zu einem Teufelskreis und einer paradox intensiven Bindung. Die Kleinen suchen Schutz bei denen, vor denen sie Angst haben, die ihnen auf der anderen Seite aber Geborgenheit geben.

Ein vergleichbares Phänomen ist aus Paarbeziehungen bekannt. Warum verlassen Frauen ihre Männer nicht, wenn diese ihre Macht manchmal auch gewaltsam über die Frauen ausüben? Wir kennen dieses Verhalten hinlänglich unter dem Begriff Stockholm-Syndrom. Es beschreibt, welch innige Empfindung in Angst versetzte, ohnmächtige Geiseln ihren Geiselnehmern gegenüber verspüren können. Ohnmacht verzerrt die Wahrnehmung, indem der Schwächere beim Stärkeren eine geradezu bewunderte Allmacht vermutet.

Menschen, die ihre Macht über die Abhängigkeit anderer zementieren wollen, sind meist selbst zutiefst verunsichert worden. In ihrem neuronalen Gitterbett haben sich früh schon Ohnmachtsgefühle verschaltet, die sie, nun in der Machtposition, zu überwinden versuchen, indem sie andere eher unbewusst in die einst erlittene Gefühlslage bringen. Solche Menschen haben oft eine gefühlskalte, strenge Kindheit erlebt. Die kindlichen Gefühle verkümmerten, anstatt zu wachsen. Später neigen solche Menschen zur Selbstherrlichkeit, bar jeglicher Selbstkritik oder Selbstreflexion.

Machtverlust und Unterordnung

Wer Macht erst einmal genossen hat, fürchtet deren Verlust. Bei Menschen, die um ihren sozialen Status bangen, bilden sich im Kopf ähnliche neuronale Muster wie beim Empfinden von Schmerzen. Wer sich ganz unten in der

Hierarchie einstuft, wird leichter krank. Und umgekehrt gilt: Ein hoher Status verringert die Wahrscheinlichkeit von Erkrankungen und beschleunigt Heilungsprozesse.

Gleichwohl ist uns die Fähigkeit zur Unterordnung angeboren. Wie sehr wir uns machtausübenden, autoritären Menschen unterwerfen, ist hinlänglich bekannt. Unsere Geschichte ist davon geprägt, wie sehr wir bereit sind, uns einem Machtgefüge zu unterwerfen. Dass keiner von uns davor gefeit ist, konnte der Psychologe Stanley Milgram mit einem Experiment beweisen, das auf fürchterliche Weise zur Legende wurde.

Auf Geheiß des Versuchsleiters erteilten Studenten einer Person im Nebenzimmer Elektroschocks, wenn sie Fragen falsch beantwortet hatte. Obwohl die Probanden nach jeder Strafaktion Schmerzensschreie aus dem Nebenzimmer hörten, setzten sie die Prozedur fort – stets den Aufforderungen des Versuchsleiters gehorchend.

Macht aktiviert das Belohnungszentrum, Ohnmacht lässt es verkümmern. Nicht selten suchen Unterwürfige, Unterlegene, Gedrückte deshalb nach Alternativen, um sich selbst zu belohnen. Mittels Drogen zum Beispiel, so, wie rangniedrige Javaner-Äffchen es tun: Rangniedrige Mitglieder in einer Gruppe dieser Affen koksen eher als ranghohe. Die Gehirnregionen der Unterworfenen arbeiten stets auf Sparflamme, damit sie sich nicht zu sehr vom Stress mitreißen lassen, der sich aus dem niedrigen Rang ergibt. Um dennoch in den Genuss von Endorphinen zu kommen, greifen sie bevorzugt zu Kokainplätzchen. Dass auch wir Menschen in Momenten, in denen wir uns ohne Macht fühlen, Auswege in Alkohol und Drogen suchen, ist hinlänglich bekannt.

Macht und Besitz

Das M. Groß geschrieben besteht es aus vier Strichen, klein geschrieben aus zwei Bögen. Wenn wir es aussprechen, schließen wir die Lippen, atmen aus und summen dabei.
Mit einem M beginnt das Sprechen. Fast überall auf der Welt lautet das erste Wort eines Babys »Mama«, auch wenn es anfangs noch ein spielerisches Mamamama-Gebrabbel ist. Wir sagen genussvoll »Mhmm«, wenn uns etwas gefällt.
Eigentlich war ja die Macht unser Thema, werden Sie sich jetzt womöglich denken. Was hat dieses M nun mit Macht zu tun, außer dass das Wort mit ihm beginnt?
M ist nicht nur ein Buchstabe, es ist auch ein sogenanntes Morphem, ein kleinstes bedeutungstragendes Element einer Sprache. Setzt man es nämlich vor das Wörtchen »ein«, wird daraus »mein«. »Ein« oder »mein« – was für ein eklatanter Unterschied! »Ein« ist wertfrei, vollkommen neutral. Ein Haus, ein Auto, ein Partner. Da ist doch »mein« wesentlich bedeutungstragender, immerhin macht einen das »M« als Morphem zum Besitzer eines Hauses, eines Autos und eines Partners.
Besitz bedeutet meist auch Macht. Besitzverlust beinhaltet Machtverlust und umgekehrt.
Tatsächlich spielt machtbezogenes Besitzdenken in Beziehungen eine größere Rolle, als wir annehmen. Wenn wir meinen, den anderen »besitzen« zu können, wollen wir Macht über ihn ausüben. Auch wenn diese Macht darin besteht, dass der andere sich so zu verhalten hat, wie wir es gern hätten.
Meist laufen diese Besitz-/Machtprozesse auf einer ganz unterschwelligen Ebene ab.

Lassen Sie mich die Geschichte eines »M« vor einem »Ein« am Beispiel einer Klientin erzählen. Gabriele, eine attraktive Mittvierzigerin, ist eine Bekannte von meiner Frau und mir. Sie ist seit fünf Jahren verheiratet. Bei einem gemeinsamen Essen bat sie mich um Rat. Ihr Mann, so sagte sie, würde sich seit geraumer Zeit abweisend verhalten. Sie erzählte: »Wenn ich meinem Mann morgens das Frühstück mache, setzt er sich mit der Zeitung hin und liest. Tut so, als wäre ich nicht da. Meist kommt er abends sehr spät nach Hause, manchmal auch gar nicht. Ich finde, mein Mann könnte mich dann anrufen und mir Bescheid geben. Weißt du, wann er mir das letzte Mal Blumen geschenkt hat? Ich kann mich nicht daran erinnern. Ich habe versucht, mit ihm zu reden, habe gewütet und getobt, ich habe es mit Zärtlichkeit versucht. Glaubst du, er wird sich noch einmal ändern?«

Sie redete ohne Punkt und Komma, und in jedem Beschwerdesatz tauchte es auf, dieses: »Mein Mann.« Und sie beendete ihre Geschichte mit dem Seufzer: »Ich sollte ihn verlassen.«

Ich fragte: »Warum tust du es nicht?« Und sie erzählte von all den Vorteilen, die sich aus dem gemeinsamen Leben ergeben: dem großen Haus, dem schönen Auto, dem traumhaften Garten. Und ab und zu gäbe es auch noch ein paar schöne Reisen. Sie wolle bei ihm bleiben, ohne leiden zu müssen.

»Streich das ›M‹ weg«, sagte ich zu ihr. »Das ›M‹ vor dem ›Ein‹. Denke nicht: *Mein* Mann liest morgens Zeitung und beachtet mich nicht, sondern denke: *Ein* Mann liest morgens Zeitung, anstatt mit mir zu reden. *Ein* Mann ruft abends nicht an, *ein* Mann schenkt mir keine Blumen, *ein* Mann nimmt mich zu wenig wahr.«

Wochen später erhielt ich von Gabriele eine E-Mail, in der sie schrieb, dass sie sich konsequent von dem »M« vor dem

»Ein« gelöst habe. Als Folge ihres neuen Kontextes sanken ihre Erwartungen an *einen* Mann. Die Beziehung lebte wieder auf. Gabrieles Schreiben endete mit dem Satz: »Stell Dir vor, gestern hat mir *ein* Mann sogar Blumen geschenkt!«

Macht und Gefühle

Liebesentzug. Was für eine zerstörerische Demonstration des *Machthabers*. Wie häufig leiden Beziehungen darunter, gleichgültig, ob es die zwischen Lebenspartnern, zwischen Chef und Mitarbeiter oder solche zwischen Eltern und Kindern sind. Liebesentzug findet seinen Ausdruck meist im Abbruch jeglicher Kommunikation. Auf sprachliche Art, wenn man dem anderen demonstrativ nicht mehr zuhört oder ihm sagt: »Ich will jetzt nicht mehr mit dir reden!« Aber auch auf der nichtsprachlichen Ebene, wenn man auf das Gegenüber mimisch oder körpersprachlich nicht mehr reagiert. Wenn kein Lächeln erwidert wird, das Gesicht kühl bleibt, regungslos und undurchsichtig mit starrem Blick. So irritiert man den anderen, stößt ihn zurück und übt auf diese Weise Macht über ihn aus. Von klein auf reagieren wir mit Verunsicherung auf einen derartigen Kontaktabbruch und Liebesentzug. Wir fühlen uns dann hilflos, ohnmächtig, voller Angst, verlassen zu werden.
Indirekt übt auch Macht aus, wer in einer Partnerschaft ein geringeres Bedürfnis nach Nähe verspürt. Die Sehnsucht danach ist von Mensch zu Mensch je nach genetischer Ausstattung und gemachten Erfahrungen unterschiedlich stark ausgeprägt. Schuldzuweisungen sind hier vollkommen fehl

am Platz, ebenso wie die fatalen, sinnlosen und destruktiven Forderungen nach mehr Verbindlichkeit.
Ähnlich empfindlich verhalten wir uns, wenn wir in einer Beziehung unausgeglichene Liebesgefühle spüren. Zwar ist es durchaus normal, wenn wechselweise mal der eine, mal der andere stärkere Gefühle für den Partner empfindet. Anstatt gelassen auf dieses Auf und Ab in Beziehungen zu reagieren, neigt so manch einer zum verzweifelten wie vergeblichen Einfordern von Liebesgefühlen: »Sag, liebst du mich noch? Nimm mich doch mal wieder in den Arm. Warum küsst du mich so selten?« Mit derlei Aufforderungen verlieren die ohnehin schon Ohnmächtigen immer mehr an Eigen-Macht. Denn in wessen Macht steht es, dass das Bitten, Flehen oder Jammern erhört wird? In der Macht des anderen. Und wenn der nicht will?!
Womit wir beim nächsten Thema angelangt sind: den Erwartungen.

Macht und Erwartungen

Menschen gehen Beziehungen mit Bedürfnissen und Erwartungen ein. Jeder von uns hat eine Idealvorstellung von seinem Gegenüber, egal ob es sich um den Partner, die Kinder, um Freunde, den Chef oder die Kollegen handelt. Erwartungen sind immer da, schließlich verleihen Beziehungen eine gewisse Sicherheit und Orientierung. Zudem sind sie Ausdruck eines eigenen Wertesystems – dem der andere möglichst entsprechen sollte.
Liebe Leser, erwarten Sie! Erwarten Sie, so viel Sie wollen! Das ist Ihr Recht, das kann und will Ihnen auch niemand

nehmen. Erwarten Sie, dass Ihnen Ihr Partner zum Valentinstag Blumen mitbringt. Erwarten Sie ruhig, dass Ihre Kinder die Hausaufgaben machen, gute Noten schreiben und endlich mal ihr Zimmer aufräumen. Erwarten Sie auch, dass Ihr Chef Sie grüßt und dabei womöglich auch noch Ihren Namen nennt. Erwarten Sie, dass Ihre Mitarbeiter pünktlich und zuverlässig sind. Erwarten Sie, dass Ihre Freunde Ihnen zum Geburtstag gratulieren. Nur zu, es stehen Ihnen frei, alles und jedes zu erwarten.

Aber!

Erwarten Sie auf keinen Fall, dass sich Ihre Erwartungen auch erfüllen! Sonst tappen Sie in die Falle, die ich »irrationale Muss-Annahmen« nenne. Zum Beispiel, wenn der andere so sein muss, wie Sie sich das vorstellen. Denn was ist, wenn der andere nicht will oder nicht kann, möglicherweise auch gar nicht erkennt, was er eigentlich müsste, weil Sie es wollen?

Andere gemäß den eigenen Vorstellungen beeinflussen zu wollen ist ein weiterer Ausdruck von Macht. So banal es klingt, aber es hilft: Wir und die anderen müssen gar nichts, außer sterben.

> Die meisten Machtkämpfe in Beziehungen entstehen aus Erwartungen beziehungsweise irrationalen Muss-Annahmen.

Während sich Erwachsene dagegen wehren können, stehen Kinder hier auf verlorenem Posten, sobald sie von ihren Eltern nach deren Gutdünken »geformt« werden, wie der berühmte Evolutionsbiologe Robert Trivers es nennt, wenn Eltern ihre Kleinen ausschließlich zum elterlichen Vorteil beeinflussen. Dann ist Erziehung von Macht geprägt, anders als ein erzieherisches Lehren, das ausschließlich auf den Vorteil des Kindes abzielt.

Der Selbst-Entwickler gelangt zur Eigen-Macht, indem er sich von irrationalen Muss-Annahmen löst oder sich darüber Rechenschaft gibt, wie sie ihn bestimmen. Denn: Der andere ist, wie er ist! Und er muss nicht sein, wie er sein soll.

Erfüllen andere unsere Erwartungen nicht, neigen wir zu ständiger Kritik und Nörgelei. Meckereien können als Informationen zwar durchaus wichtig sein, solange sie als Motor für Veränderungen dienen. Nehmen sie jedoch inflationären Charakter an, werden sie unweigerlich zum Beziehungskiller, weil sie die Beteiligten irgendwann in den A- oder den K-Modus treiben.

Nörgeln, oje! Ständiges Nörgeln, mit den immer gleichlautenden Sätzen: »Ich hab dir doch gesagt, du sollst die Schuhe ordentlich hinstellen.« – »Wieso hast du schon wieder nicht an den Mülleimer gedacht?« – »Warum liest du jeden Morgen Zeitung, anstatt mit mir zu reden?« In der Arbeit hören wir Sätze wie: »Wie oft muss ich Ihnen denn noch sagen, dass …« – »Schon wieder haben Sie vergessen, dieses oder jenes zu berücksichtigen.« Und so weiter und so fort.

Wie gehe ich als Selbst-Entwickler mit derartigen notorischen Meckerböcken um?

Meistens zielen Nörgler auf unsere Person ab. Dabei ziehen sie in geballter Form das Register der »Du bist …«-Sätze. »Du bist unmöglich …« – »Du bist ein Volldepp …« – »Du bist so was von gestört …« Auf beruflicher Ebene fallen Sätze wie: »Sie schaffen das nicht …« – »Sie sind ineffektiv …«

Lassen Sie sich von der Stimmung der nörgelnden, unzufriedenen Amodisten oder Kamodisten keinesfalls anstecken! Entsinnen Sie sich der Stimmungsviren, gegen die Sie

sich schützen, indem Sie sich auf eine Metaebene begeben. Von dort aus betrachten Sie den Nörgelnden und denken sich: »Willkommen in deiner Welt.« Vergessen Sie dabei nicht das wichtige Credo des Selbst-Entwicklers: »Jeder hat recht in seinem Angst- und Denksystem.«
Niemand von uns ist unfehlbar. Auch der geübte und erfahrene Selbst-Entwickler nicht. Überlegen Sie in Nörgelmomenten auf jeden Fall selbstkritisch, ob Sie Fehler begangen haben. Und stellen Sie sich dann der daraus entstehenden Trainingseinheit, indem Sie denken: »Danke, Fehler, du bist mein Coach.«
Nicht nur ein Fehler kann Sie coachen, auch Ihr Partner. Betrachten Sie eine Beziehung als Wachstumsort, nicht als Erlösungsstätte. Ich persönlich habe meine Frau legitimiert, mich sofort darauf aufmerksam zu machen, sobald ich ihr ungebetene Ratschläge und Beurteilungen gebe. In solchen Momenten sagt sie »Bingo«. Ich gebe zu, dass ich ihr »Bingo« häufiger höre, als mir lieb ist. Auch wenn ich genau weiß, dass ungebetene und besserwisserische Meinungen die Stimmung des Gegenübers nicht gerade heben – meine Rechthaberei muss immer mal wieder raus.
Mein Vorschlag für Sie: Ab heute bemühen Sie sich nicht mehr, den anderen zu entwickeln, sondern bitten ihn, Ihnen bei einer speziellen von Ihnen angestrebten Verhaltensänderung zu helfen. Dieser neue Lernkontext schafft eine gute Atmosphäre in der Beziehung.

Macht und Rechthaberei

Eine weitere, außerordentlich beliebte Spielwiese des *Machthabers* ist die Rechthaberei. Für ein »Ich! Habe! Recht!« riskiert er in Beziehungen alles. Kein Wunder, dass die Rechthaberei ein gnadenloser Beziehungskiller ist.

»Wieso hast du mir keine Mülltüten vom Einkaufen mitgebacht?«

»Weil du es nicht gesagt hast!«

»Hab ich doch gesagt!«

»Hast du nicht gesagt, sonst hätte ich es ja gehört!«

»Du hörst eben nicht zu!«

»Woher willst du das wissen?«

»Weil du keine Mülltüten mitgebracht hast.«

»Wieso sollte ich, du hast mir das ja nicht gesagt.«

Und so weiter und so fort.

Wer rechthaberisch ist, nimmt den anderen in seinem Wertesystem nicht ernst und stellt sich gleichzeitig als den »Mächtigeren«, »Besseren« und »Klügeren« in den Vordergrund.

Rechthaberische Menschen üben Macht aus, indem sie andere entwerten: »Das ist doch vollkommener Quatsch, was du da sagst.« – »Du liegst vollkommen daneben.« – »Du spinnst ja total.« Das sind allesamt Sätze, die die Werte und Meinungen anderer gering schätzen. Sicherlich kann man nicht stets einer Meinung mit dem anderen sein, es ist jedoch eine Frage des Respekts, wie man seine eigene Ansicht kundtut.

Der Selbst-Entwickler macht sich die Kosten seiner Rechthaberei bewusst.

Rechthaberei kostet. Sie kostet den L-Modus, sie kostet Zeit, Kraft, vor allem auch Nerven. Und sie geht auf Kosten eines harmonischen Miteinanders. Fragen Sie sich deshalb als Selbst-Entwickler bei jeder versuchten Rechthaberei: Will ich recht behalten, oder will ich mit dem anderen eine schöne Zeit verbringen?

Rechthaberische Menschen haben es nicht einfach im Leben. Ihr Angst- und Denksystem folgt oft zwanghaften Wegen, es benötigt seine bestimmte Ordnung und hat genaue Vorstellungen davon, wie das Leben verlaufen muss. Fühlt sich der Rechthaber in seinem Denksystem angegriffen, empfindet er sich als Person in Frage gestellt.

Ein weiterer Hintergrund rechthaberischer Menschen kann ihr autoritärer Charakter sein. Die Rechthaber schätzen Regeln, unterwerfen sich ihnen bereitwillig, erwarten aber von anderen ebenfalls Unterwerfung: »Gib mir recht, sag ja zu dem, was ich sage!« Das heißt aber auch: »Sei demütig, unterwirf dich meiner Meinung.«

Eine Studie will herausgefunden haben, dass vor allem Männer rechthaberisch sind und dass ihnen dieses Verhalten in den Genen liegt. Bevor Frauen ums Rechthaben streiten, suchen sie erst einmal bei sich nach etwaigen Fehlern. Männer hingegen wollen trotz Fehleinschätzung ihre persönliche Fehlleistung nicht anerkennen und suchen genau deshalb den Fehler bei anderen.

Liebe Leserinnen, wenn Sie sich wieder einmal von einem Rechthabermann wie erschlagen fühlen, denken Sie ganz einfach: Er kann nicht anders, seine Gene wollen es so!

Diese Ansicht vertritt zumindest David Buss. Männer, so meint der Psychologe, dürfen keine Schwäche zeigen, ansonsten haben sie – von der Evolution her betrachtet – geringere Überlebenschancen.

Werden wir zum Opfer rechthaberischer Menschen, fürchten wir, von ihnen immer mehr in die Enge getrieben zu werden, denn das steigert beim Rechthaber Machtgefühle und aktiviert sein Belohnungszentrum. Um diesem Prozess zu entkommen, sollten Sie im L-Modus loslassen. Lassen Sie los von Ihren eigenen dominanten, rechthaberischen Gedanken und betrachten Sie den nervenden Rechthaber von einer Metaebene aus. Oder lehnen Sie sich zurück und denken Sie gelassen an die Worte des Pädagogen Johann Heinrich Pestalozzi: »Je höher die Rechthaberei in einem Menschen steigt, desto seltener hat er recht, das heißt, desto seltener stimmen seine Aussagen und Behauptungen mit der Wahrheit überein.«
Dazu noch eine kurze Geschichte über einen guten Freund von mir. Auf meine Feststellung, er habe doch auffallend viel Freude am Rechthaben, antwortete er selbstironisch: »Ich habe kein Geld. Ich habe keinen Erfolg. Ich habe keine Geliebte. Da will ich doch wenigstens Recht haben.«

Weißer und schwarzer Neid

Ab dem zweiten Lebensjahr geht es los. Die Kleinen stampfen mit dem Fuß auf, sie brüllen, werfen sich gegebenenfalls auch auf den Boden. »Will ich auch haben«, schreien sie.
Die Autorin ist Mutter von (inzwischen erwachsenen) eineiigen Zwillingen, die im Kleinkindalter vor allem damit beschäftigt waren, zu vergleichen: Wer hat mehr? Was hat der andere, was ich nicht habe? Warum bekommt der als Erster und ich als Letzter? Und wehe, einer hatte das Nachsehen!

Schnuller beispielsweise. Einer im Mund reichte nicht, da mussten mindestens noch jeweils vier Stück in jeder Hand gehalten werden. Bekamen die Zwillinge zu essen, verglichen ihre Augen in Windeseile die Größe des Nudelhaufens auf den beiden Tellern, die Menge Tee in den Flaschen, die Anzahl der Kekse. Und vermuteten sie hier auch nur die geringste Ungerechtigkeit, kamen Neid und lautstarker Protest auf. Wie oft endete es bei den kleinen Kamodisten in Gerangel und Gehaue.

Wir alle vergleichen und begehren, auch wenn aus unseren Schnullern inzwischen Häuser, Autos, Erfolg, Aussehen und vieles mehr geworden sind. Der *Neider* in uns schürt eine Mixtur aus Ärger, Wut und Traurigkeit, wenn wir merken, dass es anderen bessergeht als uns. Frauen, das zeigt eine Studie des Neidforschers Rolf Haubl, reagieren eher mit Trauer, wenn sie etwas Begehrtes beim anderen sehen, Männer hingegen ärgern sich und werden zu Kamodisten. »Depressiv lähmend« nennt Haubl den weiblichen Neid, »feindselig schädigend« den männlichen.

Wir vergleichen auch, um unseren Status zu hinterfragen. Aus dem uns bereits bekannten *Vergleicher* wird dann schnell ein *Neider.* Besitz, Aussehen, Karriere, zwischenmenschliche Beziehungen, Humor, Großzügigkeit, Beliebtheit und Status anderer ... Ach, was gibt es bei anderen nicht alles zu beneiden!

Eine gemäßigte Form von Neid ist uns als *heimlicher Begleiter* angeboren. Er treibt uns im Kampf um begrenzte Ressourcen an, möchte, dass wir besser als andere werden und mehr leisten, um mehr zu haben. Forscher nennen ihn den weißen, den Ehrgeiz erweckenden Neid.

Es gibt aber auch den schwarzen Neid. Der wirkt zerstörerisch auf das Selbst und auf das Miteinander. Dazu zählt auch der Neid, der Empörung in uns auslöst und den *Ge-*

rechtler in uns weckt: »Unverschämtheit! Wie kann es sein, dass der andere hat, was ich nicht habe?«
Besonders schlimm ist schwarzer Neid, wenn er sich in der Seele festgefressen hat und uns vergiftet. Früher nannte man diesen Neid – von dem Wort »schielen« abgeleitet – Scheelsucht. Die Mixtur aus Selbst-Unzufriedenheit und übersteigerter Wahrnehmung dessen, was bei anderen beneidenswert sein könnte, wurzelt auch in der Unwissenheit, wozu man selbst fähig ist und was einem wirklich guttut. Neidempfindungen dieser Art schwächen unser Ego und unsere Zufriedenheit. Übrigens beweist die Glücksforschung: Besitz und Reichtum korrelieren keinesfalls mit Freude oder guter Laune.
Um unser Selbstwertgefühl zu schützen, neigen wir im A-Modus dazu, das abzuwerten, was wir beim anderen beneiden. Im K-Modus zeigen wir zerstörerische und aggressive Verhaltensweisen. Neid kann durchaus auch zu dauerhafter Niedergeschlagenheit und Einsamkeit führen. Wir sind dann nicht nur wie gelähmt – einer Untersuchung von Sarah Hill zufolge schmälert Neid auch unsere Merkfähigkeit und Konzentration.
Trotz dieser vielfältigen Wirkungen ist Neid ein Tabuthema, eine Emotion, die wir nach unseren gesellschaftlichen Wertevorstellungen eigentlich nicht empfinden sollten. Geschweige denn darüber reden. Deshalb fressen wir ihn in uns hinein. Und das macht uns auf Dauer seelisch krank. *Neider* befinden sich im fortwährenden A- oder K-Modus, weil sie nicht annehmen, wie, was und wo sie sind.

Als Selbst-Entwickler wollen wir unseren Neid auf andere erkennen, ihn annehmen und als Lehrmeister beziehungsweise Coach verstehen.

Tatsächlich gibt Ihnen Ihr Neid Auskunft über das Maß Ihrer Selbst-Zufriedenheit sowie über Ihre Einstellungen und Vorstellungen darüber, was Sie haben und was Sie eigentlich wollen. Sobald Sie den schwarzen Neid in einen weißen umwandeln, könnte er zu einer wichtigen Triebfeder für Ihre erfolgreiche Weiterentwicklung und Veränderung werden.

Mit dem Neid eng verwoben ist die Eifersucht. Was für ein quälendes, schmerzhaftes Gefühl löst sie doch in uns aus, und wie schrecklich ohnmächtig sind wir dann in ihr gefangen. Diese Emotion beginnt sehr früh zu wirken. Forscher beobachten Eifersucht bereits bei sechs Monate alten Kindern. In der Regel ist Eifersucht eine Mixtur aus Selbst-Zweifel und mangelndem Vertrauen in den anderen. In Maßen erlebt und empfunden, ist sie durchaus normal. Der Übergang zur krankhaften Eifersucht ist jedoch schleichend. Sobald die eifersüchtigen Gefühle, von Angst, Wut und Verzweiflung durchsetzt, zum Kontrollwahn ausufern, ist die Wahrscheinlichkeit groß, dass die Beziehung daran zerbricht.

Kommt zu Neid und Eifersucht auch noch Hass hinzu, sprechen Forscher von einem »Trio infernale«, einem höllischen Trio. Dieser Hass ist meist Ausdruck von Selbst-Hass. Er wurzelt im frühen Kindesalter, wenn die Kleinen ihr Selbst verleugnen müssen, um von ihren Eltern geliebt zu werden. Im Zuge dieses Selbst-Verrats entsteht das Gefühl, nicht wertgeschätzt und geliebt zu werden, wie man ist, sondern nur dann, wenn man sich so verhält, wie die Erwachsenen es erwarten.

Das gemeinsame Wirken des »Trio infernale« führt zu einer starken Aktivierung im Frontallappen. Eine mögliche Folge ist der Kontrollverlust.

Kontrolle – über andere und über sich selbst

Ist es mit Ihnen schon mal durchgegangen? So richtig? In etwa so, wie es meinem Bekannten Justus einst erging?
Justus ist Schauspieler, ein nicht gerade berühmter, aber halbwegs bekannter. Man hatte ihm eine Rolle in einem größeren Kinofilm angeboten. Das Thema passte, das Drehbuch passte, der Regisseur passte.
Was nicht passte, war die Gage. Justus verhandelte am Telefon, er schrieb E-Mails und Briefe. Vergeblich. Eines Tages polterte er in einem Zustand, den man nicht gerade als L-Modus bezeichnen kann, ins Gebäude der Produktionsfirma. Grußlos marschierte der Kamodist an der Assistentin des Geschäftsführers vorbei in dessen Büro.
Der erkannte offenbar sofort die Lage, bat Justus, Platz zu nehmen, und ließ Kaffee, Milch und Zucker kommen. Das folgende Gespräch verlief alles andere als günstig. Die niedrige Gage blieb, wie sie war, und Justus blieb Kamodist, weil die Gage blieb. Dabei lief er zur Höchstform auf. Irgendwann, als der Geschäftsführer eine genervte Bemerkung machte, sprang mein Bekannter vom Stuhl, packte die (volle) Zuckerdose, schleuderte sie vor Wut gegen die Wand und brüllte – und als Schauspieler kann man brüllen –: »Das muss ich mir nicht gefallen lassen!« Es folgten ein sehr lauter Wortschwall und eine Schimpfkanonade voller Flüche. Ein klassischer Kontrollverlust.
Haben Sie schon mal etwas gegen die Wand geworfen? Oder bis zur Heiserkeit gebrüllt, weil Ihnen etwas gegen den Strich gegangen ist? Wie oft haben Sie als Kamodist Dinge gesagt, die Sie hinterher bitter bereuten? Und wie oft

sind Beziehungen in die Brüche gegangen, weil Sie oder der andere sich so gar nicht mehr im Griff hatte?

Zwei Fragen stehen für den Selbst-Entwickler im Raum:

Frage 1: Was tut er, wenn er sich in einem solchen zugespitzten K-Modus befindet?

Frage 2: Was tut er, wenn sein Gegenüber in einem solchen Zustand ist?

Zunächst einmal hilft das Verstehen. Wie kommt es überhaupt zu einem derartigen Ausnahmezustand, obwohl wir Menschen, wie alle höher entwickelten Lebewesen auch, einen weiteren *heimlichen Begleiter* in uns haben, der den ungezügelten Ausbruch eines Kamodisten eigentlich verhindern könnte und sollte. Ich nenne ihn den *Kontroller.*

Dieser *heimliche Begleiter* reguliert unsere Emotionen. Er sorgt für ein stimmiges Miteinander und nimmt über das Frontalhirn gezielt Einfluss auf das, was zwischen uns und den anderen passiert. Dabei versucht er auch das durchzusetzen, wonach dem *Gerechtler* und dem *Behaupter* der Sinn steht.

> Unser Kontrollverhalten bezieht sich zum einen auf unsere Umwelt und unsere Mitmenschen und zum anderen auf unser Selbst.

Der *Kontroller* arbeitet auf zwei unterschiedlichen Ebenen. Entweder veranlasst er uns zu einem aktiven und konkreten Handeln, durch das wir unsere Umwelt und unsere Mitmenschen so gestalten, wie wir es gern hätten. »Changing the world« heißt diese Art externaler Kontrolle.

Oder er kontrolliert unser Selbst, darauf abzielend, es mit all seinen Zielen und Werten an die gegebenen Umstände anzupassen. Diese »Changing the self«-Kontrolle ist internal. Sie entspricht der Philosophie des Selbst-Entwicklers.

In vielen Beziehungen verfahren die *Kontroller* nach der externalen Strategie. Man möchte den anderen in einer Weise verändern, dass er den eigenen Vorstellungen entspricht. Und wenn es nicht funktioniert, wird gemeckert und gejammert: »Sei nicht so unordentlich, sei liebevoller, sei rücksichtsvoller, tu dies, tu jenes!« Welches Ende diese wechselseitige Kontrolliererei und Erzieherei nehmen kann, ist hinlänglich bekannt: Es führt zu zerstörerischen Verhaltensmustern.

Eines können die *Kontroller* in uns oft nicht richtig einschätzen: Inwiefern liegt es überhaupt in unserer Macht, den anderen kontrollieren zu können? Sicherlich, wäre der *Kontroller* der *heimliche Begleiter* eines Vorgesetzten, könnte er Vorgaben machen, an die sich die Mitarbeiter zu halten haben. Schwierig wird es für den *Kontroller* aber in Beziehungen, in denen es keine klare Macht- und Hierarchiestruktur gibt oder geben sollte. Ich meine Paarbeziehungen, familiäre und freundschaftliche Beziehungen und Beziehungen unter Kollegen.

Der Selbst-Entwickler konzentriert sich hier nicht auf die Macht über andere, sondern auf seine internale Kontrolle. Mit ihr gelingt die Selbst-Regulation seiner gegenwärtigen Stimmungslage und seines Handelns. Über diese Selbstwirksamkeit gelangt er zur Eigen-Macht und vermeidet deprimierende Ohnmachtsgefühle.

Der Begriff der Selbstwirksamkeit wurde von dem Psychologen Albert Bandura durch den der Selbstwirksamkeits*erwartung* erweitert. Die *Erwartung* bezieht sich darauf, ob wir das, was wir uns vorgenommen haben, auch erfolgreich ausführen können. Je häufiger wir in diesem Zusammenhang Erfolgsgefühle erlebt haben, desto mehr haben

wir sie verinnerlicht, desto stabiler sind sie, und desto ausgeprägter ist unsere *Selbstwirksamkeitserwartung.*
Gleiches gilt in umgekehrter Weise für den Misserfolg. Tritt er wiederholt auf, führt er erwartungsgemäß zu Selbstzweifel, Unsicherheit und Angst.
Menschen, die häufig Misserfolge erleben mussten, fühlen sich meist mit einer externalen Kontrolle konfrontiert. Sie empfinden sich von außen durch die Umstände oder durch andere Menschen gesteuert – ohnmächtig, um auf sie einzuwirken.
Doch wann werden wir (objektiv) tatsächlich von außen gesteuert – und wann meint nur unser *Kontroller,* der Situation oder einer Beziehung nicht gewachsen zu sein? Zwischen unserer Überzeugung, eine Situation beziehungsweise ein Miteinander sei in irgendeiner Weise kontrollierbar *(Kontrollüberzeugung),* und der Annahme, man *selbst* sei derjenige, der in der Lage ist, die Situation zu meistern *(Selbstwirksamkeit),* besteht ein großer Unterschied. So gibt es durchaus Momente, in denen wir eine hohe *Kontrollüberzeugung* spüren und doch gleichzeitig unter geringer *Selbstwirksamkeit* leiden.
Lassen Sie mich den Zusammenhang von *Selbstwirksamkeit* und *Kontrollüberzeugung* am folgenden Beispiel verdeutlichen:
Zum runden Geburtstag bekommen Sie von Ihren Kollegen einen Gutschein für ein paar Runden auf dem Nürburgring, mit dem eigenen Wagen. Zugegen ist der Rennfahrer Sebastian Vettel. Er ist an diesem Tag Ihr persönlicher Trainer. Ihre Kollegen machen folgende Vorgaben: fünf Runden in so und so viel Minuten. Sie wissen sofort: Das ist mit Ihrem Kleinwagen absolut nicht zu schaffen. Folglich verspüren Sie eine geringe *Selbstwirksamkeit.* Mit einem *Red Bull*-Renault hingegen wäre die zeitliche Vorgabe absolut kein Problem

(hohe *Kontrollüberzeugung*). Also bitten Sie Vettel, Ihnen seinen Formel-1-Rennwagen zu leihen.
Der will aber nicht und fordert Sie stattdessen zu einem ungleichen Rennen mit ihm heraus. Ihre Kollegen stehen gebannt am Zaun und schauen zu. Sie sollen mit Ihrem Kleinwagen an den Start gehen und leiden dabei unter einer geringen *Kontrollüberzeugung* und einer geringen *Selbstwirksamkeit*. Die Situation ist lachhaft. Mit großer Wahrscheinlichkeit werden Sie erst gar nicht starten. Sie fürchten, dass es peinlich für Sie endet.
Doch Vettel hat Mitleid mit Ihnen. Er schlägt nun einen Autotausch vor. Sie sitzen in seinem *Red Bull*-Renault mit ausgesprochen hoher *Selbstwirksamkeit,* denn Sie wissen, bei diesem Rennen sind Sie nahezu unschlagbar, schließlich sitzen Sie im wesentlich schnelleren Fahrzeug (hohe *Kontrollüberzeugung*).
Sie geben Gas.
Vettel aber weiß: Mit Ihrem Kleinwagen (geringe *Kontrollüberzeugung*) ist es selbst für ihn, der immerhin vierfacher Formel-1-Weltmeister ist (hohe *Selbstwirksamkeit*), unmöglich, gegen einen *Red Bull*-Renault anzukommen. Die Situation ist ihm aber nur unangenehm, wenn er diesen Moment peinlich findet. Da er als amtierender Weltmeister jedoch eine hohe *Selbstwirksamkeit* verspürt, nimmt er alles mit Humor …
Sie sehen, Kontrolle ist nicht gleich Kontrolle. Sie wechselt zwischen Selbst-Kontrolle und einer Kontrolle, die nach außen gerichtet ist. Zudem wird sie bestimmt von der Überzeugung der Selbstwirksamkeit und dem grundsätzlichen Glauben, ob Kontrolle überhaupt möglich ist. Die Art und Weise der Kontrolle unterliegt der Persönlichkeit und den vorangegangenen Erfahrungen. Vor allem aber unterliegt Kontrolle unseren Illusionen.

Der Selbst-Entwickler erkennt rechtzeitig, wenn es nicht in seiner Macht steht, auf seine Mitmenschen und äußere Umstände Einfluss zu nehmen. Sein Bedürfnis nach Kontrolle befriedigt er, indem er sein Denken und Tun kontrolliert.

Die Ausprägung der Kontrollsehnsucht, der Kontrollüberzeugung und der Selbstwirksamkeit ist persönlichkeitsabhängig. Es gibt Menschen, die generell eher starke Kontrollüberzeugungen haben. Wird schon alles irgendwie werden, denken sie sich und strahlen Gelassenheit aus. Sie nehmen das Auf und Ab des Lebens, wie es gerade kommt, wohl wissend, dass es auch immer wieder bergauf geht. Fühlen sie sich auch noch von Selbstwirksamkeit oder Eigen-Macht gestützt, sind sie selbst in schwierigen Zeiten nahezu automatisch im L-Modus.
Menschen mit geringer Kontrollüberzeugung und mangelnder Selbstwirksamkeit hingegen werden stets von der Angst gequält, alles entgleite ihnen. Solche Empfindungen gehen nicht selten einher mit grundsätzlichen Versagensängsten, die oft im A-Modus gelebt werden.
Die Psychologen Jutta Heckhausen und Richard Schulz haben eine positive Lebenslauftheorie der Kontrolle beschrieben. Der zufolge lassen sich die meisten Menschen weder durch harte Schicksalsschläge noch durch große Erfolge oder überraschendes Glück (wie einen Lottogewinn) dauerhaft aus der Bahn werfen. Der Grund hierfür, so die Forscher, sind unsere genetischen und erworbenen Regulationsmechanismen, durch die wir trotz außergewöhnlicher Bedingungen psychisch ausgeglichen und handlungsfähig bleiben. Diese selbstregulativen Prozesse können sich im Verlauf unserer Entwicklung vermindern oder erweitern.

Eine besondere Rolle spielen dabei die bewusste Selbstbeobachtung und Selbststeuerung besonders der eigenen Gedanken. Bei diesen regulativen Mechanismen wirken die beiden Kontrollebenen »Changing the world« und »Changing the self« harmonisch zusammen. Anders ausgedrückt: Was ich an meinem Partner, Kindern, Vorgesetzten, Mitarbeitern, Freunden beeinflussen oder ändern will und auch kann, das ändere ich – behutsam und mit Respekt.
Und allem, was sich meiner Kontrollmöglichkeit im Außen entzieht, begegne ich als Selbst-Entwickler mit drei Gedanken:

- Was ist, ist.
- Wo ich bin, will ich sein. Alles andere war mir bisher zu anstrengend, zu teuer.
- Jeder hat recht in seinem Angst- und Denksystem.

Das Gefühl von Kontrolle und Macht, der Genuss, Herr über die Situation zu sein, besitzt einen starken Belohnungscharakter, der so ausgeprägt sein kann, dass es bei dem einen oder anderen in Besessenheit ausartet. Den größten Belohnungskick übt der *Kontroller* aus, wenn er uns in einen Flow-Zustand versetzt. Wer kontrolliert, fühlt sich wohl.
Wir empfinden Flow-Gefühle, wenn wir uns hohen Anforderungen stellen, denen wir uns auch gewachsen fühlen. Dabei agieren wir hoch konzentriert und bekommen schnelles und positives Feedback auf unsere Anstrengung. Im Gehirn spiegelt sich dieser Glückszustand durch ein schnelles, gut aufeinander abgestimmtes Zusammenspiel der Gehirnregionen wider. Es schwingt sozusagen im Gleichtakt.

Waren Sie schon mal im Flow? Wenn Sie auf einem Motorrad oder in einem Auto mit hoher Geschwindigkeit (kontrolliert) lustvoll über die Straßen fegen, spielerisch die Kurve meistern, dabei ein Prickeln erleben, weil Sie an Ihre Grenzen gehen, gleichsam merken, der *Kontroller* hat alles im Griff? Auch Musiker können in ein Flow-Gefühl geraten, wenn sie meisterlich und selbstvergessen, oszillierend zwischen Gelassenheit, Anspannung und Dynamik ihre Instrumente beherrschen. Geist und Körper harmonieren so perfekt, dass sie ineinander aufgehen und gemeinsam Unglaubliches bewirken. Unwichtige oder ungute Gedanken versinken im Flow und werden von der Konzentration auf die Handlung durch ein hundertprozentiges Gegenwartserleben verdrängt. Die Selbstwirksamkeit ist im Flow-Gefühl so groß wie in kaum einer anderen Situation.

Kontrollverlust I

Kollidieren äußere gefährdende Faktoren oder Stress mit einer mangelnden *Kontrollüberzeugung* und geringer *Selbstwirksamkeit,* dann ist unser *Kontroller* auf Gefahr programmiert. Dabei löst er physiologische Reaktionen wie Herzklopfen und Schwitzen aus. Nahezu automatisch katapultiert er uns zunächst in einen A-Modus, in dem wir ablehnend reagieren oder versuchen, uns zurückzuziehen. Merken wir jedoch, dass wir in der misslichen Situation gefangen sind, über keine Rückzugsmöglichkeiten verfügen und stattdessen weiterhin bedrängt oder bedroht werden, landen wir unweigerlich im K-Modus. Dann wehren wir uns, schimpfen oder schalten ganz auf Angriff um und drohen.

Hilft das nichts, ist es um uns geschehen: Der *Kontroller* verliert die Kontrolle. Tassen fliegen, es wird geschrien, geweint, mit Worten und manchmal nicht nur damit verletzt. Viele Beziehungen leiden unter solchen Kontrollverlusten oder gehen an ihnen kaputt.

Während wir als zerstörende Kamodisten toben, sind wir außer uns. Im wahrsten Sinn des Wortes. Wir werden uns selbst fremd, stehen bisweilen neben uns, merken irgendwie, dass wir den anderen beleidigen und kränken, sind jedoch unfähig, den außer Rand und Band geratenen *Kontroller* zu besänftigen. Es sind oft furchtbare Zustände, und je öfter man sie erlebt hat, desto mehr fürchtet man sie.

Die Autorin hat zum Thema Kontrollverlust eine repräsentative Befragung durchgeführt. 44 Prozent der Deutschen haben Angst, dass sie irgendwann die Kontrolle verlieren könnten. Die überwiegende Mehrheit hat schon einmal die Erfahrung eines Kontrollverlusts gemacht; nur knapp ein Drittel der Befragten kennt das Gefühl eigenen Aussagen zufolge nicht. Häufig findet der Kontrollverlust innerhalb einer Beziehung, bei der Arbeit, während einer schweren Krankheit oder auch Eltern gegenüber statt. Hintergrund des Kontrollverlusts sind bei der Hälfte der Befragten Trauergefühle. An zweiter Stelle der Gefühle rangiert sowohl bei Frauen als auch bei Männern Wut, interessanterweise eher bei Frauen als bei Männern. Darüber hinaus unterscheiden sich die Geschlechter im Hinblick auf einen Kontrollverlust. Männer erleben ihn in Ohnmachtssituationen und wenn ihr Stolz verletzt wurde. Frauen hingegen geraten eher bei unerwiderten Liebesgefühlen und Angstzuständen in einen Kontrollverlust.

Was passiert mit uns, wenn wir die Kontrolle verlieren? Wenn wir in Rage sind, wird dann bei uns im Gehirn ein Schalter umgelegt?

Fest steht: Wir verlieren die Übersicht und die Orientierung. Wir verlieren auch unsere Fähigkeit, »über den Dingen zu stehen« beziehungsweise eine Metaebene zu erreichen. In solchen Momenten empfinden wir auch keine Empathie für den anderen. Uns interessiert dann auch nicht mehr, welche Konsequenz unser Verhalten hat.
Was macht nun aber der Selbst-Entwickler, wenn er merkt, dass er als Kamodist seine Gefühle nicht mehr unter Kontrolle hat? Der Selbst-Entwickler lässt seinen Gefühlen freien Lauf und schämt sich nicht dafür. Emotionen zu zeigen ist menschlich. Allerdings bemüht er sich um eine zeitliche Beschränkung seines Kontrollverlusts.

Der übende Selbst-Entwickler

Bei einem Kontrollverlust findet der Selbst-Entwickler in sechs Schritten zurück in den L-Modus:

Schritt eins: Gefühle ausleben
Bemühen Sie sich keinesfalls, Ihre Wut, Ihre Enttäuschung und Ihre Angst zwanghaft zu unterdrücken. Wüten und poltern Sie. Schlagen Sie mit der Faust auf ein Kissen oder treten Sie es mit dem Fuß quer durch die Wohnung. Fluchen hilft auch wunderbar, um die Situation zu verarbeiten. Das zeigte ein Experiment des Psychologen Richard Stephens. Seine Probanden mussten ihre Hände in eiskaltes Wasser halten. Eine Gruppe durfte fluchen, sobald die Kälte zu schmerzen begann. Die andere Hälfte nicht. Das Ergebnis: Die Flucher hatten bei diesem Test die weitaus größere Ausdauer. Fluchen Sie also, um den Schmerz besser aushalten zu können.

Gehen Sie als Selbst-Entwickler in das Gefühl hinein. Nur wenn Sie Ihren heftigen Empfindungen Ausdruck geben, lösen sie sich auf.

Schritt zwei: Beleidigungen vermeiden

Schenken Sie Ihren starken Emotionen fünf Minuten. Nicht mehr. Danach sollte die erste Welle der heftigen Empfindungen abgeebbt sein.

Nun sollten Sie sich darum bemühen, Beschimpfungen wegzulassen. Keine »blöde Kuh«, kein »du Depp«, kein »du spinnst ja total« mehr in den Mund nehmen! Wenn Ihnen das gelingt, ist dies die erste Wende zur Wiedererlangung der Kontrolle. Statt verbaler Attacken auf Ihr Gegenüber könnten Sie nun erbost mit dem Fuß auf den Boden stampfen und rufen: »Ich halte das so nicht aus, ich hab mir das ganz anders vorgestellt.«

Schritt drei: Zurück zu den Grundsätzen

Denken Sie an den wichtigen Grundsatz des Selbst-Entwicklers: »Ich bin dafür. *Ich bin* für *das Leben, mit all dem, was es bringt.« Das können Sie auch laut herausschreien.*

Als mir neulich der Zug vor der Nase davongefahren ist, habe ich zwar keinen Kontrollverlust erlitten, stand aber auf dem Bahngleis und schrie dem ICE hinterher: »Ich! Bin! Dafür!« Möglicherweise fragten sich die Menschen um mich herum: »Spinnt der?« Was mich als erfahrenen Selbst-Entwickler freilich nicht berührte, schließlich bin ich als Arme-hoch-Kuckuckhüpfer (Sie erinnern sich an diese Übung?) gegen abschätzige Blicke desensibilisiert.

Schritt vier: Die Situation als Coach

Nehmen Sie die Situation als Coach. Sie erinnern sich: Was ist, ist – und erst meine Beurteilungen bestimmen mein Erleben. Betrachten Sie die Situation als Trainingseinheit, als Ihren persönlichen Coach. Entwickeln Sie sich an ihr weiter. So verlassen Sie die Opferhaltung und wechseln in den Selbst-Entwickler-Kontext.

Schritt fünf: Acht Lösungsmöglichkeiten

Gehen Sie nun acht Lösungsmöglichkeiten durch, die Ihnen in diesem Moment einfallen. Die Zahl acht habe ich bewusst gewählt, weil sie liegend in der Sprache der Mathematik »unendlich« bedeutet. Die ersten vier Optionen, die Ihnen einfallen, bewegen sich meist in dem Denksystem, das den Kontrollverlust hervorgebracht hat. Meiner Erfahrung nach kommen wir erst ab der fünften Option auf wirklich verrückte, kreative und lösungsorientierte Ideen. Nachdenken (über die acht Optionen) wirkt beruhigend, vermittelt Eigen-Macht und erleichtert es, in den L-Modus zurückzufinden.

Schritt sechs: Entscheidung fürs Handeln

Sie entscheiden sich für eine der acht Optionen und setzen sie sofort um.

Kontrollverlust II

Was aber macht der Selbst-Entwickler, wenn er einem Kamodisten gegenübersteht, der gerade die Kontrolle verloren hat? Wenn Ihr Gegenüber die Beherrschung verliert, fallen Sie bitte keinesfalls in den gleichen K-Modus. Helfen Sie dem anderen stattdessen, indem Sie seine Wut annehmen.

Der Selbst-Entwickler in Ihnen weiß in einem solchen Fall: Ich kann den anderen in seinem emotionalen Ausbruch nicht stoppen. Es geht einfach nicht. Punkt. Denken Sie stattdessen: Der andere hat ein Recht auf seine Wut. Auch wenn er flucht und poltert. Nehmen Sie sein Gefühl an. Zunächst sollten Sie jedoch wissen: Einen Kamodisten, dessen *Kontroller* die Fassung verloren hat, sollte man keinesfalls mit Aussagen reizen wie: »Komm, hab dich nicht so, reiß dich doch mal zusammen, schau dich doch mal an, wie lächerlich du dich gerade machst.«

Auch wenn Sie beleidigt und beschimpft werden, bleiben Sie bei ihm! Wenn Sie weggehen, steigern Sie eventuell noch seine Ohnmacht und Wut. Bleiben Sie im fürsorglichen L-Modus neben ihm stehen und warten Sie schweigend, bis alles vorbei ist. Als Elmodist erkennen Sie, dass Ihr Gegenüber im K-Modus wie ein kleines zwei- oder dreijähriges Kind agiert, gefangen in seiner Gefühlswelt, in seinem neuronalen Gitterbett.

Wirken Sie keinesfalls therapeutisch, wie es einmal ein Klient von mir getan hat, als er einem rasenden Kamodisten gegenüberstand. »Willkommen in deiner Welt«, hat er dem Tobenden gesagt. Kein guter, beruhigender Satz in einer solchen Situation, auch wenn er zutreffend ist. Folglich denkt ihn sich der Selbst-Entwickler im Stillen. Das gibt ihm Distanz. Ungünstig sind auch wohlmeinende, verständnisvolle Äußerungen wie: »Ja, ich verstehe dich, du bist gerade ziemlich sauer …« – »Du drehst ja richtig durch, passiert dir das häufiger?« All das führt dem Kamodisten das eigene Versagen vor – und reizt ihn umso mehr.

Nachdem der »Anfall« abgeklungen ist, sollten Sie vom Thema ablenken. Gehen Sie einen anderen Kontext an, ohne dass Ihr Gegenüber sein Gesicht verliert. Zeigen Sie mittels kleiner Friedensangebote, dass Sie trotz allem empathisch für ihn sind. Fragen Sie ihn beispielsweise, ob Sie einen Tee für ihn kochen sollen. Oder bieten Sie ihm etwas Süßes an, das nämlich kann Endorphine freisetzen. Wichtig für den Selbst-Entwickler ist, dass er trotz heftiger Konfliktsituation im L-Modus bleibt. Denken Sie: Okay, der andere ist jetzt gar nicht gut drauf, ich aber bemühe mich, davon unbeirrt zu bleiben.

Erinnern Sie sich an die Stimmungsviren, die ansteckenden? Und an den Resonanzboden, den man hierfür braucht? Lassen Sie sich bei Kontrollverlusten anderer schnell mitreißen und fallen in den gleichen Modus, ist Ihr Resonanzboden für extreme Emotionen entsprechend stark ausgebildet. Sind Sie selbst belastet oder unzufrieden?

Und wenn Sie neben dem Kamodisten stehen, während er tobt, denken Sie sich als beherrschter Selbst-Entwickler immer wieder: »Ich nehme es nicht persönlich. Es ist sein Ding, sein Thema.«

Extreme Emotionen, besonders solche, die mit einem Kontrollverlust einhergehen, bleiben lange im Gedächtnis haften. Turhan Canli zufolge bei Frauen länger als bei Männern. Gleichwohl sollten Sie versuchen, sich jene Situationen, in denen Sie oder der andere als tobender, ausrastender Kamodist unterwegs waren, nicht allzu häufig ins Bewusstsein zu rufen. Jedes Mal, wenn Sie sich an solche Situationen erinnern, steigt Ihr Blutdruck, und Ihr Herz schlägt schneller, wie Experimente von Laura Glynn belegen konnten. Diese Erkenntnisse lassen den Schluss zu: Menschen, die häufig über negativ Erlebtes nachdenken, haben ein höheres Risiko für Herzerkrankungen.

AUSEINANDER

Dieses Kapitel muss sein. Leider. Es ist die Konsequenz einer Beziehung, die wir gedanklich erlebt haben. Nach den bindenden *Begleitern* kamen irgendwann die zerstörenden, an denen trotz aller bemühter, ehrlicher Versuche – es sollte nie zu wenig davon geben – nun alles zerbrochen ist. Vergessen der erste Eindruck und das Bangen und Zittern vor dem ersten Wort. Seit langem schon davongeflattert, die Schmetterlinge. Keine Endorphine mehr im Körper, vorbei das Vertrauen, ausgelöscht die Empathie und das wohlige Gefühl für den anderen. Weil der *Machthaber,* der *Neider,* der *Gerechtler* und der *Kontroller* einzeln oder gemeinsam übers Ziel hinausgeschossen sind und wir oder der andere (als Rabattmarken-Kleber und/oder Schnäppchenjäger) beschlossen haben, dem Ganzen ein Ende zu bereiten und zu gehen.

Das Miteinander wurde allmählich zum Gegeneinander. In diesem letzten Kapitel des Buches endet es im Auseinander. Dennoch wird es für Sie als aufgeklärten Selbst-Entwickler keine allzu traurige Lektüre sein. Sie dürften gewappnet sein. Schließlich haben Sie inzwischen verinnerlicht: Was ist, ist. Und Sie wissen: Wer eine Beziehung eingeht, weiß auch, dass sie wieder auseinandergehen

kann. Trennungen gehören nun mal zum Auf und Ab des Lebens.
Wenn Sie sich zurückerinnern an all die vielen Bekanntschaften und Freundschaften, die Sie bisher eingegangen sind, werden Sie merken, dass sich viele der Bindungen schleichend aus Ihrem Leben gestohlen haben. Blättern Sie doch mal Ihr Adressbuch durch – da dürften etliche Namen und Telefonnummern von Menschen stehen, zu denen Sie schon lange keinen Kontakt mehr hatten. Von den meisten dieser Personen haben Sie sich ohne großes Weh und Ach gelöst. Sie verschwanden einfach aus Ihrem Leben, weil es an Zeit füreinander mangelte, man sich auseinandergelebt hat oder umgezogen ist.
Aber um das Ende solcher Kontakte geht es in diesem Kapitel nicht. Wir wenden uns den intensiven Beziehungen zu, die mit starken Emotionen aufgeladen waren oder es noch sind: einst mit wunderschönen, begeisterten, leidenschaftlichen Gefühlen und nun durchdrungen von negativen Gefühlen wie Verzweiflung, Wut oder gar Hass.

Wie sage ich, dass es vorbei ist?

Das Ende solcher Beziehungen zu besiegeln fällt besonders schwer, sobald einer bleiben, der andere jedoch gehen will. Oftmals fehlen die richtigen Worte und der Mut zu sagen: »Es reicht, ich gehe, wir trennen uns, auf Wiedersehen!«
Es fällt uns schwer, denn wir wollen den anderen nicht verletzen, außerdem fürchten wir den möglichen Zusammenbruch des anderen, dessen Wutanfall, Heulen und Zähne-

klappern. Besonders graut uns vor den Vorwürfen, die auf unser Gewissen abzielen, ebenso vor dem Mitleid erregenden Flehen, Bitten und Betteln: Bleib bitte, bleib!

Schmerz, ja sofort, dieser Vorsatz ermutigt den Selbst-Entwickler, eine quälende Situation so schnell wie möglich zu überwinden. Deshalb: Wenn Sie eine Beziehung auflösen wollen, schieben Sie das Trennungsgespräch nicht unnötig lange vor sich her.

Seien Sie in Trennungsgesprächen direkt und ehrlich. Und bleiben Sie dabei respektvoll. Tragen Sie kein Sündenregister vor, vermeiden Sie Vorwürfe und langwierige Erklärungen. Sätze wie »Versteh mich doch, bei uns war doch von Anfang an der Wurm drin!« verändern nichts an der gegenwärtigen Situation. Sie führen nur zu schmerzhaften Auseinandersetzungen und verletzen den anderen unnötig.
Auch bei einer beruflichen Trennung ist es für beide Parteien vorteilhaft, Haltung zu bewahren. Ein guter Abgang kann so manches vorhergegangene grobe oder zänkische Verhalten in seiner Nachwirkung abmildern. Auf diese Weise bleibt wenigstens die letzte Begegnung in guter Erinnerung. Sie kennen ja die Weisheit: Man trifft sich stets zweimal im Leben.

Trennungsschmerz

Der Hunger sagt uns: Iss was! Der Durst sagt uns: Trink was! Der soziale Schmerz sagt uns: Tu was, damit du nicht allein bleibst!

Wir hatten ihn eingangs schon vorgestellt, diesen *heimlichen Begleiter,* der dafür Sorge trägt, dass wir uns nach Einbettung in die Gesellschaft sehnen und uns anderen zugehörig fühlen wollen. Gemeint ist der *Binder* in uns. Werden seine Bedürfnisse nicht ausreichend erfüllt und seine Erwartungen verletzt, wirkt er ungemein schmerzhaft in uns. Die verzweifelten und trauernden Gefühle, die wir bei sozialer Zurückweisung und Trennung erleben, sind uns angeboren und rufen in unserem Gehirn ähnliche Reaktionen hervor wie körperliche Schmerzen. Selbst Tiere leiden, wenn ein Artgenosse geht beziehungsweise stirbt. Affenmütter tragen den Leichnam ihres verstorbenen Babys tagelang mit sich herum, um so den Kummer besser verarbeiten zu können. Schimpansen betrauern nicht nur den Tod eines Artgenossen, sie können dessen bevorstehendes Ableben sogar spüren. Forscher beobachteten, wie ein betagtes Weibchen vor ihrem Tod von den Gruppenmitgliedern besonders intensiv gelaust wurde. Und es durfte ausnahmsweise im Schlafnest der Tochter nächtigen.

Ausgesprochen depressiv und übellaunig reagieren Affen auch auf das Fortgehen ihres Partners. Zunächst schreien und wüten sie, wehren sich mit aller Macht gegen die Trennung. Irgendwann ziehen sie sich zurück, sind unruhig und zeigen depressive Verhaltensweisen. Im Übrigen scheinen unsere nahen Verwandten Trennungsschmerz ähnlich zu verarbeiten wie wir: Sie suchen Trost bei Freunden und Verwandten – indem sie lausen. Das festigt Bindungen, wie wir wissen, und unterstreicht den Wunsch nach sozialer Einbettung.

Unsere Reaktion auf Trennungen hängt auch von unserem Bewusstseinsgrad und unserer persönlichen Reife ab. So manch einer von uns wird aggressiv, wenn er verlassen wird. Er macht dem Abtrünnigen Vorwürfe, wirft ihm Undankbarkeit, Gemeinheit und Egoismus vor. Nicht selten wird erpresst: moralisch, finanziell, räumlich. Auf diese Weise versucht der Zurückgelassene mit aller Macht zu verhindern, dass der andere sein neues Leben lebt. Dann schleicht sich die Trauer ein, möglicherweise auch der Hass.

Schuld an der Misere, und dessen sollte sich der Selbst-Entwickler stets bewusst sein, ist aber nicht der andere. Schuldig oder unschuldig, das ist der Stoff griechischer Tragödien, nicht aber die Haltung des Selbst-Entwicklers.

Fühlen wir uns nach einer Trennung vom gesellschaftlichen Leben isoliert, vermindert sich unsere Fähigkeit zur Selbst-Regulation. Wir verharren im A-Modus, indem wir uns zurückziehen und alle Aktivitäten einstellen. Oder wir landen im K-Modus, werden aggressiv und egoistisch. Zahlreiche Studien weisen darauf hin, dass wir in solchen Phasen auch unter erheblichen Wahrnehmungsverzerrungen leiden. Alle bindenden *heimlichen Begleiter* wie der *Mitfühler,* der *Helfer* und der *Vertrauer* tun sich dann schwer in uns. Wir befinden uns in einer Abwärtsspirale und isolieren uns durch unser Verhalten immer mehr. Denn wer möchte schon Kontakt haben mit einem Amodisten, geschweige denn einem Kamodisten?

Der Selbst-Entwickler in der Trennungsphase

In Trennungsphasen ist es das erklärte Ziel des Selbst-Entwicklers, so schnell wie möglich zurück in den L-Modus zu gelangen. *Er erreicht es in sechs Schritten.*

Schritt eins: Gefühle ausleben

Egal, von welchen Emotionen Sie geschüttelt werden, ob von Wut, Trauer, Verzweiflung, Ohnmacht – lassen Sie Ihren Gefühlen freien Lauf! Weinen, schreien und klagen Sie. Und tun Sie dies in dem Bewusstsein, dass es menschlich und völlig normal ist, so heftig zu reagieren.

Schritt zwei: Den Hintergrund betrachten

Reflektieren Sie über die genauen Hintergründe Ihrer starken Empfindungen. Ist es tatsächlich die Trennung, die Sie so reagieren lässt? Haben Sie Ihren Partner wirklich so sehr geliebt? Oder wirken hier in Wirklichkeit ganz andere Faktoren: verletzter Stolz, Besitzdenken, Gewohnheit, Sicherheit, Bequemlichkeit?

Schritt drei: Die Trennung nicht persönlich nehmen

Das mag sich zunächst lächerlich anhören. Natürlich nehmen wir Trennungen persönlich. Wie sollen wir sie denn sonst nehmen? Wenn wir von jemandem verlassen werden, empfinden wir uns meist in unserem Selbst zurückgewiesen. Keine Frage, Trennungen kratzen an unserem Selbstwertgefühl. Vor allem dann, wenn sich der Verlassende einer anderen Person zugewandt hat. »Was hat die, was ich nicht habe?«, fragen wir uns dann. Unsere Eifersucht steigert den Schmerz, die Wut und die Minderwertigkeitsgefühle um ein Vielfaches.

Der Selbst-Entwickler macht sich bewusst: Verlässt ein Partner den anderen, tut er dies aus den unterschiedlichsten

Gründen. Möglicherweise hat er sich in einen anderen verliebt, möglicherweise hat das Verhalten nicht mehr gepasst, möglicherweise haben sich die gemeinsamen Interessen verschoben, möglicherweise ist die Basis für ein gemeinsames Zusammenleben zerbrochen.
Aber: Eine Trennung erfolgt in der Regel nicht, weil der Verlassene ein schlechter, unzulänglicher und nicht genügender Mensch ist. Nur hat sich in diesem Moment für den Verlassenden die Anziehungskraft in Luft aufgelöst. Oder einer der Beteiligten ist ausgebrannt.

Schritt vier: Verantwortung für eigene Gedanken übernehmen

Nun ist es an der Zeit, dass Sie als Selbst-Entwickler die Verantwortung für Ihre Gedanken übernehmen. Ein ständiges Grübeln darüber, wie es kam, dass es so ist, wie es ist, tut nicht gut. Jeden Morgen beim Aufwachen automatisch an den anderen zu denken, ihn den ganzen Tag nicht aus dem Kopf zu bekommen und abends ihn in Gedanken an der Seite zu haben oder an der eines anderen, das alles macht auf die Dauer krank.

Der übende Selbst-Entwickler

Es geht nicht darum, negative Gedanken zu stoppen. Denn diese Gedanken verlieren ihre Macht, indem Sie sie zulassen und dabei von außen betrachten. Am besten, Sie numerieren diese automatischen Gedanken durch:
Nummer 1: »Das gibt's doch nicht, dass ...«

Nummer 2: »Das war's jetzt, ich werde nie mehr glücklich sein!«
Nummer 3: »Was hat der/die andere, was ich nicht habe?«
Nummer 4: »Ach, was waren das für schöne Zeiten!«
Und so weiter …
Schreiben Sie die immer wiederkehrenden Klagesätze auf und lernen Sie die dazugehörigen Nummern auswendig. Sobald einer dieser Jammersätze auftaucht, begrüßen Sie ihn mit seiner Nummer: »Guten Morgen, werte Nummer eins, so früh schon wach?« – »Hallo, Nummer zwei, auch mal wieder da?« – »Oh, nicht schon wieder, Nummer vier, dich hatte ich gestern schon den ganzen Tag!« Auf diese Weise schaffen Sie Distanz und können das Gedankenkarussell verlassen. Besonders effektiv ist es, wenn Sie die negativen Gedanken sofort durch positive ersetzen: »Ich habe schon so vieles überstanden.« – »Die ersten Jahre waren doch sehr schön. Danke.« – »Ich kann lieben, also werde ich irgendwann wieder lieben.«

Die Chemie meiner Gedanken fließt in meinem Blut. Für mich ist diese Vorstellung stets hilfreich, wenn ich merke, dass ich mich zu sehr über etwas aufrege. Irgendwann fallen mir dann diese tollen Killerzellen ein.
Forscher nennen sie NK-Zellen. Aufgabe und Eigenschaft der Killerzellen sind das Erkennen und Abtöten von Tumor- und virusinfizierten Zellen. Lang anhaltender Stress und Depressionen, aber auch Rachegelüste schwächen den Untersuchungen des Biologen und Psychologen Manfred Schedlowski zufolge das Immunsystem, weil solche Emotionen die Aktivität der NK-Zellen reduzieren.

Schöne Gedanken wiederum üben einen guten Einfluss auf die natürliche Killerzelle aus. Eine positive Erwartungshaltung verändert die Chemie im Gehirn, in der Folge werden Botenstoffe ausgeschüttet, und diese wiederum werden über das Nervensystem an den Körper weitergeleitet.
Die Wirkungsweise mentaler Beeinflussung ist hinlänglich bekannt unter dem Begriff *Placebo-Effekt*. Placebo heißt übersetzt: Ich werde gefallen. Einen Antagonisten gibt es auch. Der sogenannte *Nocebo-Effekt* entsteht durch negative Gedanken. Wer von ihnen durchdrungen ist, fühlt Schmerzen, auch wenn er sie – objektiv betrachtet – nicht empfinden kann. So verspüren Handynutzer, die der Überzeugung sind, die Strahlen ihres Telefons würden bei ihnen Schaden verursachen, auch bei ausgeschaltetem Handy Schmerzen.
Lösen Trennungen eine lang anhaltende Trauer, Wut oder sonstigen chronischen Stress in uns aus, verkleinert dies auf die Dauer auch unseren Hippocampus, jenen Teil des Gehirns, der unter anderem für die Koordination der verschiedenen Gedächtnisleistungen verantwortlich ist.

Der Selbst-Entwickler hält inne und fragt sich: Was kosten mich auf die Dauer meine wütenden, destruktiven, traurigen oder enttäuschten Gedanken?

Trauer ist ein Gefühl, das sich auflöst. Die permanente Verstimmung ist jedoch die Folge von Rechthaberei, die mit Sätzen wie »Das darf doch nicht wahr sein!« zum Ausdruck kommt.
Killerzellen, Immunsystem, Botenstoffe, Hippocampus – wenn wir uns all die körperlichen Vorgänge vor Augen führen, die negative oder positive Gedanken in uns auslösen, fällt es dem Selbst-Entwickler leichter, sein Denken positiv

zu gestalten. Und das geht über eine Einstellungsänderung. Denn die Einstellung ist die Quelle unserer Gedanken.
Die Macht über die eigenen Gedanken zu übernehmen bedeutet, Eigen-Verantwortung zu übernehmen: »Ich allein bestimme, wie ich gestimmt bin. Nicht der andere.« Wir sind nämlich durchaus in der Lage, unangenehme Erinnerungen willentlich nicht auftauchen zu lassen oder ihnen zumindest keinen Raum zu geben.
Als Selbst-Entwickler machen wir uns bewusst: Die Gedanken, beziehungsweise die damit verbundenen Bilder, die wir immer wieder aktivieren, werden in unserem Gehirn jedes Mal aufs Neue gespeichert. Entsprechend fest verankern sie sich dort. Wissenschaftler nennen diesen Vorgang re-enkodieren. Um wieder in den L-Modus zu gelangen, bemühen wir uns, die schlechten, traurigen und enttäuschten Gedanken mit schönen, hoffnungsvollen Vorstellungen zu überdecken. Denn wir wissen: Die unguten Erinnerungen verblassen dann schneller. Irgendwann sind sie nahezu verschwunden. Die guten Gedanken und Stimmungen, die uns in den L-Modus versetzen, haben wir in diesem Buch immer wieder angesprochen. Wer eine Beziehung eingeht, muss damit rechnen, dass sie auch wieder enden kann, das gehört zum Auf und Ab des Lebens. Ich wiederhole mich gern in diesem Zusammenhang: Seien Sie als Selbst-Entwickler *für* das Leben.

Schritt fünf: Realität und persönliche Bewertung voneinander trennen

Auf jeden Fall sollten Sie nun überprüfen, was Realität ist und was Ihrer persönlichen Bewertung unterliegt. »Ich wurde von meinem Partner verlassen! Oh, wie hinterhältig und gemein ist das geschehen! Plötzlich ist er einfach so zu einer anderen nach Hamburg abgehauen, dieser Schuft!«

Was alles steckt in derlei Sätzen, die ich von Klienten in meinen Coachingstunden immer wieder höre!

»Von meinem Partner …«: Hier ist es wieder, das kleine »m« mit der großen Wirkung. Wenn Sie meinen, etwas beziehungsweise jemanden zu besitzen, verspüren Sie automatisch Verlustangst und Empörung, Wut sowie Enttäuschung, wenn Sie es verlieren.

»Ich wurde verlassen«: Verlassen. Ein schreckliches Wort! Was da alles mitschwingt! Es knüpft an die tief in uns sitzende Kinderangst an, von den Eltern verlassen zu werden. Unweigerlich reagieren wir mit panischer Angst und einem »Ich-bin-nichts-wert-Gefühl«. Und dann kommt auch noch das Wörtchen »wurde« dazu. Ich »wurde verlassen«. Es versetzt Sie in einen passiven, ohnmächtigen Zustand.

»Oh!«: Es ist ein Ausdruck des Klagens, des Bedauerns oder Jammerns und festigt Ihren Zustand.

»Hinterhältig« und *»gemein«:* Diese Wörter stehen für eine absichtlich rücksichtslose Haltung, für eine fiese Täuschung. Sie generieren Wut in Ihnen, machen Sie zum Kamodisten.

»Plötzlich« bedeutet: Er hat nichts gesagt, ist ohne Ankündigung einfach verschwunden. Dabei hatten Sie gedacht und erwartet, alles würde so bleiben, wie es ist. Das Wörtchen ruft Orientierungslosigkeit und Verunsicherung in Ihnen hervor.

»Abgehauen« will sagen: fort von Ihnen, und das so schnell wie möglich. Er ist sozusagen geflohen. Vor Ihnen. Bange fragen Sie sich: »Wie schrecklich muss ich für ihn gewesen sein?«

»Einfach so« meint: »Das darf doch nicht wahr sein! Das hatte ich mir ganz anders vorgestellt. Er hat mir doch Treue geschworen.« Sie reagieren verzweifelt.

»Schuft«: Nun ja, dieses Wort bedarf keiner weiteren Erklärungen …

Als Selbst-Entwickler stellen Sie sich nun die Frage: Was ist in Wirklichkeit geschehen? Mal ganz nüchtern, vollkommen sachlich betrachtet? Ein Mensch ist jetzt in Hamburg. Wo er vorher nicht war. Weil er hier, bei Ihnen war. Entsprechend ist Ihre Gefühlslage: traurig und wütend zugleich.

Wir Menschen fügen zu Gegebenheiten und Geschehnissen unsere persönliche Bewertung hinzu. Das geschieht vollkommen automatisch, worauf wir bereits an anderer Stelle ausführlich hingewiesen haben. Sie merken, hier treibt ein bereits bekannter *heimlicher Begleiter,* der *Bewerter,* sein Spiel mit uns.

Als Selbst-Entwickler erkennen wir: Es sind nicht die realen Gegebenheiten (ein Mensch ist jetzt in Hamburg), die unsere Stimmung beeinflussen, sondern wie wir die Tatsachen beurteilen. Um uns herum findet das »nackte Leben« statt. Dieses wird erst dann schön oder hässlich, gerecht oder ungerecht, traurig oder lustig, wenn wir es uns so erdenken, indem wir es so bewerten. Unsere Gefühlswelt und Gestimmtheit wiederum wird von dieser Bewertung bestimmt.

> Mit unseren bewertenden Gedanken erschaffen wir uns unsere eigene, ganz persönliche Wirklichkeit, in der wir uns selbst begegnen.

Wenn Sie diese Zusammenhänge erkennen und sie sich stets ins Bewusstsein holen, sobald Sie sich als Amodist oder Kamodist beim ständigen Hadern, Klagen und Wüten ertappen, kann die neue Sichtweise Sie auf neue Wege führen. Sie befreien sich aus der Gefangenschaft Ihres neuronalen Gitterbetts und verlassen die Autobahn Ihrer Denkgewohnheiten.

Schritt sechs: Loslassen!

Es ist jetzt Zeit, dass Sie loslassen. Den L-Modus in seiner ganzen Konsequenz erreichen Sie nur, wenn das »L« für »Loslassen« steht. Loslassen ist eine der wichtigsten Formen von Liebe und gehobener Gestimmtheit. Oft und meist vergeblich versuchen wir, den anderen von der Fortführung der Beziehung zu überzeugen. Ein meist vergebliches Bemühen, das zusätzliche Verletzungsrisiken in sich birgt. Also: Lassen Sie los! Nur durch ein Loslassen eröffnen sich uns neue Wege für einen Neuanfang.

EIN NEUER ANFANG – UND EIN SCHLUSSWORT

Aus und vorbei, die Beziehung. Es sind Fehler begangen worden im Miteinander. Wir haben den anderen brüskiert oder er uns. Wir haben Rabattmarken geklebt oder genörgelt. Neid und Eifersucht haben die Beziehung zerfressen. Vielleicht haben wir auch zu oft die Kontrolle verloren und uns gegenseitig angebrüllt – obwohl wir wussten, es würde nichts bringen. Möglicherweise ist auch gar nichts Dramatisches oder Zerstörerisches geschehen. Die Beziehung hat sich still und leise aufgelöst.

Aus und vorbei.

Doch es geht weiter, das Schöne und Gute am Ende ist die Aussicht auf Neues: der Beginn einer neuen Beziehung oder das neue Erleben einer alten Beziehung.

Deshalb endet unser Buch mit dem schönen Anfang.

Mit dem ersten Blick, der so vieles entscheidet.

Mit dem ersten Eindruck, geprägt von all unseren Erfahrungen, beeinflusst von unserer Stimmung.

Mit dem ersten Wort, das uns so oft bangen lässt.

Vielleicht spüren wir wieder ein wundervolles Kribbeln im Bauch und starkes Herzklopfen.

Wenn dann auch noch die Chemie stimmt, fühlen wir die Schwingungen zwischen uns und dem anderen.

Ja, es geht von vorn los. Sie kennen es zur Genüge, haben es oft schon erlebt, wie aus dem Zueinander ein Miteinander, ein Geschenk wird, das langsam reift.

Und doch, so hoffen die Autoren, könnte dieser Neuanfang ein etwas anderer, ein besonderer sein. Denn Sie machen sich nun mit elf *heimlichen Begleitern* auf den Weg. Die haben zwar immer schon in Ihnen gewirkt, nur eben heimlich. Ohne Namen und ohne dass Sie sich ihrer Wirkungsweise bewusst waren.

Inzwischen kennen Sie die Elfer-Truppe. Sie sind sensibilisiert für sie, deshalb werden Sie sie besser wahrnehmen, besser einsetzen und besser trainieren können.

Den *Bewerter* beispielsweise, wenn er ungefragt und automatisch seine Kommentare zu allem und jedem abgeben will. Oder den *Warner,* der dafür Sorge trägt, dass Sie Ihr Gesicht nicht verlieren. Auch den *Binder,* den besonders vielfältigen Begleiter, der sich um all die ausgetüftelten und unterschwelligen Bindungsmechanismen kümmert und die Schwingungen zwischen Ihnen und den anderen herstellt.

Wir wollen hier nicht noch einmal alle *heimlichen Begleiter* aufzählen, eine entsprechende Liste finden Sie am Ende des Buches. Aber wir wollen kurz den *Mitfühler* erwähnen, weil er zu den wichtigsten *heimlichen Begleitern* zählt. Er, der Empfindsame, Einfühlende, Mitfühlende – was wären wir ohne ihn!

Ob und wie unsere *heimlichen Begleiter* in uns wirken, hängt von unseren Stimmungsmodi ab.

Befinden wir uns im ablehnenden, zurückgezogenen A-Modus, sind wir nicht offen für all das Schöne und Bereichernde, das zwischen uns sozialen Wesen stattfinden kann.

Wütet gar der zerstörerische K-Modus in uns, sind wir nahezu blind für die Gefühle und Bedürfnisse des anderen und spüren keinerlei Empathie mehr. Die *heimlichen Be-*

gleiter, die uns miteinander verbinden, sind dann überdeckt von Wut und Hass. An ihrer Stelle wirken dann eher zerstörerische Begleiter wie der *Machthaber,* der zwischen uns sein rechthaberisches Unwesen treibt und von Neid und Eifersucht aufgewühlt ist. Bis unser *Kontroller* dem nicht mehr standhält, nicht mehr kann, sich verliert und nichts mehr weitergeht.

Ich und die anderen. Warum haben wir das Ich an den Anfang gestellt, und nicht, wie es eigentlich höflichkeitshalber geboten wäre, die anderen?
Weil wir als kluger Selbst-Entwickler inzwischen verinnerlicht haben: Harmonische und gelingende Beziehungen beginnen bei uns selbst.
Ich selbst bin für meinen Stimmungsmodus verantwortlich. Und nicht die anderen.
Ich selbst beeinflusse, wie ich die anderen wahrnehme. Und nicht die anderen, weil sie so sind, wie sie sind. Inzwischen weiß ich als Selbst-Entwickler: Ich begegne nicht anderen, ich begegne mir selbst und meinen Vorstellungen.
Ich selbst entscheide, ob ich die anderen als Amodist zurück- oder vor den Kopf stoße.
Nicht die anderen.
Ich selbst verantworte meine Erwartungen an den anderen, indem ich mir darüber im Klaren bin: Ich kann alles erwarten, nicht aber, dass sich diese Erwartungen auch erfüllen. Deshalb verantworte ich auch meine Enttäuschungen darüber, wenn das Erhoffte nicht erfüllt wird. Und freue mich über die Eigen-Macht, die ich durch diese Erkenntnis gewinne.
Ich selbst bestimme, ob ich als Kamodist in einen aufreibenden Konflikt mit dem anderen einsteige, bei dem wir uns wüst beschimpfen, beleidigen und verletzen.

Nicht der andere.
Und wenn alles aus den Fugen zu geraten scheint, ich mit all dem hadere, was mir das Leben und meine Beziehungen so bieten, weiß ich: Ich selbst bin zuständig und verantwortlich für meine Gedanken und Gefühle, für meinen Beitrag zu dem, was geschehen ist.
Nicht der andere.

Mit diesem Buch, liebe Leser, wollen wir zeigen, wie Sie Erkenntnisse und Kraft sammeln für diese wahrlich nicht einfache Lebenshaltung, stets die Verantwortung dafür zu tragen, was sich in unserem Miteinander abspielt.
Das ist ein langwieriger und stetiger Lernprozess. Doch genau darin liegt die Chance des Selbst-Entwicklers. Wenn Sie Wege aus der Ohnmacht suchen, um zur Eigen-Macht zu gelangen, können Sie nur auf eines zählen: auf sich selbst.
Sie können darauf vertrauen, dass Sie sich selbst stärken und in Ihrer Kraft entfalten können, wenn Sie sich in den L-Modus versetzen. Nur in diesem Modus können sich unsere *heimlichen Begleiter* entfalten, die für das Füreinander und das Miteinander zuständig sind.
Den Erfolg Ihrer Entwicklungsbemühungen werden Sie vielleicht daran messen, wie schnell es Ihnen gelingt, den A- oder K-Modus zu verlassen und in den L-Modus zu gleiten. Der L-Modus, dieser wunderbare Liebes-, Leidenschafts-, Loslass-Modus. Was kann er alles bewirken! Gelassenheit, Losgelassenheit, Liebe zum Selbst, Liebe zum anderen.
Das Wunderbarste an diesem L-Modus ist: Wir können uns als Selbst-Entwickler bewusst für ihn entscheiden. Indem wir uns *für* uns entscheiden und *für* das Leben mit all dem, was es uns bringt.

Nehmen Sie ihn mit, diesen L-Modus, um den Neuanfang und die daraus entstehende Beziehung zu genießen! Und nutzen Sie seine Kraft, wenn es mal nicht so läuft, wie es laufen könnte oder sollte.

Wir verabschieden uns. Sie schlagen das Buch zu, stellen es ins Regal, verleihen es, schenken es weiter, was auch immer. Vielleicht lesen Sie es ja noch einmal, wer weiß? Die Selbst-Entwicklung zu gelingenden Beziehungen ist ein lebenslanger Prozess. Er wird nur dann erfolgreich sein, wenn Sie sich immer wieder und wieder für diese Haltung entscheiden.

Es ist schön, dass es die anderen gibt. Dass wir Freude und Leid mit ihnen teilen können. Dass wir uns an und mit ihnen entwickeln. Dass wir mit ihnen unser Leben gestalten, Ziele erreichen, Niederlagen überwinden und das Auf und Ab des Lebens bewältigen.

Wir wünschen Ihnen freudvolles Gelingen!

Christiane Tramitz und Jens Corssen

ANHANG

Merksätze des Selbst-Entwicklers

Die folgenden 15 Merksätze fassen die wichtigsten Grundsätze des Selbst-Entwicklers im Hinblick auf seine Beziehungen zusammen.

Das Ziel des Selbst-Entwicklers im Umgang mit anderen ist es, so schnell und einfach wie möglich vom ablehnenden A- oder vom kampfeslustigen K-Modus in den liebevoll-zugewandten L-Modus zu wechseln.

Der Selbst-Entwickler wertschätzt andere, indem er sie nicht nach seinem Bildnis verändern will, ihre Einzigartigkeit anerkennt und sich bemüht, ihnen wertfrei zuzuhören.

Der Selbst-Entwickler sensibilisiert sich für die Wirkung seines Lächelns und Lachens, denn es gibt kaum ein wirksameres Mittel zur Sympathiegewinnung – aber nur, wenn es von Herzen kommt.

Der Selbst-Entwickler bemüht sich, die förderlichen Seiten der Hindernisse zu sehen, die seinen Weg zum Ziel blockieren – nachdem er seine Enttäuschung oder Wut darüber zugelassen und geäußert hat.

Der Selbst-Entwickler weiß, dass jeder in seinem Angst- und Denksystem recht hat, und hält sich deshalb im Umgang mit anderen an vier Grundsätze:
nichts einreden
nichts ausreden
keine ungefragten Kommentare abgeben
keine ungebetenen Ratschläge erteilen

Der Selbst-Entwickler beobachtet an sich selbst, wann, wem und wie er anderen vertraut. Dabei macht er sich bewusst, dass Vertrauen auf seine zwischenmenschlichen Bindungen stärkend und Misstrauen schwächend wirkt.

Der Selbst-Entwickler steigert seine Vertrauenswürdigkeit, indem er wenige Versprechen macht, diese aber unbedingt einhält.

Der Selbst-Entwickler verfolgt nicht eigenmächtig sein eigenes Wohlbefinden, sondern das des anderen. Dienen als Hedonismus lautet das Motto!

Der Selbst-Entwickler reagiert umgehend und sagt entschieden nein, sobald er merkt, dass jemand durch Machtkämpfe seine Grenzen ausloten will.

Der Selbst-Entwickler gelangt zur Eigen-Macht, indem er sich von irrationalen Muss-Annahmen löst. Denn: Der andere ist, wie er ist! Und er muss nicht sein, wie er ihn haben will.

Der Selbst-Entwickler macht sich die Kosten seiner Rechthaberei bewusst.

Der Selbst-Entwickler erkennt, wenn er Neid auf andere hat. Er nimmt ihn an und versteht ihn als Lehrmeister beziehungsweise Coach.

Der Selbst-Entwickler erkennt rechtzeitig, wenn es nicht in seiner Macht steht, auf seine Mitmenschen und äußere Umstände Einfluss zu nehmen. Sein Bedürfnis nach Kontrolle befriedigt er, indem er sein Denken und Tun kontrolliert.

Der Selbst-Entwickler handelt gemäß seinem Vorsatz: Schmerz, ja sofort, und wird dadurch ermutigt, eine quälende Situation so schnell wie möglich zu überwinden.

Der Selbst-Entwickler hält inne und fragt sich: Was kosten mich auf die Dauer meine wütenden, destruktiven, traurigen oder enttäuschten Gedanken?

Liste der heimlichen Begleiter

Bewerter
Aufgabe: bewertet automatisch all das, was unsere Sinne wahrnehmen, und unterstützt damit die Ordnungsleistung unseres Gehirns; negative Wirkung: ist für unsere Vorurteile verantwortlich.

Warner
Aufgabe: warnt vor einem Gesichtsverlust und einem Ausschluss aus der Gemeinschaft; negative Wirkung: vor allem Schüchterne leiden unter ihm.

Blinker
Aufgabe: vermittelt unsere Absichten und Emotionen nach außen.

Binder
Aufgabe: ist für unsere zwischenmenschliche Chemie verantwortlich mit dem Ziel, Beziehungen zu festigen; kann vielgestaltig auftreten: als chemischer, duftender, synchronisierender, erregender, emotionaler, tricksender und nach Ähnlichkeiten suchender und vertrauender *Binder.*

Mitfühler
Aufgabe: nutzt die angeborene Fähigkeit, uns in die Gefühle anderer hineinzuversetzen und schafft die Voraussetzung für das Wirken anderer bindender heimlicher Begleiter.

Vergleicher
Aufgabe: vergleicht uns mit unseren Mitmenschen und

stellt dabei die Frage: Bin ich besser oder schlechter als die anderen?

Beschützer
Aufgabe: sorgt sich um unser Überleben und wird aktiv, wenn wir uns bedroht fühlen; sein Wirken ist eng mit dem des *Erregers* und *Behaupters* verbunden.

Erreger
Aufgabe: treibt uns zu neuen Entdeckungen an und verhindert, dass wir auf der Stelle treten; sein Wirken ist eng mit dem des *Beschützers* und *Behaupters* verbunden.

Behaupter
Aufgabe: kümmert sich um unsere Position innerhalb einer Gruppe beziehungsweise innerhalb der Gesellschaft; seine Motive sind Macht und Dominanz; sein Wirken ist eng mit dem des *Beschützers* und *Erregers* verbunden.

Machthaber
Aufgabe: strebt nach Macht über andere und ist damit der große Bruder des *Behaupters;* wirkt je nach Mensch unterschiedlich stark.

Kontroller
Aufgabe: reguliert unsere Gefühle und sorgt dafür, dass wir gute Miene zum bösen Spiel machen können; wird oft erst wahrgenommen, wenn wir in einen zerstörerischen Kontrollverlust geraten.

Literaturhinweise und Anmerkungen

Ich und die anderen – ein komplexes Gefüge

Corssen, J. (2004): Der Selbst-Entwickler. Das Corssen-Seminar. Marixverlag

Heckhausen, H. (1980): Motivation und Handeln. Lehrbuch der Motivationspsychologie. Springer, Berlin, 4., überarbeitete und erweiterte Aufl. von Jutta Heckhausen, Springer, 2010

Velten, E. (1968): A laboratory task for induction of mood states. Behaviour Research and Therapy, 6, S. 473–482

Zur Auswirkung körperlichen Verhaltens auf Emotionen: Wiseman, R. (2013): Machen – nicht denken: Die radikal einfache Idee, die Ihr Leben verändert. Fischer Taschenbuch

Experiment zu Hüpf-Hip-Hop: Kim, S., Kim, J. (2007): Mood after various brief exercise and sport modes: Aerobics, hip-hop dancing, ice skating, and body conditioning. Perceptual and Motor Skills, 104, S. 1265–1270

Zueinander

Wegner, D. M., Lane, J. D., Dimitri, S. (1994): The allure of secret relationships. Journal of Personality and Social Psychology, 66, S. 287–300

Zur Geschwindigkeit beim ersten Eindruck: LeDoux, J. (1998): Das Netz der Gefühle. Carl Hanser Verlag

Willis, J., Todorov, A. (2006): First impressions. Making up your mind after a 100-ms exposure to a face. Psychological Science, 17, 7, S. 592–598. *Das Experiment von New Science wurde vom Scientist-Autor Roger Highfield im Jahr 2009 zusammen mit zwei britischen Psychologen initiiert.*

Über den Händedruck: Chaplin, W.F., Philips, J.B., Brown, J.D., Clanton, N.R., Stein, J.L. (2000): Handshaking, gender, personality, and first impressions. Journal of Personality and Social Psychology, 79 (1), S. 110–117

Zur angeborenen Furcht vor Fremden: Eibl-Eibesfeldt, I. (2004): Die Biologie des menschlichen Verhaltens. 5. Aufl. Blank Verlag

Zur Strategie der Kontaktaufnahme bei kleinen Kindern: Grammer, K. (1988): Biologische Grundlagen des Sozialverhaltens. Wissenschaftliche Buchgesellschaft

Zum ersten Wort: Tramitz, C. (1996): Auf den ersten Blick. Die ersten 30 Sekunden einer Begegnung von Mann und Frau. Admos Media GmbH

Zu den Come-on-Signalen: Walsh, D., Hewitt, J. (1985): Giving men the come-on: Effect of eye contact and smiling in a bar environment. Perceptual and Motor Skills, 9, S. 873–874

Moore, M.M. (1983): Nonverbal courtship patterns in women: Context and consequences. Ethology and Sociobiology, 6, S. 237–247

Zur männlichen Wahrnehmung der weiblichen Körpersprache sowie zum Zusammenhang von zwischenmenschlicher Attraktion und Körpersprache: Tramitz, C. (1995): Irren ist männlich. Goldmann Verlag

Über die empfindsame Amygdala scheuer Kinder: Schwartz, C.E., Wright, C.I., Shin, L.M., Kagan, J., Whalen, P.J., McMullin, Rauch, S.L. (2003): Inhibited and uninhibited infants »grown up«: Adult amygdalar response to novelty. Science, 300, S. 1952–1953

Kagan, J. (1997): Galen's prophecy: Temperament in human nature. Westview Press.

Snodgrass, S.E., Higgins, J.G., Todisco, L. (1986): The effects of walking behavior on mood. Vortrag auf Kongress der American Psychological Association. Zitiert in: Wiseman, R. (2013): Machen, nicht denken. Fischer Taschenbuch

Über die Wirkung der Neurotrophine: Geroldi, D., Emanuele, E: Psychoneuroendocrinology, doi 10.1016/j.psyneuen.2005.09.002

Über die Schweißproduktion: Carl Marci, zitiert aus Goleman, D. (2008): Soziale Intelligenz. Knaur Taschenbuch

Wedekind, C., Seebeck, T., Bettens, F., Paepke, A.J. (1995): MHC-Dependent mate preferences in humans. Proceedings of the Royal Society B: Biological Sciences, 260, S. 245–249

Zum Experiment an der Forschungsstelle für Humanethologie: Grammer, K. (1995): Signale der Liebe. Die biologischen Gesetze der Partnerschaft. Deutscher Taschenbuch Verlag

Tramitz, C. (1996): Auf den ersten Blick. Die ersten 30 Sekunden einer Begegnung von Mann und Frau. Admos Media GmbH

Zur Synchronisation unter Menschen: Kruck, K. (1989): Die Synchronisation im menschlichen Werbeverhalten. Stuttgart, Diplomarbeit Fachbereich Zoologie der Universität Hohenheim, Stuttgart

Synchronisation bei den Medlpa: Pitcairn, T., Schleidt, M. (1976): Dance and decision: An analysis of courtship dance of the Medlpa New Guiney. Behavior, LVIII 3–4, S. 298–316

Dutton, D.G., Aron, A.P. (1974): Some evidence for heightened sexual attraction under conditions of high anxiety. Journal of Personality and Social Psychology, 30, S. 510–517

Valins, S. (1966): Cognitive effects of false heart rate feed-back. Journal of Personality and Social Psychology, 4, S. 400–408

Zur Aktivierung der 12 Hirnregionen beim Verlieben: Ortigue, S., Bianchi-Demicheli, F., Patel, N., Frum, C., Lewis, J.W. (2010): Neuroimaging of love: fMRI meta-analysis evidence toward new perspectives in sexual medicine. http://archive-ouverte.unige.ch/unige:29193

Zusammenhang von hirnorganischen Reaktionen auf Status: Ly, M., Haynes, M.R., Barter, J.W., Weinberger, D.R., Zink, C.F. (2011): Subjective socioeconomic status predicts human ventral striatal responses to social status information. Current Biology, 21 (9), S. 794–797

Valins, S. (1966): Cognitive effects of false heart-rate feedback. Journal of Personality and Social Psychology, 4 (4), S. 400–408

Über das Lügen von Kindern: Evans, A., Lee, K. (2013): Emergence of lying in very young children. Developmental Psychology, 49 (10), S. 1958–1963

Feldman, R. S., Forrest, J. A., Happ, B. R. (2002): Self-presentation and verbal deception: Do self-presenters lie more? Basic and Applied Social Psychology, 24, S. 163–170

Feldman, R. S., Tomasian, J., Coats, E. J. (1999): Adolescents'social competence and nonverbal deception abilities: Adolescents with higher social skills are better liars. Journal of Nonverbal Behavior, 23, S. 237–249

Kopelman, R. E., Lang, D. (1985): Alliteration in mate selection: Does Barbara marry Barry? Psychological Reports, 56, S. 791–796

Murstein, B. I. (1972): Physical attractiveness and marital choice. Journal of Personality and Social Psychology, 22, S. 8–12

Zum ventralen Striatum: Ly, M., Haynes, M. R., Barter, J. W., Weinberger, D. R., Zink, C. F. (2011): Subjective socioeconomic status predicts human ventral striatal responses to social status information. Current Biology, 21 (9), S. 794–797

Frank, S., Grammer, K., Rikowski, A. (2005): Sex differences in negotiating with powerful males. An ethological analysis of approaches to nightclub doormen. Human Nature, 16 (3), S. 306–321

Zum Plus- und Minus-Face: Zivin, G. (1977): Facial gestures predict preschooler's encounter outcomes. Social Science Information, 16 (6), S. 715–730

Manipulation bei den Tintenfischen: http://www.spiegel.de/wissenschaft/natur/tintenfische-sepia-plangon-taeuscht-beim-sex-a-842278.html

Zu weißen und schwarzen Lügen: Mathews, K.E., Cooper, S. (1976): Deceit as a function of sex of subject and target person. Sex Roles, 2, S. 29–37

Blindes Vertrauen bei geschädigter Amygdala: Adolphs, R., Tranel, D., Damasio, A.R. (1998): The human amygdala in social judgement. Nature 393 (4), S. 470–474

Zum Thema »Ansehen«: Brooks, C., Church, M., Fraser, L. (1986): Effects of duration of eye contact on judgements of personality characteristics. Journal of Social Psychology, 126, S. 71–78

Davila Ross über die Funktion des Lachens: http://www.scinexx.de/wissen-aktuell-13083-2011-03–04.html

Über das falsche und echte Lächeln: Ekman, P., Friesen, W.V. (1982): Felt, false, and miserable smiles. Journal of Nonverbal Behavior, 6 (4), S. 238–252

Lächeln und Attraktivität: Grammer, K. (1990): Strangers meet: Laughter and nonverbal signs of interest in opposite-sex encounters. Journal of Nonverbal Behavior, 14, S. 209–236

Fraley, B., Aron, A. (2004): The effect of a shared humorous experience on closeness in initial encounters. Personal Relationships, 11, S. 61–78

Burke, N. (2001): The effect of gender on the personality characteristics assigned to various facial expressions. http://clearinghouse.missouriwestern.edu/manuscripts/268.php

Miteinander

Popper, K.R. (1996): Alles Leben ist Problemlösen. Piper. S. 83

Goleman, D. (2008): Soziale Intelligenz. Knaur Taschenbuch Verlag

Charlesworth, W.R., Kjergaard, L., Fausch, D., Daniels, S., Binger, K., Spiker, D. (1976): A method for studying adaptive behaviour in life situations: A study of every day problem solving in normal and a Down's syndrome child. Developmental Report, 6, University of Minnesota

Goleman, D. (2008): Soziale Intelligenz. Knaur Taschenbuch

Hormonausschüttung bei Stress: Schwabe, L., Tegenthoff, M., Höffken, O., Wolf, O. (2012): Simultaneous glucocorticoid and noradrenergic activity disrupts the neural basis of goal-directed action in the human brain. Journal of Neuroscience, 32 (30), S. 10146–10155

Rizzolatti, G., Sinigaglia, C. (2009): Empathie und Spiegelneurone. Die biologische Basis des Mitgefühls. Suhrkamp

Ramachandran, V.S. (2013): Die Frau, die Töne sehen konnte. Rowohlt Verlag

Tübinger Forschung zu den Spiegelneuronen: Caggiano, V., Pomper, J.K., Fleischer, F., Fogassi, L., Giese, M., Thier, P. (2012): Mirror neurons in monkey area F5 do not adapt to the observation of repeated actions. Nature Communications, 4, Article number: 1433 doi: 10.1038/ncomms2419

Mäuse und Empathie: Chen, Q., Panksepp, J.B., Lahvis, G.P. (2009): Empathy is moderated by genetic background in mice. PLoS ONE, 4 (2): e4387

Geschlechtsspezifische Empathie: Mercadillo, R.E., Díaz, J.L., Pasaye, E.H., Barrios, F.A. (2011): Perception of suffering and compassion experience: Brain gender disparities. Brain and Cognition, 76 (1), S. 5–14

Über die Systemizer und Empathizer: Baron-Cohen, S. (2006): Vom ersten Tag an anders: Das weibliche und das männliche Gehirn. Heyne

Zu Spiegelneuronen und Psychopathen: Meffert, H., Gazzola, V., den Boer, J.A., Bartels, A.A.J., Keysers, C. (2013): Reduced spontaneous but relatively normal deliberate vicarious representations in psychopathy. Brain, 136 (8), S. 2550–2562

Avenanti, A., Sirigu, A., Aglioti, S.M. (2010): Racial bias reduces empathic sensorimotor resonance with other-race pain. Current Biology, 20, S. 1018–1022

Zu Schizophrenie und Empathie: http://www.schattauer.de/de/magazine/uebersicht/zeitschriften-a-z/nervenheilkunde/inhalt/archiv/issue/591/manuscript/8949/show.html

Üben von Empathie durch Lesen: Mar, R.A., Oatley, K., Hirsh, J., dela Paz, J., Peterson, J.B. (2006): Bookworms versus nerds: Exposure to fiction versus non-fiction, divergent associations with social ability, and simulation of fictional social worlds. 40 (5), S. 694–712

Stimmungskaraoke: Levenson, R., Ruef, A. (1992), Empathy: A physiological substrate. Journal of Personality and Social Psychology, 63, S. 234–246

Zur achtwöchigen Achtsamkeitsmeditation: Hölzel, B.K., Carmody, J., Vangel, M., Congleton, C., Yerramsetti, S.M., Gard, T., Sara, W., Lazar, S.W. (2011): Mindfulness practice leads to increases in regional brain gray matter density. Psychiatry Research: Neuroimaging, 191 (1) http://www.wissenschaft-aktuell.de/artikel/Mehr_Gedaechtnis_und_Empathie_durch_Achtsamkeitsmeditation1771015587355.html

Paul Ekman und das Trainieren von Micromomentary Expressions: http://www.apa.org/science/about/psa/2011/05/facial-expressions.aspx

Starke emotionale Erfahrungen verändern die Plastizität, ein Überblick: Snyder, S.H. (2002): Forty years of neurotransmitters. A personal account. Archives of General Psychiatry, 59 (11), S. 983–994

Gazzaniga, M. (1985): The social brain: Discovering the networks of the mind. Basic Books

Lewis, M., Brooks-Gunn, J. (1979): Social cognition and the acquisition of self. Plenum Press

Metzinger, T. (2010): Der Ego-Tunnel. Eine neue Philosophie des Selbst: Von der Hirnforschung zur Bewusstseinsethik. Berlin Verlag

Opaschowski, H.: http://webcache.googleusercontent.com/

search?q=cache:q7QKsF0gZSIJ:www.rd-presse.de/pressemitteilungen/magazin-readers-digest/familie-und-ehrlichkeit-sind-den-deutschen-am-wichtigsten/0707_werte_artikel.pdf/at_download/file+&cd=1&hl=de&ct=clnk&gl=de&client=firefox-a

Der Dunning-Kruger-Effekt: Kruger, J., Dunning, D. (1999): Unskilled and unaware of it: How difficulties in recognizing one's own incompetence lead to inflated self-assessments. Journal of Personality and Social Psychology, 77 (6), S. 1121–1134

Ibsens Zitat: der Arzt Relling in »Die Wildente«

Zur geschlechtsspezifischen Selbsteinschätzung und -überschätzung: Adrian Furnham: http://core.kmi.open.ac.uk/display/1923468

Selbstüberschätzung und Wohlgefühl: Anderson, C., Kraus, M. W., Galinsky, A. D., Keltner, D. (2012): Sociometric status and subjective well-being. Psychological Science, 23, S. 764–771

Zum Thema Selbsteinschätzung und Autofahren: Gosselin, D., Gagnon, S., Stinchcombe, A., Joanisse, M. (2010): Comparative optimism among drivers: An intergenerational portrait. Accident Analysis & Prevention, 42 (2), S. 734–740.

Studie von Axa aus dem Jahr 2003

http://www.axelspringer-mediapilot.de/dl/126 919/E__alle_MediaPilot_Forschungsberichte_Zielgruppen_Gesamtstudie_Wer_faehrt_besser_Auto2003.pdf

Reisen in die Zukunft: Gilbert, D. (2007): Stumbling on happiness, Vintage

Schwarz, N., Clore, G. L. (1983): Mood, misattribution and judgement of well-being. Informative and directive functions of affective states. Journal of Personality and Social Psychology, 45, S. 513–523

Die drei Sicherheitssysteme: Bischof, N. (2001): Das Rätsel Ödipus. Die biologischen Wurzeln des Urkonflikts von Intimität und Autonomie. Piper

Biologische Aspekte der Freundschaft: Kummer, H. (1978): On the value of social relationships to nonhuman primates: A heuristic scheme. Social Science Information, 17 (4/5), S. 687–705

Gottman, J. M., Levenson, R. W. (2000): The timing of divorce: Predicting when a couple will divorce over a 14-year period. Journal of Marriage and Family, 62, S. 737–745

Zur Tit-for-Tat-Strategie: Axelrod, R. (2005): Die Evolution der Kooperation. Oldenburg

Trivers, R. L. (1971): The evolution of reciprocal altruismus. The Quarterly Review of Biology, 46, S. 35–37

Tabibnia, G., Satpute, A. B., Lieberman, M. D. (2008): The sunny side of fairness. Preference for fairness activates self-control circuitry. Psychological Science, 19 (4), S. 339–347

Über das Schenken bei Bonobos: Tan J., Hare, B. (2013): Bonobos share with strangers. PloS ONE, 8 (1): e51 922

Hassenstein, B. (1973): Verhaltensbiologie des Kindes. Piper

Hamann, K., Warneken, F., Greenberg, J. R., Tomasello, M. (2011): Collaboration encourages equal sharing in children but not in chimpanzees. Nature, 476, S. 328–331

Lintner, M. (2006): Eine Ethik des Schenkens: Von einer anthropologischen zu einer theologisch-ethischen Deutung der Gabe und ihrer Aporien. Lit Verlag

Chernyak, N., Kushnir, T. (2013): Giving preschoolers choice increases sharing behavior. Psychological Science, 24 (10), S. 1971–1979

Über die Schreilaute der Bonobos beim Fressen: Clay, Z., Zuberbühler, K. (2011): Bonobos extract meaning from call sequences. PloS ONE, 6 (4): e18 786

Zum Thema Selbstenthüllung beziehungsweise Teilen von Information und Harmonie innerhalb von Beziehungen: Collins, N. L., Miller, L. C., (1994): Self-disclosure and liking: A meta-analytic review. Psychological Bulletin, 116 (3), S. 457–475

Bloom, P. (2004): Descartes' baby: How the science of child development explains what makes us human. Basic Books

Grammer, K. (1979): Helfen und Unterstützen in Kindergartengruppen. Diplomarbeit, Universität München

Keine Hilfe ohne Hilferufe bei den Affen: Yamamoto, S., Humle, T., Tanaka, M., (2013): Chimpanzees help each other upon request. PLoS ONE, 4 (10): e47416

Darley, J.M., Batson, C.D. (1973): From Jerusalem to Jericho: A study of situational dispositional variables in helping behavior. Journal of Personality and Social Psychology, 27 (1), S. 100–108

Zum Menschen als altruistisches Wesen: Strayer, F.F., Wareing, S., Rushton, P. (1979): Social constraints on naturally occurring preschool altruism. Ethology and Sociobiology, 1, S. 3–11

Tomasello, M., Zeidler, H. (2010): Warum wir kooperieren. Edition Unseld.

Macchiavelli, N., zitiert aus »La Clizia«

Perry, S., Baker, M., Fedigan, L., Gros-Louis, J., MacKinnon, J.K., Manson, J., Panger, M., Pyle, K., Rose, L. (2003): Social conventions in wild white-faced capuchin monkeys: Evidence for behavioral traditions in a neotropical primate. Current Anthropology, 44, (2), S. 241–268

Ditzen, B., Schaer, M., Gabriel, B., Bodenmann, G., Ehlert, U., Heinrichs, M. (2009): Intranasal oxytocin increases positive communication and reduces cortisol levels during couple conflict. Biological Psychiatry, 65, S. 728

Wirkung von Oxytocin bei Gruppenmitgliedern: De Dreu, C. u.a.: (2011): C. PNAS, 108 (4), S. 1262–1266

Zum Thema Selbstenthüllung: King-Casas, B., u.a.: (2005): Getting to know you: Reputation and trust in a two-person economic exchange. Science, 308 (5718), S. 78–83

Vertrauensexperiment von Joyce Berg: Berg, J., Dickhaut J., McCabe, K. (1995): Trust, reciprocity, and social history. Games and Economic Behavior, 10 (1), S. 122–142

Gleichklang der Gehirne bei Vertrauensspiel: Butler, J.K. Jr.

(1991): Toward understanding and measuring conditions of trust. Journal of Management. 17 (3), S. 643–663

Zum Thema Vertrauen: Petermann, F. (1996): Psychologie des Vertrauens. Göttingen

Lausen bei Affen und Oxytocinausschüttung: Crockford, C., Wittig, R. M., Langergraber, K., Ziegler, T. E., Zuberbuhler, K., Deschner, T. (2013): Urinary oxytocin and social bonding in related and unrelated wild chimpanzees. Proceedings of the Royal Society: Biological Sciences, 280 (1755) 20 122 765–20 122 765

Über die !Kung-San-Frauen: Sugawara, K.,(1984): Spatial proximity and bodily contact among the central Kalahari. San. Afr. Study Monogr. Suppl. 3, S. 1–43

Dunbar, R. I. M. (1993): Coevolution of neocortical size, group size and language in humans. Behavioral and Brain Sciences. 16 (4), S. 681–735

Dunbar, R. (2010): How many friends does one person need? Dunbar's number and other evolutionary quirks. Harvard University Press

Morris, D. (1968): Der nackte Affe. Droemer

Sommerfeld, R. D., Krambeck, H.-J., Semmann, D., Milinski, M. (2007): Gossip as an alternative for direct observation in games of indirect reciprocity. PNAS, 104 (44), S. 17 435–17 440.

Spenden für den guten Ruf: Milinski, M., Semmann, D., Krambeck, H.-J., Marotzke, J. (2006): Stabilizing the earth's climate is not a losing game: Supporting evidence from public goods experiments. Proceeding of the National Academy of Sciences USA, 103, S. 3994–3998

Zum Thema Tratsch und Abbau von Frust und Wut: Waddington, K., Fletcher, C. (2005): Gossip and emotion in nursing and health-care organizations. Department of Applied Psychosocial Sciences, City University, London, UK

Über das Belohnungszentrum im Gehirn durch Facebooks Like-Button: Meshi, D., Morawetz, C., Heekeren, H. (2013): Nucleus accumbens response to gains in reputation for the self relative to gains for others predicts social media use. Frontiers in Human Neuroscience, doi: 10.3389/fnhum.2013.00439

Über die Anzahl der Tweets und Freundschaften: Gonçalves, B., Perra, N., Vespignani, A. (2011): Modeling users' activity on Twitter networks: Validation of Dunbar's number in Twitter conversations. PloS ONE, 6 (8): e22656

Gegeneinander

Zimbardo, P. (2005): Das Stanford Gefängnis Experiment. Eine Simulationsstudie über die Sozialpsychologie der Haft. 3. Auflage. Santiago Verlag

Ronay, R., Greenaway, K., Anicich, E.M., Galinsky, A.D. (2012): The path to glory is paved with hierarchy: When hierarchical differentiation increases group effectiveness. Psychological Science, 23 (6), S. 669–677

Zur Hierarchie im Kindergarten: Grammer, K. (1988): Biologische Grundlagen des Sozialverhaltens. Wissenschaftliche Buchgesellschaft

Cacioppo, J.T., Patrick, W. (2011): Einsamkeit. Spektrum Akademischer Verlag

Zum Thema Angst und Schutzsuche von Kindern bei Schutzbefohlenen: Eibl-Eibesfeldt, I. (1995): Die Biologie des menschlichen Verhaltens. Grundriss der Humanethologie. Piper

Neuronale Folgen und Begleiterscheinungen bei Hierarchieverlust: Zink, C.F., Tong, Y., Chen, Q., Bassett, D.S., Stein, J.L., Meyer-Lindenberg, A. (2008): Know your place: Neural processing of social hierarchy in humans. Neuron, 58 (2), S. 273–283

Milgram, S. (1974): Das Milgram-Experiment: Zur Gehorsamsbereitschaft gegenüber Autorität. Rowohlt

Über den Drogenkonsum rangniedriger Affen: http://www.sciencedaily.com/releases/2008/04/080406153354.htm

Trivers, R.L. (1974): Parent-offspring conflict. American Zoologist, 14 (1), S. 249–264

Über die männliche Rechthaberei: Lund, O.C.H., Tamnes, C.K., Moestue, C., Buss, D.M., Vollrath, M. (2007): Tactics of hierarchy negotiation. Journal of Research in Personality, 41, S. 25–44

Pestalozzi-Zitat: Je höher die Rechthaberei ... aus: Der natürliche Schulmeister, 3. Zuneigung

Haubl, R. (2004): Neidisch sind immer nur die anderen: Über die Unfähigkeit, zufrieden zu sein. C.H. Beck

Hill, S.E., DelPriore, D.J., Vaughan, P.W. (2011): The cognitive consequences of envy: Attention, memory, and self-regulatory depletion. Journal of Personality and Social Psychology, 101 (4), S. 653–666

Literatur zur externalen und internalen Kontrolle: Klebelsberg, D. (1977): Das Modell der subjektiven und objektiven Sicherheit. Schweiz. Zeitschrift für Psychologie, 4, S. 285–294

Bandura, A. (1994): Self-efficacy. In V.S. Ramachaudran (Ed.), Encyclopedia of human behaviour (Vol. 4, pp. 71–81). Academic Press

Heckhausen, J., Schulz, R. (1995): A life-span theory of control. Psychological Review, 102, S. 284–304

Über die Flow-Gefühle: Csikszentmihalyi, M. (2000): Das Flow-Erlebnis. Jenseits von Angst und Langeweile: im Tun aufgehen. Klett-Cotta

Stephens, R., Atkins, J., Kingston, A. (2009): Swearing as response to pain. Neuro-Report, 20 (12), S. 1056–1060

Canli, T., Desmond, J.E., Zhao, Z., Gabrieli, J. (2002): Sex differences in the neural basis of emotional memories. Proceedings of the National Academy of Sciences, 99 (16), S. 10789–10794

Glynn, L., u.a. (2002): The role of rumination in recovery from reactivity: Cardiovascular consequences of emotional states. Psychosomatic Medicine, 64 (5), S. 714–726

Auseinander

Körperliche Reaktion auf sozialen Schmerz: Eisenberger, N.I., Lieberman, M., Williams, K.D. (2003): Does rejection hurt? An fMRI study of social exclusion. Science, 302 (5643), S. 290–292

Trauer und Ängste nach Verlust, Folgen von Einsamkeit: Cacioppo, J.T., Patrick, W. (2011): Einsamkeit. Spektrum Akademischer Verlag

Wahrnehmungsverzerrungen bei Trauer: Twenge, J.M., Catanese, K.R., Baumeister, R.F. (2003): Social exclusion and the deconstructed state: Time perception, meaninglessness, lethargy, lack of emotion, and self-awareness. Journal of Personality and Social Psychology, 85 (3), S. 409–423

Schedlowski, M., Tewes, U. (1996): Psychoneuroimmunologie. Spektrum Akademischer Verlag

Albert Kitzler

Wie lebe ich ein gutes Leben?

Philosophie für Praktiker

Wer wollte nicht gelassener, glücklicher, bewusster, kurzum: gut leben? Albert Kitzler übersetzt die Gedanken von Aristoteles, Seneca, Konfuzius, Buddha und vielen anderen großen Denkern in die Gegenwart und zeigt, wie wir das Weisheitswissen der westlichen und östlichen Philosophie für unseren Alltag nutzen können.

PATTLOCH

Auch als Hörbuch!

Mit Jens Corssen im Interview

Jens Corssen / Christiane Tramitz

Ich und die anderen
Als Selbst-Entwickler® zu gelingenden Beziehungen

Gelesen von Verena Rendtdorff und Christian Baumann
4 CDs € 19,95 ISBN: 978-3-8398-8047-0